三訂版

Q&A
国税通則法詳解

税理士
黒坂昭一 [著]

清文社

は　し　が　き

　国税通則法制定から半世紀を経て、近年、大幅な改正が続いています。
　平成23年、納税者に対する適正な手続を図る視点から、税務調査手続に関する整備として、調査手続の明瞭化、税分野での処分理由の付記、更正の請求期間の延長などの改正がなされ、平成25年には、低金利の状況を踏まえ、延滞税等の負担を軽減する視点から、延滞税等の割合の見直しが行われました。更には、平成26年には、行政不服審査法の全面改正に伴い、国税の不服申立制度において、従来の異議申立て、審査請求という2段階の救済制度に代えて、異議申立てが「再調査の請求」と名称を代え、審査請求と選択できる制度、また、その審理手続においても、納税者の権利保護の観点から整備がなされ、これまでにない大幅な改正がなされています。
　このように国税通則法は、各税法の基本法・一般法、手続法という側面に加え、税務を取り巻く環境の変化に即応して、多くの手続的要素が織り込まれようとする感がします。
　初刊以来、より多くの方々に、国税通則法という税法を正しく理解していただけるよう、できるだけ平易な記述によりわかりやすく解説するよう心がけ、具体的な事例、参考となる判決・裁決を織り込み、また、多くの図表を用いた説明を加えるなどにより、平易な文章解説、説明にすることに努めてきました。
　なお、本書の文中意見にわたる部分については、個人的意見であることをお断りしておきます。
　最後に、出版に当たり特に多大なご尽力を頂いた株式会社清文社編集部の方々には心から謝意を表します。
　　平成27年3月

　　　　　　　　　　　　　　　　　　　　　黒　坂　昭　一

目次

第1章 国税通則法の概要

1－1　最近の税制改正の概要（国税通則法関係）　……………　2
1－2　国税通則法の目的、内容等　………………………………　7

第2章 国税通則法の基本的事項

2－1　国税通則法の適用当事者　…………………………………　14
2－2　納税地　………………………………………………………　20
2－3　納税者　………………………………………………………　23
2－4　納付義務の承継　……………………………………………　25
2－5　連帯納付義務等　……………………………………………　29
2－6　第二次納税義務　……………………………………………　38
2－7　期間と期限　…………………………………………………　42
2－8　書類の送達　…………………………………………………　48
2－9　納税申告書の提出　…………………………………………　57
2－10　納税証明　……………………………………………………　60
2－11　端数計算等　…………………………………………………　69

第3章 納税義務の成立と確定

3－1　納税義務の成立　……………………………………………　74
3－2　納税義務の確定　……………………………………………　77
3－3　申告納税方式　………………………………………………　80
3－4　更正の請求　…………………………………………………　84

3－5	更正の請求期間	92
3－6	更正の請求範囲の拡大	94
3－7	更正・決定	101
3－8	更正の理由附記	105
3－9	確定申告、修正申告、更正との関係―確定後の税額変更の効力	108
3－10	更正・決定の所轄庁	112
3－11	賦課課税方式	114

第4章 国税の納付及び徴収

4－1	国税の納付	118
4－2	納期限	121
4－3	国税の消滅・納税義務の消滅	123
4－4	国税の納付手段	126
4－5	納税の告知	133
4－6	督促	137
4－7	繰上請求・繰上保全差押え	141
4－8	滞納処分	149
4－9	第三者の納付及びその代位	153
4－10	債権者代位権・詐害行為取消権	155
4－11	徴収の所轄庁と徴収の引継ぎ	157

第5章 納税の緩和

5－1	納税の緩和制度	164
5－2	納税の猶予	173
5－3	納税の猶予と滞納処分手続上の緩和制度	189

| 5－4 | 国税の担保 | 192 |
| 5－5 | 納付委託 | 197 |

第6章 国税の還付及び還付加算金

| 6－1 | 還付金の種類 | 202 |
| 6－2 | 還付加算金 | 208 |

第7章 附帯税

7－1	附帯税	214
7－2	延滞税	216
7－3	利子税	233
7－4	加算税の種類	248
7－5	過少申告加算税	251
7－6	無申告加算税	261
7－7	不納付加算税	266
7－8	重加算税	269
7－9	過怠税	276

第8章 国税の更正、決定、徴収、還付等の期間制限

8－1	期間制限の概要	280
8－2	更正決定等の期間制限	283
8－3	徴収権の消滅時効	288
8－4	還付請求権の消滅時効	293

第9章 国税の調査（税務調査手続）

- 9−1 税務調査手続の概要 …………………… 298
- 9−2 税務調査の事前通知 …………………… 301
- 9−3 税務職員の質問検査権等 ……………… 307
- 9−4 税務調査終了の際の手続 ……………… 312

第10章 不服審査と訴訟

- 10−1 行政争訟制度 …………………………… 320
- 10−2 不服申立ての対象となる処分 ………… 328
- 10−3 異議申立て ……………………………… 333
- 10−4 審査請求 ………………………………… 337
- 10−5 不服申立てと国税の徴収との関係 …… 344
- 10−6 訴訟 ……………………………………… 346
- 10−7 裁決等を経ない直接訴訟の可否 ……… 348
- 10−8 訴訟手続 ………………………………… 350

第11章 行政手続法との関係

- 11−1 行政手続法と国税通則法の関係 ……… 352
- 11−2 処分の理由附記 ………………………… 359

第12章 罰則

- 12−1 国税通則法上の罰則 …………………… 364

参考資料1
国税通則法第7章の2（国税の調査）関係通達の制定について
（法令解釈通達） ……………………………………………… 369

参考資料2
調査手続の実施に当たっての基本的な考え方等について（事務運営指）
……………………………………………………………………… 384

索引 ……………………………………………………………… 391

〔凡　例〕

1　本文中に引用している法令等については、次の略称を使用しています。
　　情報通信技術利用省令……国税関係法令に係る行政手続等における情報通信の技術の利用に関する省令
　　租税条約実施特例等省令…租税条約の実施に伴う所得税法、法人税法及び地方税法の特例等に関する法律の施行に関する省令
　　電子帳簿保存法……………電子計算機を使用して作成する国税関係帳簿書類の保存方法等の特例に関する法律
　　輸徴法………………………輸入品に対する内国消費税の徴収等に関する法律

2　かっこ内の法令等については、次の略称を使用しています。
　　通……………………………国税通則法
　　通令…………………………国税通則法施行令
　　通規…………………………国税通則法施行規則
　　徴……………………………国税徴収法
　　所……………………………所得税法
　　所令…………………………所得税法施行令
　　法……………………………法人税法
　　法令…………………………法人税法施行令
　　相……………………………相続税法
　　地価…………………………地価税法
　　消……………………………消費税法
　　登……………………………登録免許税法
　　登令…………………………登録免許税法施行令
　　酒……………………………酒税法
　　揮……………………………揮発油税法
　　地揮…………………………地方揮発油税法
　　自……………………………自動車重量税法
　　石ガ…………………………石油ガス税法
　　石石…………………………石油石炭税法
　　印……………………………印紙税法
　　た……………………………たばこ税法
　　航……………………………航空機燃料税法
　　電……………………………電源開発促進税法
　　措……………………………租税特別措置法
　　措令…………………………租税特別措置法施行令
　　関税…………………………関税法
　　輸徴…………………………輸入品に対する内国消費税の徴収等に関する法律
　　災……………………………災害被害者に対する租税の減免、徴収猶予等に関する法律
　　災免令………………………災害被害者に対する租税の減免、徴収猶予等に関する法律の施行に関する政令

資金	国税収納金整理資金に関する法律
資金令	国税収納金整理資金に関する法律施行令
国外送金	内国税の適正な課税の確保を図るための国外送金等に係る調書の提出等に関する法律
行審	行政不服審査法
行訴	行政事件訴訟法
行手	行政手続法
会	会計法
民	民法
民訴	民事訴訟法
商	商法
会社	会社法
会更	会社更生法

3 通達については、次の略称を使用しています。

通基通	国税通則法基本通達
調査手続通達	平成24年9月12日付課総5-9ほか課共同「国税通則法第7章の2（国税の調査）関係通達」（法令解釈通達）
調査手続運営指針	平成24年9月12日付課総5-11ほか9課共同「調査手続の実施に当たっての基本的な考え方等について（実務運営指針）」
不基通（異）	不服審査基本通達（異議申立関係）
不基通（審）	不服審査基本通達（審査請求関係）
徴基通	国税徴収法基本通達
猶予通達	納税の猶予等の取扱要領
相基通	相続税法基本通達

第1章
国税通則法の概要

最近の税制改正の概要（国税通則法関係）

Q 1-1 最近における国税通則法関係の税制改正にはどのようなものがありますか。

A 平成23年度の税務調査手続に関する改正以後、納税の猶予関係、平成26年6月行政不服審査法の改正に伴う国税通則法の改正など、近年、国税通則法の大幅な改正がなされました。

解説

1 平成26年度税制改正

納税の猶予の見直し

担保の徴取基準の見直し	要担保徴収額の最低限度額を100万円（改正前50万円）に引き上げるとともに、その猶予期間が3月以内の場合には担保不要。
猶予金額の納付方法の見直し	税務署長は、一般的な納税の猶予をする場合には、その猶予する期間内において、その猶予に係る金額をその者の財産の状況その他の事情からみて合理的かつ妥当なものに分割して納付させることができます。
猶予の申請書の記載事項・添付書類の整備	納税の猶予の申請をしようとする者は、その猶予の種類等に応じ、猶予該当事実の詳細、猶予を受けようとする金額及びその期間、分割納付の方法により納付を行うかどうかその他一定の事項を記載した申請書に、猶予該当事実を証するに足りる書類、財産目録、担保の提供に関する書類その他一定の書類を添付し、これを税務署長等に提出しなければなりません。 ただし、納付書類（担保の提供に関する書類を除きます。）については、災害等により提出が困難であると税務署長等が認めるときは、その添付が不要とされています。
申請に係る補正手続の整備	税務署長は、猶予の申請書の提出があった場合において、その申請書の記載に不備等があるときは、その申請者に対してその申請書の訂正等を求めることができます。なお、税務署長は、その訂正等も求める場合には、その旨及びその理由を記載した書面に

	より通知することとされ、その訂正等を求められた申請者は、その通知を受けた日から20日以内にその訂正等をしなかった場合には、その申請を取り下げたものとみなされます。
猶予の不許可事由の整備	税務署長は、猶予の申請書の提出があった場合において、その申請者について猶予に該当していると求めるときであっても、繰上請求事由に該当しその猶予に係る国税を猶予期間内に完納することができないと認められる等一定の場合に該当するときは、猶予は認めないことができます。
猶予の取消し事由の見直し	猶予の取消し事由に、新たな猶予に係る国税以外の国税を滞納したとき、偽りその他不正な手段により申請がされ、その申請に基づき猶予をしたことが判明したとき等が追加されました。
質問検査権の規定の整備	猶予の申請事項について調査に係る質問検査権規定の整備が行われました。
適用関係	平成27年4月1日以後に申請される納税の猶予について適用されます。

税務調査手続

調査の事前通知の規定の整備	税務代理人がある場合の調査の事前通知について、税理士法第30条の規定による書面に納税義務者の同意について記載がある場合には、当該納税義務者への通知は、当該税務代理人に対してすれば足りることとされました。
適用関係	平成26年7月1日以後にされる事前通知について適用されます。

審査請求の審理手続

国税庁長官の法令の解釈と異なる解釈等による裁決（通99）	国税不服審判所長は、国税庁長官の法令解釈と異なる解釈等により裁決をするときは、あらかじめその意見を国税庁長官に通知しなければならないこととされました。 　また、国税庁長官は、国税不服審判所長の意見を相当と認める一定の場合を除き、国税不服審判所長と共同して国税審議会に諮問しなければならないとされ、国税不服審判所は、その議決に基づいて裁決しなければなりません。
適用関係	平成26年4月1日から適用されます。

2 行政不服審査法の改正に伴う国税通則法の改正（平成26年6月改正）

不服申立ての構造		国税に関する処分に不服がある者は、すべての処分につき、直接国税不服審判所長に対して審査請求をすることができます。 （改正前は、原則原処分庁に対する「異議申立て」と国税不服審判所長に対する「審査請求」の2段階の不服申立前置でした。） また、「異議申立て」は「再調査の請求」に改めるとともに、請求人の選択により、審査請求の前にこの再調査の請求をすることができます。
不服申立期間の延長		不服申立期間を処分があったことを知った日の翌日から起算して3月以内（改正前は、2月以内）に延長されます。
標準審理期間の設定		国税庁長官、国税不服審判所長、国税局長、税務署長又は税関長は、不服申立てがその事務所に到達してから当該不服申立てについての決定又は裁決をするまでに通常要すべき標準的な期間を定めるよう努めるとともに、これを定めたときは、その事務所における備付けその他の適当な方法により公にしておかなければなりません。
再調査の請求	口頭意見陳述の整備	口頭意見陳述について、再調査審理庁は期日及び場所を指定し、再調査の請求人及び参加人を招集してさせることとするとともに、その陳述が相当でない場合には、これを制限することができます。
	請求人・参加人からの証拠書類等の提出	再調査の請求人又は参加人は、証拠書類又は証拠物を再調査審理庁に提出することができることとし、再調査審理庁がそれを提出すべき相当の期間を定めたときは、その期間内に提出しなければなりません。
国税不服審判所における審査請求	審理手続の計画的進行	審理関係人（審査請求人、参加人、原処分庁）及び担当審判官は、簡易・迅速かつ公正な審理の実現のため、審理において、相互に協力するとともに、審理手続の計画的な進行を図らなければなりません。
	担当審判官等の指定	国税不服審判所長が指定する担当審判官等は、審査請求に係る処分又は当該処分に係る再調査の請求についての決定に関与している者等以外の一定のものでなければなりません。
	請求人・参加人からの反論	審査請求人が提出する反論書に加え、参加人においても審査請求に係る事件に関する意見を記載した書面（参加人意見書）を提

書・参加人意見書の提出	出することができます。
口頭意見陳述の整備	口頭意見陳述について、担当審判官は、期日及び場所を指定し、すべての審理関係人を招集してさせることとされ、申立人は、担当審判官の許可を得て、処分の内容及び理由に関し、原処分庁に対して質問を発することができます。
審理手続の計画的遂行	担当審判官は、審査請求に係る事件について、審理すべき事項が多数であり、又は錯綜しているなど事件が複雑であることその他の事情により、迅速かつ公正な審理を行うため、審理手続を計画的に遂行する必要があると認める場合には、期日及び場所を指定して、審理関係人を招集し、あらかじめ、これらの審理手続の申立てに関する意見の聴取を行うことができます。
審理関係人による物件の閲覧等	審理関係人は、担当審判官の職権収集資料（担当審判官の提出要求に応じて提出された物件）を含め物件の閲覧又はその写し等の交付を求めることができます。（改正前は、審査請求人及び参加人の原処分庁提出資料のみ閲覧が可能でした。）
審理手続の終結	担当審判官は、必要な審理を終えたとき、又は次に掲げる場合に該当するときは、審理手続を終結することができます。 ①　相当の期間内に、答弁書、反論書、参加人意見書、証拠書類等又は帳簿書類その他の物件の提出を求めたにもかかわらず、その提出期間内に当該物件が提出されなかったとき。 ②　口頭意見陳述の申立てをした審査請求人又は参加人が、正当な理由がなく、口頭意見陳述に出頭しないとき
適用関係	上記改正は、改正行政不服審査法の施行の日（公布の日：平成26年6月13日）から起算して2年を超えない範囲内において政令で定める日）から適用されます。

再調査の請求から訴訟に至る経緯

【改正後】

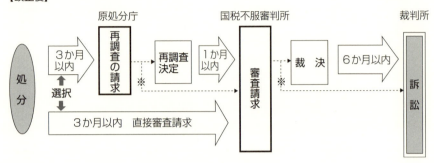

【現行】

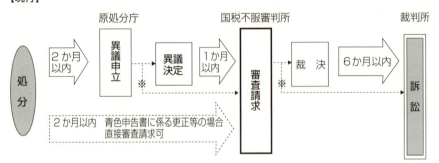

（注）上記※印は、原処分庁、国税不服審判所において、3か月以内に決定・裁決がない場合は、決定・裁決を経ないで、審査請求・訴訟をすることができます。

国税通則法の目的、内容等

国税通則法とは、どのような内容を規定している税法ですか。また、他の税法等との関係においては、どのような位置づけになっていますか。

A　国税通則法は、国税についての基本的な事項及び共通的な事項を定め、税法の体系的な構成を整備し、かつ、国税に関する法律関係を明確にするとともに、税務行政の公正な運営を図り、もって国民の納税義務の適正かつ円滑な履行に資することを目的としています。

そして、国税通則法は、所得税法、法人税法、消費税法その他の国税の課税要件等を規定した各税法、国税の徴収の実体関係及び手続法を定めた国税徴収法等を含むすべての国税に関する法律の基本的事項及び共通的事項を定めています。

したがって、納税者に関して各税固有に規定している所得税法その他の各税法に対して、国税通則法は、税法の一般法である地位を占めています。

解説

1　国税通則法の目的

国税通則法第1条《目的》では、その制定目的について、「この法律は、国税についての基本的な事項及び共通的な事項を定め、税法の体系的な構成を整備し、かつ、国税に関する法律関係を明確にするとともに、税務行政の公正な運営を図り、もって国民の納税義務の適正かつ円滑な履行に資することを目的とする。」としています。つまり、この法律の目的とするところは、次の3つであることを明らかにしています。

国税通則法の目的
- ①税法の体系的な構成の整備
- ②国税に関する基本的な法律関係の明確化
- ③税務行政の公正な運営

(1) 税法の体系的な構成の整備

税法は、納税者の理解が容易に得られるようにすべきです。このために、各税法においては、納税義務者、課税標準、税率など、課税の実体に関する規定を中心に定め、各税法の手続に関する共通的な事項は、統一的に国税通則法に規定して、税法全体の構成を体系的に整えています。

(2) 国税に関する基本的な法律関係の明確化

納税者の国税を納付する義務(納税義務)に関する法律関係は、納税者の利害に直接影響するものであることから、納税義務はいつ成立し、いかなる行為によって具体的に確定するか、課税と徴収はいつからいつまでの間にできるかなど、極めて重要な基本的・共通的な事項を明らかにしています。

なお、国税に関する基本的・共通的な事項とは、一般的には次のような事項が考えられます。

国税に関する基本的・共通的な事項の明確化	① 納税義務が成立、確定するのはいつか
	② いったん確定した納税義務の履行の延長
	③ 各税法間の規定の重複を避け、税法全体を明確化

(3) 税務行政の公正な運営

国税に関する基本的・共通的な事項を明確かつ統一して、国税通則法に規定することにより、納税義務の適正かつ円滑な履行が図られるとともに、税務行政が公正かつ能率的に運営されることを目的としています。

2 国税通則法の内容

(1) 国税通則法の各章等

国税通則法は、「総則」、「国税の納付義務の確定」、「国税の納付及び徴収」、「納税の猶予及び担保」、「国税の還付及び還付加算金」、「附帯税」、「国税の更正、決定、徴収、還付等の期間制限」、「国税の調査」、「行政手続法との関係」、「不服審査及び訴訟」、「雑則」及び「罰則」の12の章から

なっています。また、国税通則法の法体系としては、国税通則法、国税通則法施行令及び国税通則法施行規則からなっており、いずれも、昭和37年4月1日付をもって施行されています。

(2) **国税通則法の規定内容**

国税通則法に定める各章の主な規定内容は、次に掲げるようになっています。

各　章	各章の主な規定内容
第1章 （1～14条）	租税法の総則となるもので、租税法に限らず行政一般にも共通するとみられる手続に関する通則的な事項を規定
第2章～第5章 （15～59条）	租税債権の成立、確定から納付までの租税法共通に関する手続的事項を規定
第6章 （60～69条）	租税に共通な附帯税制度を規定
第7章 （70～74条）	租税債権の行使に関する期間制限（期間制限及び消滅時効）を規定
第7章の2 （74条の2～74条の13）	所得税等に関する調査に係る質問検査権、税務調査手続に関する事項を規定
第7章の3 （74条の14）	処分等に関する一般法たる行政手続法との関係（処分の理由附記等）を規定
第8章 （75～116条）	行政不服審査に関する一般法たる行政不服審査法を、また、行政事件訴訟に関する一般法たる行政事件訴訟法の規定を前提に、国税の不服審査に関する事項及び税務訴訟に関する特有な事項を規定する特別法たる事項を規定
第9章 （117～125条）	国庫金等の端数計算に関する一般法たる債権債務等の金額の端数計算に関する法律に対する特別法たる事項を規定
第10章 （126～129条）	審査請求の審理に必要な国税不服審判所の職員の質問、検査に対する拒否等に関する罰則を規定

（注）　上記の第8章「不服審査及び訴訟」については、平成26年6月の税制改正により、大幅な改正がなされました。

3 国税通則法と他の税法等との関係

国税通則法とその他の税法との規定の配分状況は、次のようになっています。

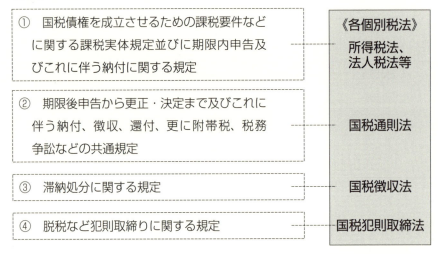

しかしながら、期限後申告から税務争訟に至る手続規定や相続等に係る包括承継、書類の送達などの共通的事項のすべてが国税通則法に規定されているわけではなく、各税固有の事情に基づく特例規定が各個別税法に部分的に散在している場合もあります。

すなわち、

　　所得税法その他の各税法　⇒　通常の納税者に関して各税固有の規定
　　国税通則法　⇒　各税法に通じる一般的ないし共通的な規定

その意味において国税通則法は、税法の一般法である地位を占めています。ちなみに、国税通則法第4条では、この関係を明確にするため、国税通則法に規定した一般的事項のうち「他の国税に関する法律に別段の定めがあるものについては、その定めるところによる。」と規定しています。

第1章 国税通則法の概要

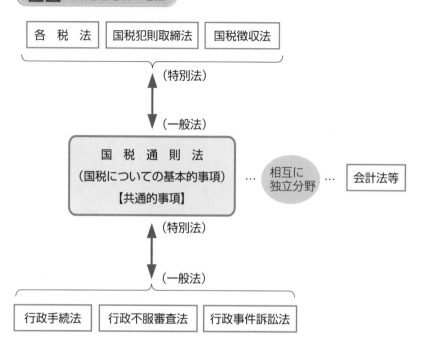

第 2 章
国税通則法の基本的事項

国税通則法の適用当事者

国税通則法が適用されるところの「当事者」とは、どのようなものですか。

A　国税通則法においては、税務行政の一方の当事者としての「税務行政組織」と、これに対するもう一方の当事者としての「納税者等」があります。

解説

国税通則法が適用される当事者としては、「**税務行政組織**」と「**納税者等**」がこれに当たります。

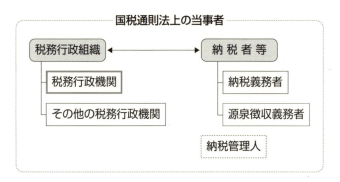

1　税務行政組織

　国の財務に関する行政事務を一体的に遂行する機関として財務省が設置されています(財務省設置法4)。したがって、内国税や関税、とん税等の賦課徴収の権限も終局的には財務大臣に帰することになります。しかしながら、日々の執行については、これを専門的行政機関に任せることとしており、そのための機関として、国税庁をはじめとする税務行政機関が設けられています。

(1) 国税庁、国税局及び税務署

　国税庁は、内国税の適正かつ公平な賦課及び徴収の実現を図ることを主たる任務として設置されています（財務省設置法19）。また、国税庁では、賦課、徴収に直接関わる事務は原則として行っておりませんが、その事務は、第一線の執行機関である国税局及び税務署で行っています（財務省設置法23、24）。

　国税局は、国税庁の地方支分部局として全国の主要地11か所に国税局（そのほか沖縄に国税事務所）が置かれています。また、国税局は、税務署の指導、監督を行うほか、大規模法人の調査や大口滞納の整理、国税犯則取締法に基づく大口脱税の調査（いわゆる査察）については自ら直接その事務を行っています。

　税務署は、税務の事務を第一線で担当しています。ここでは、内国税の賦課、徴収に関する事務のうち、国税局で所掌している事務を除くすべての事務が行われています。税務署は、全国で524か所（平成26年7月現在）に置かれています。

(2) その他の税務行政機関

　租税のうち、関税、とん税及び特別とん税については、財務省の関税局及びその地方支分部局である税関でその事務が行われています。税関では、輸入貨物に対して課される消費税などの内国税の賦課、徴収の事務も併せて行われています。

　また、登録免許税については、登記所や特許認可等を担当する官庁又は団体の長（例えば、税理士登録の場合における日本税理士会連合会会長など）が、自動車重量税については、国土交通大臣（その下部機関及び軽自動車検査協会を含みます。）が、その具体的執行を担当しています。

2 納税者等

　税務行政の一方の当事者は税務行政機関ですが、これに対するもう一方の当事者は**納税者**になります。納税者は更に、**納税義務者**と源泉徴収によ

る国税を徴収して国に納付しなければならない者（**源泉徴収義務者**）とに分けられます（通 2、所 5、6 ほか）。

(1) 納税義務者

納税義務者とは、所得税法、法人税法又は相続税法など各個別税法に定めるところにより国税を納付すべき義務がある者をいいます（所 5、法 4、相 1 ほか）。

ところで、国税通則法では、国税の保証人及び国税徴収法に規定する第二次納税義務者は納税義務者から除いています（通 2 五）。これは、これらの者は納税義務者ではありますが、本来の納税義務者がその義務を履行しないがために、補充的に納税義務を負う者であるとされているためです。

また、国税に関する法律において、当初の課税物件としての納税義務者、課税物件の移転等が行われた場合の承継者等、次に掲げる者も納税義務者として定めています。

納税義務者	根拠条文
相続又は合併その他の権利義務の包括承継に基因して納付義務を承継する者	国税通則法 5 ①、6, 7, 7 の 2 ①〜④等
国税を承継することとなった新会社	会社更生法 169 ①
納付責任を負う者	国税通則法 5 ③、7 の 2 ⑤
連帯納付の責任を負う者	国税通則法 9 の 2、法人税法 81 の 28、相続税法 34 等
連帯納付義務者	国税通則法 9、自動車重量税法 4、登録免許税法 3 等、印紙税 3 ②又は輸徴法 20

(2) 源泉徴収義務者

源泉徴収義務者とは、源泉徴収による国税を徴収して国に納付しなければならない者をいい、国税通則法では納税者として税務行政機関に対応する他方の当事者となります（通 2 五）。

源泉徴収義務者は、自ら税の負担をするわけではなく、その意味で納税

義務者とは異なりますが、国との間における源泉所得税の徴収及び納付の面では、国税通則法でいう「納税者」としての立場に区分されます。

3 納税管理人

　日本国内に住所又は居所を有しない納税者は、納税申告書の提出や納付又は申告書提出後に税務上の照会や調査を受けた場合に、納税者自らそれらを行ったり、税務当局との対応をすることができないことから、日本国内に**納税管理人**を置いて、これらの事務を遂行してもらうことになります（通117）。

　つまり、納税管理人は、本邦（国税通則法施行地）内に住所及び居所を有しない納税者によって選任され、各種申告書の提出や更正通知書、督促状の受領、納付その他その納税者において処理すべきものとされている国税に関する事務の処理に当たります。したがって、納税管理人は納税者自体ではありませんが、納税者の代理人としての性質を有し、その権限内でした行為については、直接納税者にその効力が及びます（民99）。

　ただし、納税管理人は、租税債務者ではないことから、租税債務者に対して直接行使される法律上の処分等（例えば、滞納処分）の対象となることはありません。

参考 納税管理人の選任手続等

納税管理人選任の条件

個人である納税者	本邦内に住所及び居所のいずれも有しないか有しないこととなる場合
外国法人である納税者	本邦内に事務所及び事業所のいずれも有しないか有しないこととなる場合

納税管理人

納税管理人の資格要件
- 本邦内に住所又は居所を有する者
- できるだけ納税者の納税地を所轄する税務署の管轄内に住所を有する者
- 委任事務の処理について便宜を有する者

納税管理人の事務の範囲
⇒ 納税申告書の提出その他国税に関する事項

① 納税者がすることとされている申告（例：納税申告書の提出）、申請（例：納税の猶予の申請）、請求（例：還付の請求）、還付金等の受領

② 税務官庁が国税に関する法律の規定に基づき発する書類の受領（通12①）

納税管理人の選任等の手続

納税管理人選任届（通令39） → 税務署（納税者がその処理を委任した国税の納税地を所轄する税務署）

　国外に居住する納税者から相続税の申告書の提出その他必要なすべての事項の処理を委任されている者で、本条による納税管理人選任の届出を欠くものを、税務署長が納税管理人と認めて行った更正処分通知書及び督促状の送達は適法であるとされています（東京地判昭和47.5.10・行集23巻5号299頁）。

【納税管理人の届出書】

```
税務署受付印

                所得税・消費税の納税管理人の届出書

                          ┌─────┬────────────────────────────────┐
                          │納税地│住所地・居所地・事業所等(該当するものを〇で囲んでください。)│
                          │     │                          (TEL      )│
         税務署長殿      ├─────┼────────────────────────────────┤
                          │上記以外の│納税地以外に住所地・事業所等がある場合は書いてください。│
                          │住所地・ │                                │
                          │事業所等 │                          (TEL      )│
平成___年___月___日提出   ├─────┼──────────────┬──┬───────┤
                          │フリガナ│                      │生年│大正      │
                          │氏  名 │                   ㊞ │月日│昭和 年 月 日生│
                          │        │                      │    │平成      │
                          ├─────┼──────────────┴──┴───────┤
                          │職  業 │フリガナ                        │
                          │        │屋  号                         │
                          └─────┴────────────────────────────────┘
```

所得税・消費税の納税管理人として、次の者を定めたので届けます。

1　納税管理人

　　　　〒
　　住　所
　　(居　所)＿＿＿＿＿＿＿＿＿＿＿＿＿＿＿＿＿＿＿＿＿＿＿＿＿＿＿＿＿＿＿

　　フリガナ
　　氏　名＿＿＿＿＿＿＿＿＿＿＿＿＿㊞　　本人との続柄(関係)＿＿＿＿＿＿＿

　　職　業＿＿＿＿＿＿＿＿＿＿＿＿＿＿　　電話番号＿＿＿＿＿＿＿＿＿＿＿＿

2　法の施行地外における住所又は居所となるべき場所

　　　　　　＿＿＿＿＿＿＿＿＿＿＿＿＿＿＿＿＿＿＿＿＿＿＿＿＿＿＿＿＿

3　納税管理人を定めた理由

4　その他参考事項
　(1)　出国(予定)年月日　平成___年___月___日・帰国予定年月日　平成___年___月___日
　(2)　国内で生じる所得内容(該当する所得を〇で囲むか、又はその内容を書いてください。)
　　　　　事業所得　　不動産所得　　給与所得　　譲渡所得
　　　　　上記以外の所得がある場合又は所得の種類が不明な場合(　　　　　　　　　　　)
　(3)　その他

納税地

納税地とは、どのように定義されますか。また、税法ごとに異なりますか。

納税地とは、特定の国税に関する納税者等と国との間の法律関係について両者の結びつきを決定する地域的概念をいいます。また、納税地は、各税目により異なります。

解説

1 納税地

納税地は、特定の国税に関する納税者等と国（税務官庁）との間の法律関係において両者の結び付きを決定する地域的概念をいいます。

つまり、納税地とは、国税に関する法律に基づく納税者の申告、申請、届出、納付、その他の行為の相手方となる税務官庁及び国税に関する法律に基づく更正、決定、徴収、その他納税者に対する諸行為の主体となる権限を有する税務官庁を決定する場合の基準となります。

また、この納税地は、各税法に規定しており、例えば次に掲げるように各税目によりその「納税地」が異なります。

税　　目	納　　税　　地
申告所得税	納税者の住所又は居所（所15）
源泉所得税	給与などの支払の日における支払地（所17）
法　人　税	法人の本店又は主たる事務所の所在地（法16）
相　続　税	納税者の住所又は居所（相62） ただし、当分の間は、被相続人の死亡時の住所（相附3）
贈　与　税	納税者の住所又は居所（相62）

酒　　　　　税	製造場の所在地（酒53の２）
消　　費　　税	個人……住所、居所又は事業所等の所在地（消20） 法人……本店又は主たる事業所等の所在地（消22）
電源開発促進税	一般電気事業所（電力会社）の本店の所在地（電４）

2　所轄庁

　税務署等と納税者等とを結びつける地域的な概念として「管轄」という言葉がありますが、これを税務署等サイドからみれば**「所轄庁」**となります。

　この「管轄」とは、納税者等サイドからみれば、各種申告書の提出先その他申告、請求、納付等の手続上の相手方をいい、税務署等サイドからみれば、更正、決定、徴収等自己の権限を有効に行使し得る地域、納税者等の範囲をいいます。

　また、「所轄庁」とは、更正、決定、徴収などの国税に関する処分を行う権限がある者及び納税者の行う申告、申請などを受理できる者をいいます。

　例えば、納税申告書や課税標準申告書の提出の場合、その提出の際におけるその国税の納税地を所轄する税務署長（通21①、31②）がこれに当たります。また、更正、決定、賦課決定又は徴収の場合、その処分を行う際におけるその国税の納税地を所轄する税務署長（通30、33、43）がこれに当たります。

（注）　国税通則法第43条の徴収の引継ぎの場合、「国税局長」又は「税務署長」をいいます。

3　納税地の異動と所轄庁

　納税地は、税目の種類によって異なり、また、その納税地は異動する場合と異動しない場合があります。

例えば、所得税、法人税、地方法人税、贈与税、地価税、課税資産の譲渡等に係る消費税、電源開発促進税などの納税地は、その住所又は本店などの所在地です。ところが、課税期間の開始後、納税地が異動する可能性があり、その納税地が異動した場合には、その新しい納税地を所轄する税務署長が所轄庁となります。これを「**新納税地主義**」といいます。

ところが、この新納税地主義の特例として、次のような場合があります。

○**特例１**：納税申告書が異動前の旧納税地を所轄する税務署長に提出された場合は、所轄違いであっても拒否することなく受理し、現在の納税地を所轄する税務署長に送付し、納税者にその旨を通知することとしています（通21②③）。

> （注）　納税地の異動のある税目として、所得税、法人税、地方法人税、贈与税、地価税、課税資産の譲渡等に係る消費税及び電源開発促進税があります（**特例２**についても同様）。

○**特例２**：更正、決定、賦課決定又は徴収についての処分を行う場合に、旧納税地を所轄する税務署長が、異動したことを知らないか又は転居先が明らかでない場合において、その知らないこと又は明らかでないことにつきやむを得ない事情があるときは、旧納税地を所轄する税務署長が課税処分及び徴収についての処分を行うことができます（通30②、33②、43②）。

> （注）　相続税についても新納税地主義が採用されていますが（通21②）、当分の間、被相続人の死亡の時における住所地が納税地とされていますので（相続税法附則３）、納税地の異動は生じません。

納税者

国税通則法上の「納税者」とは、どのような者をいいますか。

国税通則法第2条で定める「納税者」とは、各税法の規定による国税の納税義務者及び源泉徴収義務者をいいます。

1 納税者

国税通則法第2条第5号では、納税者について特別の定義を設けています。すなわち、納税者とは、次に掲げる者をいいます。

なお、国税通則法において、第二次納税義務者及び国税の保証人は、納税者から除かれます。

① 国税に関する法律、例えば所得税法、法人税法又は相続税法などの各個別税法の規定により国税（源泉徴収による国税を除きます。）を納める義務のある者（**納税義務者**）
② 源泉徴収による国税を納付しなければならない者（いわゆる**源泉徴収義務者**）

> **参考** 国税徴収法第2条第6号の「納税者」とは

国税徴収法第2条第6号の「納税者」の定義では、同条第7号に規定する第二次納税義務者及び同条第8号に規定する保証人を除くものとは規定されておらず、したがって、これらを含むものと解されています。

これは、国税徴収法の場合にあっては、滞納処分その他の手続及び国税が他の債権と競合した場合の優先権の関係において、第二次納税義務者又は国税の保証人が本来の納税者と同様に滞納処分等の手続の対象となることがあり、また、これらの

者に係る国税と他の債権者との優先権の関係が問題になるので、同法中の納税者にはこれらの者を含めることになっています。

　これに対し、国税通則法は、本来の納税義務の成立、確定及び納付等について規定し、滞納に陥った場合に、本来の納税者の租税債務を補充する第二次納税義務者及び保証人に関する規定については、原則的に滞納処分法たる性質をもつ国税徴収法の定めるところに任せることとしたので、このように納税者の定義から第二次納税義務者及び国税の保証人を除くこととしたものです。

2　納税義務の拡張

　上記 1 の本来の納税義務のある者である納税者のほか、その納税義務を拡張される場合があります。

　このような納税義務の拡張として、国税通則法第5条に規定する納付義務の承継、国税徴収法に規定する第二次納税義務のほか相続税法第34条に規定する連帯納税義務などがあります。

納付義務の承継

納税者が死亡した場合、その納税者に係る国税の納税義務が、その相続人に承継されることがありますか。

A　相続があった場合、被相続人である納税者の相続人は、その被相続人に課されるべき、又はその被相続人が納付、若しくは徴収されるべき国税を納める義務を承継します。

解説

相続（包括遺贈を含みます。）があった場合には、相続人等又は相続財産法人（民951）は、その被相続人（包括遺贈者を含みます。）に課されるべき、又はその被相続人が納付し、若しくは徴収されるべき国税を納める義務を承継します（通5①）。これを「**納付義務の承継**」といいます。

1　納付義務の承継の意義

国税に関する債権債務は、私法上の債権債務と異なり、一般的には移転しません。

その理由としては、①国税は、特定の納税者に対して国税に関する法律に定める課税要件を充足する具体的事実が生じたときに課税されるもので、国税に関する法律は、その特定の納税者に一定の担税力を予定していること、また、②国税債務の自由な移転は、国税徴収の確保を危うくするおそれがあること。例えば、履行能力のない者への移転は、国税債務の履行を回避するみちを開き、徴収における公正が阻害されることなどが挙げられます。

しかしながら、国税債務は、その内容が金銭の給付を目的とするものであり、その限りでは一身専属性がないことから、私法上の関係において権利義務の包括承継がある場合には、国税債務も承継の対象となります。

2　納付義務の承継の態様

国税通則法に規定する納付義務の承継には、次のような態様があります。

①相続による国税の納付義務の承継（通5）	納税者につき相続があった場合、その相続人に納付義務が承継されます。
②法人の合併による国税の納付義務の承継（通6）	被合併法人の国税の納付義務は、合併法人に承継されます。
③人格のない社団等に係る国税の納付義務の承継（通7）	人格のない社団等に係る国税債務を、当該社団等の財産に属する権利義務を包括承継した場合、その法人に納付義務が承継されます。
④信託に係る国税の納付義務の承継（通7の2）	受託者の任務が終了し、新たな受託者が就任した場合及び受託者である法人の分割により、その受託者として権利義務を承継した法人がある場合、これらの者に信託に係る国税の納付義務が承継されます。

3　納付義務の承継の対象

　納付義務の承継の対象となるのは、相続があった場合と法人の合併があった場合であり、それぞれ被相続人又は被合併法人（以下「被相続人など」といいます。）の納付義務は、一般の私法上の金銭債務と同様に、相続人又は合併法人（以下「相続人など」といいます。）に承継されます。

　　《納付義務の承継》　相続の場合……被相続人　⇒　相続人
　　　　　　　　　　　合併の場合……被合併法人　⇒　合併法人

4　納付義務を承継する国税

　納付義務を承継する国税には、①被相続人などに課されるべき国税、②被相続人などが納付すべき国税及び③被相続人などが徴収されるべき国税があります。

被相続人などに課されるべき国税	納税義務が成立しており、今後の確定手続が必要とされる国税（通基通5-4、6-1）
被相続人などが納付すべき国税	納税義務が具体的に確定している国税（納期限が経過して滞納になっている国税及びまだ納期限の到来していない国税）（通基通5-5、6-1）
被相続人などが徴収されるべき国税	源泉徴収される国税（被相続人などが源泉徴収されるべき国税で、まだ徴収されていないもの）（通基通5-6、6-1）

5 納付義務の承継の効果

納付義務の承継があった場合には、その承継人である相続人などは、国税を納める義務がある者となり、国税通則法第2条第5項にいう納税者となります。

つまり、被相続人などが有していた税法上の地位を承継し、被相続人などの国税に係る申告、申請、届出、不服申立て等の手続の主体となり、また、税務署長による税額確定処分、納税の告知、督促、滞納処分等の相手方になるほか、被相続人の国税についてなされていた延納、納税の猶予、換価の猶予等の効果をも承継します。したがって、被相続人などに対して行った更正、決定、督促又は差押えに基づき、相続人などに対しそれぞれ必要な手続を進めることができます。

なお、この場合、相続人が単純承認しているときは、無制限に被相続人の納付義務を承継しますが、限定承認をしているときには、相続によって得た財産を限度として被相続人の納付義務を負います（通5①）。

> **参考** 胎児の場合の納税義務の承継
>
> 相続の場合における胎児の国税の納付義務の承継については、その出生時までは相続人でないものとして取り扱い（通基通5-2）、出生後に、必要に応じて国税の確定手続の修正及び徴収手続を行うことが実情に適することとなります。

6 共同相続人の承継

相続人が2人以上あり、限定承認がされない場合における各相続人の承継する国税の額は、民法第900条から第902条まで（法定相続分、代襲相続分、指定相続分）に定める相続分により按分して計算した額になります（通5②）。

この場合において、相続人のうち相続によって得た財産の額が、この計算した承継税額を超える者があるときは、その相続人は、その超える価額を限度として、他の相続人が承継した税額を納付する責任を負うことになります。これを「**納付責任**」といいます（通5③）。

相続によって得た財産の価額とは、遺産分割が行われた後であれば、その遺産分割によって相続人が現実に得た財産の価額をいい、遺産分割前であれば、総遺産の価額に相続人の相続分を乗じた額ということになります。

○ 共同相続の場合における納付責任額

相続によって得た財産の価額	
・遺産分割が行われた場合…その遺産分割によって相続人が現実に得た財産の価額 ・遺産分割前……………………総遺産の価額に相続人の相続分を乗じた額	
法定相続分など（民900〜902）により按分した**承継税額**	他の相続人が承継した税額の**納付責任額**

(注)「相続によって得た財産の価額」は、相続があった時におけるその相続により承継した積極財産の価額によります（通基通5-14）。

連帯納付義務等

連帯納付義務とは、どのような義務を負うことですか。

A　複数の納税義務者が同一の納税義務について、各自独立に全部を履行する義務を負いますが、このうちの一人が納付した場合、他の者の納税義務もその範囲で消滅するような関係を「連帯納付義務」といいます。

解説

1　連帯納付義務等とは

　2人以上の納税者が同一の納税義務について、その国税の納付について各自独立に全額を納付する義務を負う場合があります。この場合において、そのうちの一人が納付すれば他の者の租税債務も消滅することとされており、また、これらの義務を履行しない場合には債務者である納税者全員が納付義務を負うことになります。このような関係を**「連帯納付義務」**といいます。

　これは、租税徴収確保の観点から民法の連帯債務に準じて設けられた一種の納税義務の拡張です。

(注)　連帯納付義務は、実定法上の用語で日常用語としては、連帯納税義務と表現されることが多いようです。

```
連帯納付義務等 ─┬─ 連帯納付義務 ── ① 共有物等に係る国税における連帯納付義務（通9）
                │                  ② 無限責任社員に係る第二次納税義務における連帯納
                │                     付義務（徴33）
                │                  ③ 自動車重量税における連帯納付義務（自4）
                │                  ④ 登録免許税における連帯納付義務（登3）
                │                  ⑤ 印紙税における連帯納付義務（印3）
                │                  ⑥ 内国消費税における連帯納付義務（輸徴20）
                │
                └─ 連帯納付責任 ── ① 相続税法34条の連帯納付責任（相34）
                                   ② 法人の分割に係る連帯納付責任（通9の2）
                                   ③ 連結子法人の連帯納付責任（法81の28）
```

2 連帯納付義務の形態

国税に関する法律による連帯納付義務としては、次のものがあります。

(1) 共有物等に係る国税における連帯納付義務

共有物、共同事業又は当該事業に属する財産に係る国税は、その納税者が連帯して納付する義務を負います（通9）。すなわち、同一の課税物件が2人以上の者に帰属する場合の納税義務は、それらの者の連帯納付義務として成立します。

(2) 無限責任社員に係る第二次納税義務における連帯納付義務

合名会社又は合資会社の滞納国税について、無限責任社員が2人以上いる場合、当該2人以上の無限責任社員は、互いに連帯して第二次納税義務を負います（徴33）。

(3) 自動車重量税における連帯納付義務

自動車検査証の交付等を受ける者、車両番号の指定を受ける者が2人以上いる場合には、これらの者は連帯して自動車重量税を納付する義務を負います（自4①）。

また、自動車の使用者と所有者とが異なる場合には、その所有者も連帯納付義務者となります（所有権留保付売買の場合の売主、譲渡担保の場合の担保権者を除きます。）(自4②)。

(4) **登録免許税における連帯納付義務**

　登記等を受ける者が2人以上いるときは、これらの者は連帯して登録免許税を納付する義務を負います (登3)。

(5) **印紙税における連帯納付義務**

　一つの印紙税課税文書を2人以上の者が共同して作成した場合には、その2人以上の者は、その作成した課税文書につき、連帯して印紙税（過怠税を含みます。）を納付する義務を負います (印3②)。この場合も、印紙税法第5条による非課税法人等がその共同作成者の一方の当事者であって、他の者が他の当事者となるときは、他の当事者が2人以上いるときを除き、連帯納税義務は生じません。

(6) **内国消費税における連帯納付義務**

　輸入許可を受け、又は輸徴法第9条第1項 (関税73①) による輸入許可前引取りの承認を受けて引き取られた課税物品に対する内国消費税に不足があった場合において、その許可又は承認の際、その課税物品の輸入者の住所及び居所が明らかでなく、又はその者が課税物品の輸入者でないことを申立て、かつ、通関業者（通関業法第3条の許可を受けた者）が、その通関業務の委託を受けた者を明らかにできなかった場合には、その通関業者は、課税物品の輸入者と連帯してその不足額につき納付する義務を負います (輸徴20、関税13の3)。

3　連帯納付義務の効果

　連帯納付義務が課された場合のその効果としては、民法432条～434条、437条、439条～444条の規定が準用されます (通8)。この民法の規定の準用は、本来私法上の契約に基づく債務についての民法の規定をいわば借りてきて、公法上の債務にあてはめるものであるから、その準用に当たって

は国税としての特質を考慮する必要があります。

　国税の連帯納付義務の効力としては、次のようなものが挙げられます。

区　分		国税の連帯納付義務の効力
①　連帯納付義務者からの徴収 （民432準用）		税務署長は、納税者の一人に対して、又は同時若しくは順次にすべての納税者に対して連帯納付義務に係る国税の全部又は一部についての納税の告知、督促及び滞納処分をすることができます。
②　その一人について生じた事由の絶対的効力	一人の納付の効力	連帯納付義務者の一人がした納付の効果は、他の全員に及び、その納付があった範囲において全員の連帯納付義務が消滅します。
	納税の告知及び督促 （民434準用）	連帯納付義務者の一人に対する納税の告知及び督促は、その履行の請求として全員に対してその効力が生じます。したがって、連帯納付義務者の一人に対する納税の告知又は督促により、全員につき時効中断の効力が生じます。
	納付義務の免除 （民437準用）	連帯納付義務者の一人に対して国税の納付義務の免除があったときは、免除を受けた納税者の負担部分について、他の者もその国税の連帯納付義務を免除されます。
	消滅時効の完成 （民439準用）	連帯納付義務者の一人のために国税の徴収権の消滅時効が完成したときは、その者の負担部分について、他の者も連帯納付義務を免れます。
③　その一人について生じたその他の事由の相対的効力 （民440準用）		連帯納付義務者の一人について生じた事由で上記の②以外のものは、他の連帯納付義務者に対して効力は生じません。したがって、例えば次の事由による効力は他の者には及びません。 (1)　連帯納付義務者の一人についてされた差押え、交付要求又は国税の承継等による時効中断の効力 (2)　連帯納付義務者の一人についてされた延納、納税の猶予又は徴収若しくは滞納処分に関する猶予による時効停止の効力

		(3) 連帯納付義務者の一人に対してした更正若しくは決定、賦課決定、納税の猶予又は換価の猶予の効力
④ 連帯納付義務者の求償関係 (民442から444までの準用)		連帯納付義務者の一人が国税を納付し、その他自己の出捐をもって当該国税につき共同の免責を得たときは、連帯納付義務者に対し、それぞれの負担部分につき求償権を有することとなりますが、これについては左の民法の関係規定が準用されます。

4 連帯納付責任

　国税に関する法律による連帯納付責任としては、次のようなものがあります。

(1) 法人の分割に伴う連帯納付責任

　法人が分割をした場合、その分割により営業を承継した分割承継法人は、その分割法人の分割前の国税について、連帯納付責任を負います。ただし、その分割法人から承継した財産の価額を限度とすることとされています（通9の2）。

　この連帯納付責任の対象となる分割法人の分割前の国税は、分割法人の次に掲げる国税とされています（通9の2一、二）。

① 分割の日前に納税義務の成立した国税
② 分割の日の属する月の前月末日までに納税義務の成立した移出に係る酒税等及び航空機燃料税

(2) 連帯納付制度に係る連結子法人の連帯納付責任

　法人税法第81条の28の規定において、連結子法人は連結親法人との間に連結完全支配関係がある期間内に納税義務が成立した連結親法人の連結法人税について、連帯納付責任を負うこととされています。法人の分割に係る連帯納付責任の場合と異なり、この連帯納付責任については、限度額は設けられていません。

(3) 相続税の連帯納付責任

相続税法第34条には、次のような連帯納付責任がありますが、これらは民法の連帯債務と異なり、各連帯納付責任者が相続等により受けた利益の価額等を限度として、また、同一の相続等により国税の納付義務を負うこととなった相続人等の全員がそれぞれ納付すべき額について互いに連帯して納付する責任を有するものとされています。その性質は、国税通則法第5条第3項に規定する相続人の承継した国税の納付責任に類似するものです。したがって、これらの連帯納付責任については、国税通則法第8条の規定をそのまま適用し得ないものです。

(イ) 相続人又は受遺者が2人以上いる場合の連帯納付の責任

相続人は、その相続又は遺贈により取得した財産に係る相続税について、次に掲げる場合を除き、その相続又は遺贈により受けた利益の価額に相当する金額を限度として、互いに連帯納付の責任を負います（相34①）。

① 本来の納税義務者の相続税の申告書の提出期限等から5年以内に、相続税法第34条第6項に規定する「納付通知書」を発していない場合

② 本来の納税義務者が延納の許可を受けた相続税額に係る相続税

③ 本来の納税義務者が農地や非上場株式などの相続税の納税猶予の適用を受けた相続税額に係る相続税

(ロ) 死亡者の相続税又は贈与税の連帯納付の責任

被相続人が相続税又は贈与税を未納にしたまま死亡した場合、被相続人の相続税又は贈与税について、相続人は、相続又は遺贈により受けた利益の価額に相当する金額を限度として、互いに連帯納付の責任を負います（相34②）。

(ハ) 相続又は遺贈により取得した財産が贈与された場合

相続税の課税価格の計算の基礎となった財産が、贈与、遺贈又は寄附行為により移転があった場合には、その贈与若しくは遺贈によって財産

をもらった者又はその寄附行為によって設立された法人は、その贈与等をした者が納めるべき相続税のうち、取得した財産の価格に対応する部分の金額について、その受けた利益の価額に当たる金額を限度として、連帯納付の責任を負います（相34③）。

㈡ 財産を贈与した者の連帯納付の責任

　財産を贈与した者は、その贈与により財産を取得した者の当該財産を取得した年分の贈与税額に当該財産の価額が当該贈与税の課税価格に算入された財産の価額うちに占める割合を乗じて算出した金額として政令で定める金額に相当する贈与税について、当該財産の価額に相当する金額を限度として、互いに連帯納付の責任を負います（相34④）。

㈭ 贈与税を課税された財産を取得した者の連帯納付の責任

　贈与税の課税価格の基礎となった財産が更に受贈者から贈与若しくは寄附行為により移転した場合には、その贈与により財産を転得した者又は寄附行為により設立された法人は、贈与をした者の納めるべき贈与税額のうち、その取得した財産の価額に対応する部分の金額について、その受けた利益の価額に相当する金額を限度として連帯納付の責任を負います（相34③）。

参考 連帯納付義務者に対して連帯納付義務の履行を求める場合の手続

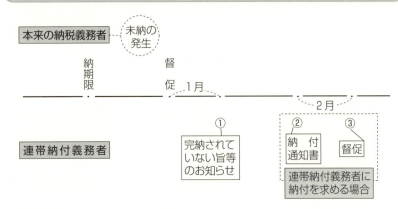

連帯納付義務者へのお知らせ・通知書・督促

督促状送付後

① 相続税について督促状が発せられて1月を経過しても完納されていない場合には、他の相続人等(連帯納付義務者)に対して、「**完納されていない旨等のお知らせ**」を送付します(相34⑤)。

連帯納付義務者に納付を求める場合

② 上記①の送付後、なお本来の納税義務者の履行がなされないことから、連帯納付義務者にその納付を求める場合には、連帯納付義務者に対して納付すべき金額や納付場所等を記載した「**納付通知書**」を送付します(相34⑥)。

③ 上記②の納付通知書が送付された日から2月を経過してもなお完納されない場合は、連帯納付義務者に対して「**督促状**」を送付します(相34⑦)。

参考 相続税法第34条の連帯納付義務の確定手続について

相続税法第34条第1項の連帯納付の確定手続については、この「連帯納付義務は、同法が相続税徴収の確保を図るため、相互に各相続人等に課した特別の責任であって、その義務履行の前提条件をなす連帯納付義務の確定は、各相続人等の固有の相続税の納付義務の確定という事実に照応して、法律上当然に生ずるものであるから、

連帯納付義務につき格別の確定手続を要するものではないと解するのが相当である。それ故、相続人等の固有の相続税の納付義務が確定すれば、国税の徴収にあたる所轄庁は、連帯納付義務者に対して徴収手続を行うことが許されるものといわなければならない」とされています（最高判昭和55.7.1・民集34巻4号535頁）。

連帯納付義務者の一人が死亡し、その相続人が二人以上あるときは、各相続人は、被相続人の連帯納付義務者に係る国税をその相続分に応じて承継し、その税額の範囲で他の連帯納付義務者とともに連帯納付の義務を負う者と解されます（最高判昭和34年6月19日・民集13巻6号757頁）。

参考 相続税法第34条に基づく連帯納付義務における補充性と附従性

本来の納税義務についての時効の中断と連帯納付義務についての時効の中断との関係

相続税法第34条第1項の連帯納付義務が、相続税の徴収の確保を目的として、本来の納税義務者が負う納税義務について連帯納付義務者にそれと同一内容の履行義務を負わせていることに鑑みれば、本来の納税義務者が延納の許可を受ければ、その効果は連帯納付義務にも及び、本来の納税義務者に時効中断事由が生じれば、その効果は連帯納付義務にも及ぶと解するのが相当です。

相続税法第34条第1項に基づく連帯納付義務についての補充性の有無

国税通則法及び国税徴収法が、保証人や第二次納税義務者の場合に補充性を明示的に定めているにもかかわらず、相続税法第34条第1項に基づく連帯納付義務者には補充性を定めた規定がおかれていないことに照らすと、補充性はないと解されます（国税通則法第52条第4項、第5項、国税徴収法第32条第4項参照）。したがって、X1（本来の納税者）から徴した担保の処分と原告に対する連帯納付義務の履行請求という二つの手段を併存的に有している国税当局は、そのいずれから滞納に係る相続税を徴収することも可能であって、X1から徴した担保の処分に先立ち、原告に対して督促処分を行ったとしても違法ではありません（名古屋高裁金沢支部平成17.9.21・訴月52巻8号2537頁）。

第二次納税義務

Q2-6 第二次納税義務が課される旨の「納付通知書」が届きましたが、この第二次納税義務とは、どのような場合に課せられるのですか。

A 国税の徴収に当たり、納税者と一定の関係のある第三者に対して補充的に納税義務を負わせる場合があります。例えば、形式的には第三者に財産が帰属している場合であっても、実質的に納税者（滞納者）にその財産が帰属していると認められるような特定の場合において、国税徴収法により第二次納税義務が課されることがあります。

解説

第二次納税義務の制度は、上記のような特定の場合において、その第三者に対して補充的に納税義務を負わせるものであり、本来の滞納者に対して滞納処分をしてもなお徴収すべき国税に満たないと認められる場合に限り、滞納者と一定の関係がある者に第二次的に納税義務を負わせる制度です。

> **参考** 第二次納税義務の性格─租税徴収制度調査会答申
>
> 第二次納税義務の制度は、形式的に第三者に財産が帰属している場合にあっても、実質的には納税者にその財産が帰属していると認めとも、公平を失しないときにおいて、形式的な権利の帰属を否認して、私法秩序を乱すことを避けつつ、その形式的に権利が帰属している者に対して補充的に納税義務を負担させることにより、徴税手続の合理化を図るために認められている制度です。

1 第二次納税義務の通則

第二次納税義務は、滞納者以外の第三者に納税義務を課すものであるこ

とから、その徴収手続は慎重になされなければなりません。そこで、国税徴収法においては、納付通知書による告知、納付催告書による督促、第二次納税義務者の財産の換価制限、納税者に対する求償について定めています（徴32）。

2　第二次納税義務について

　国税徴収法では、第二次納税義務として次のように規定しています。
(1)　無限責任社員、清算人等の第二次納税義務
　合名会社又は合資会社が滞納した場合のその社員（無限責任社員）、法人が解散し国税を完納しないで残余財産の分配又は引渡しをした場合の清算人又は引渡しを受けた者は、法人の財産について滞納処分をしてもなおその徴収すべき額（滞納税額）に不足すると認められるときには第二次納税義務を負います（徴33、34）。
(2)　同族会社の第二次納税義務
　滞納者を同族関係者とする同族会社は、滞納者の財産について滞納処分をしてもなお徴収すべき国税に不足すると認められるときには第二次納税義務を負います（徴35）。
(3)　実質課税額等の第二次納税義務
　所得税法第12条、法人税法第11条等に規定する「実質所得者課税の原則」、所得税法第157条、法人税法第132条等に規定する「同族会社の行為又は計算の否認」が適用された場合の財産の所有者は、滞納者の財産について滞納処分をしてもなおその徴収すべき額に不足すると認められるときには第二次納税義務を負います（徴36）。
(4)　共同事業者の第二次納税義務
　納税者と生計を一にする配偶者その他の親族でその納税者の経営する事業から所得を受けている者又は同族会社の判定の基礎となった株主等が、納税者の事業の遂行に欠くことのできない重要な財産を有している場合において、滞納者の財産について滞納処分をしてもなおその徴収すべき額に

不足すると認められるときには、それらの者は当該財産を限度として第二次納税義務を負います（徴37）。

(5) 事業を譲り受けた特殊関係者の第二次納税義務

納税者と特殊な関係にある者が納税者の事業を譲り受け、同一の場所、同一の種類の事業を行う場合において、その譲受人は、滞納者の財産について滞納処分をしてもなおその徴収すべき額に不足すると認められるときには、その事業に係る国税で、譲渡前又は譲渡後1年以内に法定納期限の到来する滞納国税に係るものに限り、第二次納税義務を負います（徴38）。

(6) 無償又は著しい低額の譲受人等の第二次納税義務

滞納者の国税について滞納処分を執行してもなおその徴収すべき額に不足すると認められる場合において、その不足すると認められることが、その国税の法定納期限の1年前の日以後に、財産を無償又は著しく低い対価で譲渡したこと等に基因すると認められるときは、その譲受人等は、その受けた利益の額の限度（譲受人等が親族等の特殊関係者でないときは現に存する利益の限度）で、第二次納税義務を負います（徴39）。

(7) 人格のない社団等の関係者の第二次納税義務

不動産その他登記、登録をすべき財産については、人格のない社団等が登記登録の権利者、義務者となれないことから、人格のない社団等の財産の形式的所有者となっている第三者は、当該財産を限度として第二次納税義務を負います（徴41）。

また、人格のない社団等の財産の払戻し又は分配を受けた者も同様に第二次納税義務を負います。

参考 主たる納税義務と第二次納税義務

《主たる納税義務が存続する限り、第二次納税義務がこれと別個に独立して時効により消滅することはないとした事例》

第二次納税義務の本質は、主たる納税義務に対する徴収処分の延長あるいは一段階として捉えるべきものであるから、第二次納税義務は、主たる納税義務の存否と

運命を共にするものと考えるのが相当であって、主たる納税義務が存続する限り、第二次納税義務がこれと別個に独立して時効により消滅することはないものと解すべきであるところ、本件納税者に対する納税義務については、昭和59年8月27日督促状が発付されたことにより同年9月6日に時効が中断され、同日より5年以内である平成元年4月10日に請求人に対する第二次納税義務の告知が行われた事実が認められるから、請求人の第二次納税義務は時効により消滅していないというべきです（国税不服審判所平成2.6.29裁決）。

期間と期限

Q 2-7 国税通則法の規定の中に、「期間」と「期限」という表現がありますが、その違いはどのようなものですか。

A 「期間」とは、ある時点からある時点までの継続した時の区分をいい、国税通則法第10条第1項では、国税に関する法律において、日、月又は年をもって定める期間の計算について規定しています。

また、「期限」とは、法律行為の効果の発生、消滅又はこれらの法律行為と事実行為の履行が一定の日時に定められている場合における、その一定の日時をいい、国税通則法第10条第2項には、延期される期限などを規定しています。

解説

1 期間

国税に関する法律において、例えば「納期限から50日以内」（通37②）、「災害のやんだ日から2月以内」（通46①）といったように、日、月、年等をもって計算して当該期間を明らかにする必要のあるものがあります。国税通則法第10条第1項では、このような、日、月又は年をもって定める期間の計算について規定しています。

ただし、「2月16日から3月15日まで」（所120①）のように、確定日から確定日までに定められている期間については、期間の計算を行う必要がないことから、期間の計算の規定は適用されません。

なお、この期間計算においては、次の点に留意する必要があります。

(1) 期間の初日（起算日）
○ **初日不算入**…期間の初日は計算しないで、翌日を起算日とするのが原則です（通10①一）。

○ **初日算入**……期間が午前零時から始まるとき、又は特に初日を算入する旨の定めがあるときは、初日を起算日とします（通10①一ただし書）。

　（例）　終了の日の翌日から2月以内（法74①）
　　　＊「～の日の翌日から……」午前零時から始まります。

(2) **暦による計算と満了点**

　期間を定めるのに月又は年をもってしたときは、暦に従って計算します（通10①二）。

　ここに「暦に従って」とは、1か月を30日又は31日とか、1年を365日というように日に換算して計算することなく、例えば、1か月の場合は翌月において、起算日に応当する日（以下「応当日」といいます。）の前日を、1年の場合は翌年の起算日の応当日の前日を、それぞれの期間の末日として計算することをいいます。

　（例）損失を受けた日以後1年以内に納付すべき国税（通46①）

○ **満了点**

　① 月又は年の始めから期間を起算するとき

　　…最後の月又は年の末日の終了時点（午後12時）が期間の満了点。

　　（例）「5月1日から起算して2か月」とは、6月30日をもって満了します。

　② 月又は年の中途から期間を起算するとき

　　…最後の月又は年において起算日の応当日の前日の終了時点が期間の満了点。

　　（例）「平成23年4月2日から起算して3年」とは、3年を経過した応答日である平成26年4月2日の前日4月1日が末日となります。

　この場合、最後の月に応当日がないときには、その月の末日の終了時点が期間の満了点（通10①三ただし書）。

　　（例）「12月31日から起算して2か月」とは、2月末日が期間の末日となります。

(3) 前にさかのぼる期間の計算

期間の計算が過去にさかのぼる場合には、その起算日が「法定納期限の1年以上前」(徴35①)のように、丸1日として計算できる場合を除き、その前日を第1日として過去にさかのぼって期間を計算します。

(注) 国税徴収法第95条第1項(公売公告)に規定する「公売の日の少なくとも10日前までに」の場合には、その公売の日の前日を第1日として、さかのぼって10日目の期間で満了します。したがって、その前日の11日目の日までに公売公告をしなければならないこととなります(通基通10-2)。

2 期限

期限とは、法律行為の効果の発生、消滅又はこれらの法律行為と事実行為の履行が一定の日時に決められている場合における、その一定の日時をいいます。

この期限には、「翌月10日」、「3月15日」、「7月31日」などの確定日によるもののほか、期間の末日もあります。

(1) 延期される期限

国税に関する法律に定める申告、申請、請求、届出その他の書類の提出、通知、納付又は徴収に関する期限(時をもって定める期限などを除きます(通令2)。)が日曜日、国民の祝日に関する法律に定める休日、その他一般の休日又は政令で定める日に当たるときには、これらの日の翌日が期限となります(通10②)。

(注)1　一般の休日とは……日曜日、国民の祝日以外の全国的な休日
官庁における年末の休暇(明治6年太政官布告第2号「休暇ノ件」に定める12月29日から同月31日までをいいます。)は、「一般の休日」に該当しませんが、年始の休暇(同布告に定める1月2日及び3日をいいます。)は、「一般の休日」に該当します(最高判昭和43.1.30、最高判昭和33.6.2)(通基通10-4)。

(注)2　政令で定める日とは……土曜日又は12月29日、30日若しくは31日(通令2②)

(2) 延期されない期限

上記(1)の「延期される期限」には、次に掲げる期間の末日等は含まれません（通基通10－3）。

時をもって定める期限	「出国の時」を期限とする場合（出国する場合の所得税の申告期限）
行政処分により定める期限	申請に基づき納期限の延長を承認する場合
国税の申告等に関する期限以外の期限	① 単に計算の基準としての期間の末日（所得税における例年の末日） ② 課税内容を定める際に基準となる期間の末日 ③ 一定の事実の判断の基準としている期間の末日（予定納税基準額の計算の基準日「その年6月30日」。所105）
政令に定める期限 （通令2①）	引取りに係る消費税の徴収の期限（消50②）等

> **参考**　「期間」とは
>
> 「一般に「期間」とは、ある時点から他の時点までの時間的隔たりといった、時的連続性を持った概念であると解されている」（最高判平成22年3月2日・判時2078号8頁）

3　期限の延長

税務署長等は、災害その他やむを得ない理由により、国税に関する法律に基づく申告、申請、請求、届出その他書類の提出、納付又は徴収に関する期限までに、その書類の提出や納付ができない場合には、国税通則法施行令に定めるところにより、その理由がやんだ日から2月以内に限り、これらの期限を延長することができます（通11）。

この延長をする必要が生じた場合、その理由が都道府県の全部又は一部にわたるときは、国税庁長官が職権で地域及び期日を指定し(**地域指定**)、また、その理由が個別の納税者にあるときは、納税者の申請により、税務署長などが納税者ごとに期日を指定し(**個別指定**)、期限の延長を行うことができます(通令3①、②)。

```
災害等による期限延長 ┬ 地域指定(通令3①) ……国税庁長官の職権
                    └ 個別指定(通令3②) ……納税者の申請
```

(注)　地域指定と個別指定による延長の関係
　　国税通則法施行令第3条第1項の規定により期限を延長した場合において、その指定期日においても、なお申告等ができないと認められるときは、災害その他やむを得ない理由のやんだ日から2月を限度として、同令第3条第2項の規定によりその期限を再延長することができます(通基通11-3)。

参考　災害その他やむを得ない理由

・「災害その他やむを得ない理由」とは、例えば、地震、暴風、落雷等の自然現象に起因する場合、火災、交通のと絶等人為による異常な災害に起因する場合等その責めに帰することができない理由に起因する場合をいいます。
　(注)　国税通則法基本通達第11条関係の1参照

参考　「やむを得ない理由」に当たらない場合

・法の不知(新潟地判昭和38.12.17・税資37号1192頁)
・多忙(札幌地判昭和41.8.23・税資45号180頁)
・通知書を受領した代理人の過失・怠慢(最高判昭和25.9.21・民集4巻9号433頁)
・相手方が休暇中又は処分の相手方が外国人であるため翻訳に時間が必要であること(最高判昭和44.5.2・税資56号645頁)

第2章　国税通則法の基本的事項

参考　期間計算の具体例

用語	説明	例示
●〜日から	(1) 原則・初日不算入（通10①） （例）その理由のやんだ日から2月以内（通11）	6/1 理由のやんだ日 — 6/2 起算日 — 2月 — 8/1 満了日（点） — 8/2 応答日
	（例）納付の日から3日以内（徴131）	8/1 代金の納付 — 8/2 起算日 — 3日 — 8/4 満了日（点）
	(2) 特例・初日算入（通10①ただし書） （例）終了の日の翌日から2月以内 ＊「〜の日の翌日から…」 午前0時から始まります。	3/31 終了の日 — 翌日 4/ 起算日 — 2月 — 5/31 満（最終月の末日）了日（点）
	（例）開始以後6月を経過した日から2月以内（法71①） ＊「6月を経過した日…」 午前0時から始まります。	4/ 開始日 — 6月 — 10/ 6月を経過した日 起算日 — 2月 — 11/30 満了日（点）（最終月の末日）
●〜日から起算して	期間の初日（起算日）を明確にする場合に用いられます。	
●経過する日	期間の末日 （例）〜日の翌日から起算して1月を経過する日（通35②二） ＊〜日の翌日から1月を経過する日と同じです。	1/30 発した日 — 1/31 翌日 起算日 — 1月 — 2/28(29) 満了日（点） — 応答なし日
●経過した日（とき）	期間の末日の翌日 （例）〜日から起算して7日を経過したとき（通14③）	2/7 掲示を始めた日 起算日 — 7日 — 2/13 七日経過する日 満了日（点） — 2/14 経過した日
●以前	起算点となる日時を含みます。 （例）法定納期限以前に設定〜（徴15）	←------- 以前 ------- 3/15 法定納期限
●以後	起算点となる日時を含みます。	本年　　　　翌年
●以内	期限の起算点となる日時を含みます。 （例）損失を受けた日以後1年以内に納付すべき国税（通46①）	8/15 受けた日 起算日 — 1年 — 8/15 満了日（点） — 応答日
●前又は後	起算点又は満了点となる日時を含みません。 （例）公売の日の少なくとも10日前までに（徴95①）	5/14 公売公告 — 5/15 前日 — 10日 — 5/24 起算日 — 5/25 公売日　　＊10日前である15日の前日
	（例）提出すべき期限後に（通32①）	4/10 提出期限 — 4/11 翌日 後 →

書類の送達

 税務署が納税者に対する文書の発送は、どのように行われるのですか。

国税に関する法律に基づいて税務署長等又はその職員が発する書類は、その送達を受けるべき者の住所又は居所に送達します。
この送達は、郵便若しくは信書便による送達又は交付送達などにより行います。

参考　書類の送達一覧

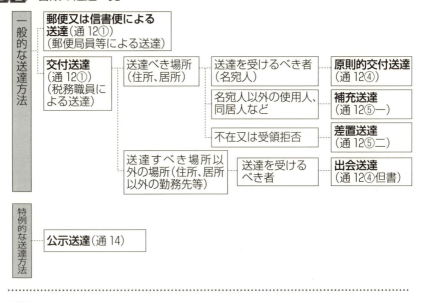

解説

1　書類の送達

国税に関する法律に基づいて税務署長等又はその職員が発する書類は、

その送達を受けるべき者の住所又は居所に送達します（通12①）。

　国税の賦課、徴収等の行政処分は、原則として、この書類を受けるべき者への送達によって効力が生じます。

(1)　送達を受けるべき者

　「送達を受けるべき者」とは、原則的には行政処分を受けるべき者（書類の名宛人）ですが、このほか①出国に伴う納税管理人、②被相続人の国税に関する書類を受領する代表者を指定する旨の届出があった場合の相続人代表者、及び③法定代理人が明らかな場合の法定代理人などがこれに当たります。

(2)　送達を受けるべき場所

　送達を受けるべき場所は、原則としてその送達を受けるべき者の住所又は居所ですが、具体的には次のようになります。

区　　　分	送達を受けるべき場所
事業所等が2以上ある場合の送達	送達すべき書類と密接な関係のある住所等（通基通12－1）
所在不明の法人に対する送達	その法人を代表する権限を有する者の住所等（通基通12－2）
無能力者に対する送達	その者の住所等、その者の法定代理人が明らかな場合、その法定代理人の住所等（通基通12－3）
破産者に対する送達	破産管財人の住所等（通基通12－4）
在監者に対する送達	その者の住所等、住所等が不明な場合及び本人のために書類を受け取るべき者がない場合は、その者の在監している刑務所等（通基通12－5）

（注）住所とは、各人の生活の本拠（民21）をいい、法人にあっては、その本店又は主たる事務所の所在地（民50、会社4等）をいいます。なお、法人が事実上解散して所在が不明であるような場合（登記簿上の所在地に事務所がないような場合）において、その法人を代表する理事、清算人等の住所又は居所が明らかであるときは、そこに送達するものとされています。

> **「事務所」への送達**
> 　審査請求人の従前の住所で現在息子夫婦が居住し、かつ、審査請求人が営業の事務所としている場所であり、もし、その事務所あての郵便物が配達されれば息子夫婦のいずれかがこれを受け取り、直ちに審査請求人のところに持ってくるようになっていたことが認められ、また審査請求人が本件審査請求書にその住所を自己の住所として記載している場合には、国税通則法第12条第１項にいう「事務所」に当たるとする事例があります（最高判昭和59.1.31）。

2　送達の方法

　書類の送達の方法には、①郵便又は信書便による送達と②交付送達があります（通12①）。また、その送達を受けるべき者の住所及び居所が明らかでない場合等でその書類の送達ができない場合には、その送達に代えて③公示送達を行うことができます（通14①）。

(1)　郵便又は信書便による送達

イ　郵便による送達

　郵便による送達には、<u>通常の取扱いによる郵便</u>（郵便法第44条の規定による特殊扱いによる郵便以外のもの）のほか、更正、決定などの通知書、差押えに関する重要な書類などは、相手方の到達の証明が必要であることから、<u>特殊取扱いによる郵便</u>として、①簡易郵便（郵便法45④）、②書留（郵便法45①）及び③配達証明（郵便法47）などによるものがあります。

　ところで、普通郵便については、通常の取扱いによる郵便又は信書便によって書類を発送した場合には、その郵便物が<u>通常到達すべきであった時に送達があったものと推定されます</u>（通12②）。この「通常到達すべきであった時」とは、そのときの郵便又は信書便の事情と地理的事情等を考慮して合理的に判定される時をいいます（通基通12－7）。

　また、税務署長等は、その書類の名称、送達を受けるべき者の氏名（法人のときはその名称）、あて先及び発送の年月日が確認できる記録

（発送簿）を作成する必要があります（通12③）。
　ロ　信書便による送達
　　民間事業者による信書の送達に関する法律の制定により、一定の民間事業者が他人の信書を送達する業務を行うことができるようになったことに伴い、税務署長等が書類を送達する場合に、一般信書便事業者又は特定信書便事業者による信書便により送達することができるようになりました。

(2)　交付送達
　交付送達とは、税務官庁の職員が送達を受けるべき者に対して直接交付するもので、交付送達の場所は住所、又は居所を原則としています。
　なお、交付送達には次のようなものがあります。

　イ　原則的交付送達
　　送達を行う職員が、送達すべき場所において、その送達を受けるべき者に書類を交付します（通12④）。この場合、送達を受けるべき者が封筒を受け取り開封し、その内容を知った後、受け取れないとして返却し、送達を行った者がそれを持ち帰ったとしても、交付送達により適法に送達されたことになります（福岡地判昭和62.7.16）。
　ロ　出会送達
　　送達を受けるべき者に異議がないときは、送達すべき場所以外の相手方と出会った場所、その他相手方の了解した場所（例、勤務先など）で書類を交付します（通12④ただし書）。
　ハ　補充送達
　　送達すべき場所において、書類の送達を受けるべき者に出会わない場合に、その使用人その他の従業員又は同居の者で、送達の趣旨を了解し、

名あて人に交付されることが期待できる者（送達の趣旨を了解できる未成年者を含みます。）に、書類を交付します（通12⑤一）。

この「同居の者」とは、送達を受けるべき者と同一の建物内で共同生活をしていれば足り、生計を一にしていることを要しません（通基通12－8）。

> **未成年者への送達の効力**
> 書類を交付する相手が未成年者であっても、相当の知識能力があれば送達の効力は生じます（行判大正3.7.13）。

二　差置送達

送達を受けるべき者、その使用人、従業員又は同居の者が送達すべき場所にいない場合、又はこれらの者が正当な理由がなく書類の受け取りを拒んだ場合に、送達すべき場所の玄関内、郵便受箱などにその書類を差し置くことにより送達します（通12⑤二）。

(注)　交付送達の記録

交付送達をした場合の税務官庁の手続として送達書に受取人の受領印（署名押印又は記名押印）を受けることになります（通規1前段）。また、この受領印は、送達の要件とはされていないので、送達書にこの受領印がなくても、当該書類の送達が無効になるものではありません（行判大正13.12.2）。

なお、受領人が受領印を押さないときは、送達に当たる職員が送達書にその理由を付記しなければならないこととなっています（通規1後段）。

参考　交付送達の方法

交付送達の方法	書類の送達場所	書類の受領者等
原則的交付送達	送達すべき場所	送達を受けるべき者（名宛人）
補充送達		名宛人以外の使用者、同居人など
差置送達		不在又は受領拒否
出会送達	送達すべき場所以外の場所	送達を受けるべき者（名宛人）

3 送達の効力発生時期

郵便又は信書便による送達又は交付送達は、送達を受けるべき者の住所又は居所等に送達します。

この送達の効力は、書類が社会通念上送達を受けるべき者の支配下に入ったと認められる時（送達を受けるべき者が了知し得る状態に置かれた時）であり、具体的には、郵便による送達の場合は「郵便受箱に投入された時」、交付送達の場合は「送達を受けるべき者又はその使用人などに交付した時」、差置送達の場合は「差し置いた時」をいいます。

なお、いったん有効に書類が送達された以上、その書類の返戻があっても書類の送達の効力には影響はありません（通基通12－10）。

> 名宛人の表示に誤記があった場合の送達の効力
> 　名宛人の表示に誤記があった場合における送達の効力については、行政処分の表示が誤記であることが明白であり、かつ、その真意とすることを知りうるときは、その意思とするところに従ってその効力を生ずるとして、「高畠辰雄」とすべきところを「高畑辰雄」と誤記した書類の送達は有効であるとした判決があります（大阪地判昭和39.5.14）。

4 公示送達

(1) 公示送達

公示送達は、①書類の送達を受けるべき者の住所及び居所が不明である場合、②外国においてすべき送達につき困難な事情（天災、動乱の発生など）があると認められる場合には、郵便による送達及び交付送達ができないので、その送達に代えて行うものです（通14①）。

なお、単に、郵便物が返戻されてきたという理由だけで、実地調査などの所要の調査を行わないで公示送達しても、公示送達の効力は生じません。

(注) 1　「住所及び居所が明らかでない場合」とは、送達を受けるべき者について、通常必要と認められる調査（市町村役場、近隣者、登記簿等の調査）をしても、住所等が不明な場合をいいます（通基通14－1）。

なお、所要の調査をすれば、住所等が判明すべきであったにもかかわらず、単に一回限りの郵便による送達があて先不明で返戻されたこと等を理由として所要の調査をしないで、公示送達をしたときには、公示送達の効力が生じないこととされています（行判昭和7.12.23、東京地判昭和44.3.5）。

(注) 2 「外国においてすべき送達につき困難な事情があると認められる場合」とは、書類の送達をしようとする外国につき国交の断絶、戦乱、天災、又は法令の規定等により書類を送達することができないと認められる場合をいいます（通基通14－2）。

(2) **公示送達の方法**

公示送達は、①送達を受けるべき書類の名称、②送達を受けるべき者の氏名及び③その書類をいつでも送達を受けるべき者に交付する旨を、税務署等の掲示場に掲示して行います（通14②）。

この掲示は、公示送達の効力が発生する時まで継続して行います。掲示後、その掲示書が破損又は脱落した場合には、速やかに破損の個所を補修し再掲示し、この場合でも、掲示すべき期間は、通常当初の掲示を始めた日から計算します（民事訴訟法第111条《公示送達の方法》参照）。

(3) **公示送達の効力**

公示送達は、その掲示を始めた日から起算して7日を経過した日、すなわち掲示を始めた日を含めて8日目に、その送達の効力が生じます（通14③）。なお、この期間は、不変期間であり、その末日が日曜日、国民の祝日その他一般の休日であっても公示送達の効力の生ずる時期に影響はありません。

また、公示送達により掲示した書面が、その掲示を始めた日から起算して7日を経過するまでの間に破損又は脱落した場合であっても、公示送達の効力には影響はありません。この場合には、すみやかに破損の箇所を補修し、又は掲示することとします（通基通14－3）。

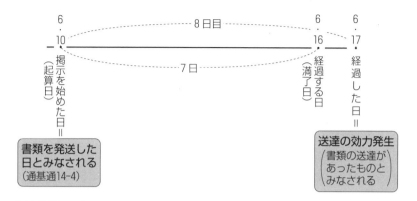

参考　公示送達した場合の差押えの着手

　公示送達の方法により督促状を送達した場合、滞納処分による差押えに着手することができる日は、一般に、国税通則法第40条に規定する「督促状を発した日から起算して10日を経過した日までに完納されない場合」であるから、この公告を始めた日を含めて11日目の日までに完納されないことが明らかになったその翌日、すなわち12日目の日から差押えができます。

5　相続人に対する書類の送達の特例

　相続があった場合、被相続人の国税の納税義務は相続人に承継され（通5）、相続人が税務署長等の相手方当事者となります。したがって、被相続人に係る書類の送達は、相続人に対してそれぞれ行われるのが原則ですが、相続人が数人ある場合は、次のような特例が認められています。

(1)　代表者の指定等

イ　相続人による代表者の指定

　相続があった場合において、相続人が2人以上あるときは、これらの相続人は、国税に関する法律に基づいて税務署長等が発せられる書類（滞納処分に関するものを除きます。）で、被相続人の国税に関するものを受領する代表者をその相続人のうちから指定することができます。こ

の場合において、その指定に係る相続人は、その旨をその納税地を管轄する税務署長等に届け出なければなりません（通13①）。

ロ　税務署長による指定

　相続人が2人以上ある相続の場合において、相続人のうちにその氏名が明らかでない者があり、かつ、相当の期間内に相続人による代表者の指定の届出がないときは、税務署長等は、相続人のうちから1人を指定して、その者を代表者とすることができます。この場合において、その指定をした税務署長等は、その旨をその指定に係る相続人に通知しなければなりません（通13②）。

ハ　代表者の権限及び書類の送達等

　上記イ又はロの代表者は、他の相続人の代理人たる資格と自己の相続人たる資格に基づいて、各相続人の承継に係る国税の賦課、徴収等の書類（滞納処分に関するものを除きます。）を受領します。

　代表者に対し、各相続人の承継に係る国税に関する書類を送達するときは、各相続人につき、各別に調整したものを一括してその代表者に送達します。なお、その書類に係る処分は、代表者に送達されたときに、届け出又は指定に係るすべての相続人に対して生じます。

(2)　相続人の名義でした処分の効果

　被相続人の国税につき、その者の死亡後、その死亡を知らないでその者の名義でした国税に関する法律に基づく処分で書類の送達を要するものがある場合に、その相続人の1人にその書類が送達されたときは、当該国税につき、すべての相続人に対してされたものとみなされます（通13④）。これは、被相続人名義でした処分の効果を確定させて税務関係を円滑にすることを図ったものです。

　この規定は、被相続人の死亡の事実を知らない善意の場合に限り適用されますから、これが判明していれば、各相続人にそれぞれ送達しなければなりません。

納税申告書の提出

Q 2-9 納税者が税務署に書類を提出する際の留意事項について説明してください。

A 納税者が、税務署長等又はその職員に申告書、申請書、届出書その他の書類を提出する場合には、その提出する書類に氏名及び住所又は居所を記載して押印する必要があります。

解説

1 書類提出者の氏名及び住所の記載と押印

税務署長等又はその職員に申告書、申請書、届出書その他の書類を提出する者は、提出する書類に氏名（法人については、名称）及び住所又は居所（法人については、所在地）を記載して、また、当該書類を提出する者は押印する必要があります（通124）。

提出書類のうち「その他の書類」とは、国税に関する法律に基づいて税務署に提出する書類の一般の意味です。

（氏名・住所等の記載）

個人の場合	書類届出者
法人の場合	その法人の代表者
納税管理人又は代理人の場合	その納税管理人又は代理人
不服申立人が総代を通じて提出する場合	その総代

2 提出書類の押印

提出書類等には、その書類を提出する者が押印しなければなりません。なお、次に掲げるように押印することとされています（通124②）。

提出書類についての押印

個　　　　　　人…………………	書類届出者の印
法　　　　　　人…………………	当該法人の代表者の印
納税管理人、代理人…………………	納税管理人又は代理人の印
総　　　　　　代…………………	その総代の印

（注）　押印すべき者が外国人である場合には、その署名をもって押印に代えることができます（外国人ノ署名捺印及無資力証明ニ関スル法律第１条２項）。

3　提出書類と効力発生時期

　納税者などから税務署等へ提出する書類の効力は、原則として書類が税務署等にそれが到達した時に生じます（到達主義）。ただし、納税申告書（通２六）、課税標準申告書（通31①）、更正請求書（通23③）、異議申立書（通81①）、審査請求書（通87①）及び延納届出書（所131②）などの書類が郵便又は信書物により提出された場合には発信主義が適用され、郵便物又は信書便物の通信日付印により表示された日に提出されたものとみなされます（通22ほか）。

（注）　その通信日付印の表示がないとき、又はその表示が不鮮明のときは、通常要する郵送日数から逆算して発送したと認められる日がこれに当たります。

第2章 国税通則法の基本的事項

参考 発信主義と到達主義の関係

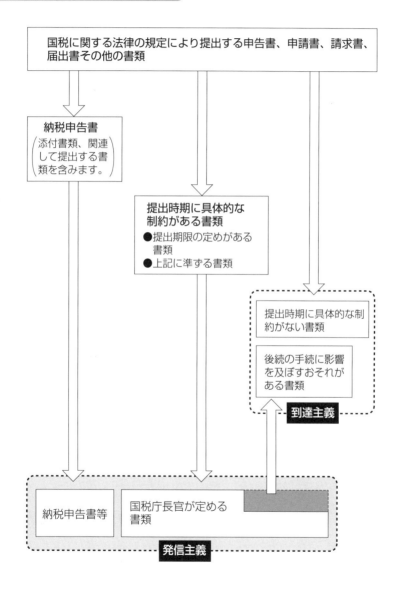

納税証明

Q2-10 銀行から融資を受ける際、納税証明書の添付が必要であると聞いていますが、納税証明とは、どのようなものですか。

A 納税証明は、納税者の請求に基づき、税務署長が納税者の納税額、所得金額、滞納処分を受けたことの有無等を証明するもので、その者の資力、信用力などを直接に又は間接に表示する有力な資料として、例えば入札の参加、住宅資金等借入れの際の提出資料として、広く利用されています。

解説

1 納税証明制度の概要

納税証明制度は、納税者の資力、信用力などを直接又は間接に表示する有力な資料として利用され、納税者に便宜を与えることを主たる目的として設けられたものです。

国税局長又は税務署長等は、国税に関する事項のうち納付すべき税額等についての証明書の交付を請求する者があるときは、一定の要件に該当する限り、これを交付しなければなりません（通123①、通令41）。

ところで、この納税証明書の交付に当たっては、納税義務の成立した段階では、原則としてこの証明は不可能ですが、納税義務が確定した段階になるとその証明は可能であることから、国税債権の公示手段として納税証明制度は、その存在意義があります。

(納税証明) 納税者の資力、信用力などを直接に又は間接に表示
　　　　　　　　　　　　↓
《利用形態》○租税の優先徴収権により担保権に優先国税を予測する手段
　　　　　　○その他種々の目的のため利用
　　　　　　　入札参加、公団住宅入居のための資格証明等
　　　　　　　　　　　　↓
　　　　　　　　　国税債権の公示手段

参考　納税証明と「予測可能性の原則」

　納税証明制度が法律上の制度とされるに到った契機は、昭和34年に全文改正された国税徴収法において、租税の優先権の私法上の担保制度との調整策として新たに採用された「予測可能性の原則」の考え方です。この原則は、納税者の財産上に質権又は抵当権を取得しようとする者がその取得の時において予測することができる範囲の国税に限りその質権又は抵当権に優先し、予測し得ない国税はこれに劣後するという考え方ですが、この考え方を採用するには、質権者又は抵当権者が競合しうる国税を予測する手段が法律上保障されていることがまず必要であることから、納税証明は、その手段として法制化される契機が与えられました。

2　納税証明書の要件等

(1)　納税証明を請求できる者

　納税証明をする事項は、個人又は法人の秘密に関する事柄であり、その請求者の国税に関するものに限られることから、納税証明を請求できる者は、証明を受ける国税を納付すべき本来の納税者のほか、第二次納税義務者、保証人及びそれらの者から委任を受けた者に限られています（通123①）。

(2)　納税証明書の使用目的

　納税証明書の交付を受けることができるのは、次の使用目的のいずれかに該当する場合です（通令41⑥）。

イ　国税又は地方税と競合する債権に係る担保権の設定に関するものであ

る場合
ロ　法令の規定に基づき国又は地方公共団体に提出すべきものである場合
ハ　その他その使用目的に相当の理由があると認められる場合
　　ここに使用目的上の「相当の理由」とは、次のような理由をいい、領収証書の代用等として自己が使用するためのようなものは含まれません。
　⑴　納税証明の請求者が、入札、出国手続、在留資格の更新、官公庁の指定業者の登録及び身元保証その他これらに類する目的のため、国又は地方公共団体の機関に提出すべき場合
　⑵　納税証明の請求者が、入札、住宅資金等の借入、公団住宅等の入居及び身元保証その他これらに類する目的のため、国又は地方公共団体の機関以外のものに提出すべき場合

3　証明事項

　証明できる事項は、次の(1)に掲げる事項に限られ、(2)に掲げる事項については証明事項になりません（通令41①②）。

(1)　証明事項

イ　納税等に関するもの
　⑴　確定した納付すべき税額並びにその納付し又は徴収された税額及び未納の税額（これらの額がないことを含みます。）
　　ここに「確定した納付すべき税額」には、次に掲げるもののほか、延納税額で分納期限未到来のもの及び相続人等の承継税額（納付責任額を含みます。）を含みます。
　　①　源泉徴収等による国税、自動車重量税、登録免許税及び日本銀行券発行税については、納税の告知に係る税額
　　②　納付通知（納税告知）がされた保証債務額及び第二次納税義務額（譲渡担保権者の物的納付責任については、告知に係る金額をいいます。）
　　③　国税通則法第39条第3項により決定されたとみなされた税額

④　確定した滞納処分費

　また「これらの額がないこと」は、納税申告をしたが控除失格等によりその額がない場合のほか、証明日現在で納税申告の義務がないため納税申告をしていないこと又は更正決定等がないことによるその額がないこと等が含まれます（通基通123－1）。

(ロ)　(イ)に掲げる国税の法定納期限等（国税徴収法第15条第1項各号の法定納期限等をいいます。ただし、同項第7号及び第8号のものを除きます。）

(ハ)　保全差押え（繰上保全差押え）の通知（徴159③、通38④）により通知した金額

ロ　所得に関するもの

　所得税又は法人税に関する次に掲げる金額で、申告又は更正決定に係るもの（これらの額がないことを含みます。）

　ここに「これらの額がないこと」とは、申告又は更正若しくは決定に係る金額が零である場合（所得税法又は法人税法に規定する純損失の金額若しくは雑損失の金額又は欠損金額がある場合を含みます。）をいいます（通基通123－2）。

①　所得税法による総所得金額（不動産所得又は事業所得の金額がある者には、それらの金額を含みます。）、退職所得金額、山林所得金額並びに課税総所得金額、課税退職所得金額及び課税山林所得金額

②　法人税法による各事業年度の所得金額及び退職年金等積立額並びに清算所得金額

ハ　滞納処分等に関するもの

①　滞納処分を受けたことがないこと

②　地方税法第14条の9第2項各号（法定納期限等以前に設定された担保権の優先）の地方税の額を算出するため必要な事項（国税の税額又は所得金額を基準として課された事業税等につき、国税の額がそのまま地方税の課税標準とならないもの、例えば、法人税額からの所得税

額の控除金額等をいいます。）(通規13)

(2) 証明しない事項（証明除外事項）

上記(1)に掲げる事項であっても国税に係る次に掲げる事項は、証明する事項に含まれません(通令41②)。

① 源泉徴収等による国税（納税告知がされたものは除きます。）
② 印紙税（申告納税方式によるもの及び過怠税を除きます。）
③ 自動車重量税
④ 登録免許税（納税告知がされたものを除きます。）
⑤ 法定納期限が請求する日の3年前の日を含む会計年度前の会計年度に係る国税（未納の国税についての未納の額を除きます。）

参考 納税証明書の種類

納税証明書の種類	証明内容
納税証明書（その1）	納付税額等
納税証明書（その2）	「申告所得税及復興特別所得税」又は「法人税」の所得金額
納税証明書（その3）	未納の税額がないこと
納税証明書（その3の2）	「申告所得税及復興特別所得税」と「消費税及地方消費税」に未納の税額がないこと（個人用）
納税証明書（その3の3）	「法人税」と「消費税及地方消費税」に未納の税額がないこと（法人用）
納税証明書（その4）	滞納処分を受けたことがないこと等

第2章　国税通則法の基本的事項

参考 納税証明書で証明できる事項等

証明事項	納税等に関するもの	納付すべき税額として確定した税額、納付した税額及び未納の税額とその国税の法定納期限等	[税額証明]
	所得に関するもの	所得税についての総所得、課税総所得	[所得証明]
		法人税についての事業年度の所得の金額	
	滞納処分等に関するもの	国税の滞納処分を受けたことがないこと	[滞納処分を受けたことのない証明]
証明しない事項	① 源泉徴収等による国税で、納税告知がされたもの以外のもの ② 印紙税（申告納税方式によるもの及び過怠税を除きます。） ③ 自動車重量税 ④ 登録免許税（納税告知がされたものを除きます。） ⑤ 法定納期限が請求する日の3年前の日を含む会計年度前の会計年度に係る国税（未納の国税についての未納の額を除きます。）		

4　納税証明の手続

　納税証明書の交付を受けようとする者は、証明を受けようとする国税の年度及び税目等一定の事項を記載した請求書を提出します（通令41④）。その請求書の様式は、国税通則法施行規則第16条別紙8号書式に規定しています。

5　交付手数料

(1)　交付手数料の納付

　納税証明書の交付を請求する者は、証明書1枚ごとに、手数料として400円の収入印紙を請求書にはって納付するのが原則ですが、国税局又は税務署の事務所において、当該手数料の納付を現金ですることが可能である旨

及び当該事務所の所在地を国税庁長官が官報で公示した場合には、当該事務所において現金をもって納めることができます。また電子申告納税システムを利用する場合は、手数料370円は同システムにより納付することができます（通123②、通令42①②）。

手数料の計算方法

種類	税目数	請求年度	請求枚数	単価	納税証明書の手数料
その1	a	b	c	@400円	(a×b×c×400)円
その2	—	b	c	@400円	(b×c×400)円
その3・その4 （その3の2〜3）	—		c	@400円	(c×400)円

（注） 1 災害により財産に相当の損失を受けた方がその復旧に必要な資金の借入れをするために納税証明書を使用する場合や、生活の維持について困難な状況にある方が法律に定める扶助等の措置を受けるために納税証明書を使用する場合など、手数料を必要としない場合があります。
　　　 2 電子納税証明書の手数料の単価は、370円となります。

交付手数料の納付方法
① 収入印紙による交付手数料の納付
② 現金による交付手数料の納付
③ 電子的に交付する納税証明書の交付手数料の納付

---

(2) 交付手数料を要しない場合

　納税証明書の交付手数料は、①震災、風水害、落雷、火災その他これらに類する災害により相当な損失を受けた者がその復旧に必要な資金の借入れのため、また②生活維持困難な者が法律に定める扶助等の措置を受けるためなどの場合には、その交付手数料は要しません（通令42④）。

> **参考** 納税証明書の証明手数料の納付を要しない場合の取扱い

　国税通則法施行令第42条第4項の「生計の維持について困難な状況にある者が法律に定める扶助その他これに類する措置を受けるために使用する当該証明書」とは、納付すべき額として確定した税額のない者で、生計の維持について困難な状況にある者が、法律に定める扶助等を受けるために納税証明書を使用する場合とは、具体的には、次に掲げるような目的で使用する場合がこれに該当すると考えられます（詳しくは、国税通則法基本通達第123条関係の9（扶助等を受けるための証明書）を参照）。

① 　生活保護法第7条の規定により、生活保護等の保護を申請するため
② 　精神保健及び精神障害者福祉に関する法律第31条の規定により、入院費用の自己負担額の認定を受けるため
③ 　児童福祉法第56条の規定により、同法の規定による育成、医療又は療育等の措置に要する費用の自己負担額の認定を受けるため
④ 　母子保健法第21条の4の規定により、養育医療の給付に要する費用の自己負担額の認定を受けるため
⑤ 　国民年金法第90条第1項の規定による保険料の免除申請のため
⑥ 　身体障害者福祉法第19条の7又は第21条の2の規定により、更生医療等の支給費用の自己負担額の認定を受けるため
⑦ 　感染症の予防及び感染症の患者に対する医療に関する法律第37条第2項の規定により、医療に要する費用の自己負担額の認定を受けるため
⑧ 　その他①～⑦までに類する目的

【納税証明書交付請求書】

納税証明書交付請求書

収入印紙ちょう付欄
（消印しないでください）

税務署長 あて

年　月　日

【代理人記入欄】
代理人の方のみ記入してください。
住所

氏名　　　　　　　　　㊞

※代理人の方が請求される場合は委任状が必要です。

住　所
（納税地）

（フリガナ）
氏　名
又は
法人名及び
代表者氏名　　　　　　㊞

特定信託の名称：

下記のとおり、納税証明書の交付を請求します。

記

証明書の種類	□ その1	□ その2	□ その3 □ その3の2 □ その3の3	□ その4
証明を受けようとする税目 (該当する税目にレ印を記入してください。)	□ 申告所得税 □ 法人税 □ 消費税及び地方消費税 □ その他 （　　　　税）	□ 申告所得税 □ 法人税	□ 申告所得税 □ 法人税 □ 消費税及び地方消費税 □ その他 （　　　　税） ※ その3の2、その3の3の場合は記入する必要はありません。	
証明を受けようとする国税の年度	年分 自 年 月 日 　　 至 年 月 日 年分 年分	年分 自 年 月 日 　　 至 年 月 日 年分 年分		
証明を受けようとする事項	・納付すべき税額 ・納付済額 ・未納税額 □法定納期限等 □源泉徴収税額 □未納税額のみ （□には、必要な場合にレ印を記入してください。）	所得金額 ※申告所得税の証明の場合、所得種類別の証明も可能です。 □には証明を受けようとする事項にレ印を記入してください。 □総所得金額の証明 □事業所得金額の証明 □上記以外の所得金額の証明 （　　　　）	未納の税額がないこと ※その3の2は「申告所得税」と「消費税及び地方消費税」に、その3の3は「法人税」と「消費税及び地方消費税」に未納税額がないこととなります。	滞納処分を受けたことがないこと
証明書の請求枚数	枚	枚	枚	枚

証明書の使用目的	□資金借入　□入札参加指名願　□登録申請(更新)　□保証人 □その他（　　　　　　　　　）

※ 税務署整理欄

本人（代理人）確認方法	□運転免許証　□パスポート　□身分証明書（　　　） □健康保険証　□住民基本台帳カード(顔写真付)　□その他（　　　）	確認者
委任事実の確認	□電話照会　□印鑑照合　□申告書等確認　□その他（　　　）	

	その1	税目数	年度	枚	円	合計	確認者	証明番号
□収入印紙	その2		年度	枚	円	(内現金　円)		
□現金	その3			枚	円			
	その4			枚	円			

納付一連番号

整理番号

端数計算等

Q2-11 国税の課税標準や税額を計算する上で、端数計算や端数処理はどのようになっていますか。

A 国税通則法においては、国税の納付の容易化、徴税事務の簡素合理化などを目的として、端数金額の処理を定めています。詳しくは、以下のとおりです。

解説

国税の額は、課税標準に税率を適用して計算されますが、この計算過程において課税標準及びその確定金額について端数計算が行われます（通118、119、120）。ところで、国庫の出納は、その時の流通貨幣の最低単位まで行われることが原則です。しかしながら、国の計算事務を簡素化して何ら不都合がないという場合に、その計算方法を簡便にすることは、時間、労力及び経費の節約を図り、国民負担の軽減、能率の向上に役立つことになります。

そこで、国税通則法第118条から120条において、国税の課税標準及び確定金額について、国税の納付の容易化、徴収事務の簡素合理化などを目的として、次のように端数計算の処理について定めています。

1 国税の課税標準の端数計算等

(1) 課税標準の端数計算等

国税の額は、課税標準に税率を適用して計算されますが、その税率を適用すべき課税標準に端数があるときは、次により端数を切り捨てて税率を適用します（通118①、②）。

	適用税目	端数計算等
原則 (通118①)	国税一般	1,000円未満の端数切捨て 全額1,000円未満は、全額切捨て
例外 (通118②等)	源泉所得税(退職所得の申告がされている場合の退職所得及び年末調整に係るものを除きます。)	1円未満の端数切捨て 全額1円未満は、全額切捨て
	登録免許税	1,000円未満の端数切捨て 全額1,000円未満は、1,000円とします(登15)。
	印紙税	(端数処理不要(通118①))

(2) 附帯税の計算の基礎となる金額の端数計算等

　附帯税の額を計算する場合において、その計算の基礎となる税額の全額が1万円未満であるときは、その全額を切り捨て、その税額が1万円を超え、1万円未満の端数があるときは、その端数金額を切り捨てて計算します(通118③)。

2　国税の確定金額の端数計算等

(1) 本税の端数計算等

　国税(自動車重量税、印紙税及び附帯税を除きます。)の確定金額に百円未満の端数があるとき、又はその全額が百円未満であるときは、その端数金額又はその全額を切り捨てます(通119①)。

　ここに確定金額とは、例えば、所得税の確定申告により納付すべき所得税の場合、算出税額から税額控除(源泉徴収税額及び予定納税額等)を控除した第3期分において納付すべき税額をいいます。

(2) 附帯税の端数計算等

　附帯税の確定金額に百円未満の端数があるとき、又はその全額が千円未満(加算税に係るものについては、5千円未満)であるときは、その端数金額又は全額を切り捨てます(通119④)。

　(注)　利子税及び延滞税の割合に租税特別措置法第93条及び第94条が適用される場合において、その額の計算の過程における金額に1円未満の端数が生じたときは、

これを切り捨てることとされています（措96）。

区分		適用税目	端数計算等
税額の確定金額	原則（通119①）	国税一般（滞納処分費も国税に含まれます（通5①かっこ書）。）	100円未満の端数切捨て　全額100円未満は、全額切捨て
	例外（通119②、④）	源泉所得税（退職所得の申告がされている場合の退職所得及び年末調整に係るものを除きます。）	1円未満の端数切捨て　全額1円未満は、全額切捨て
		登録免許税	100円未満の端数切捨て　全額1,000円未満は、1,000円とします（登19）。
		自動車重量税	（端数処理不要）
		印紙税	（端数処理不要）　過怠税の1,000円未満は、1,000円とします（印20④）。
		附帯税	100円未満の端数切捨て　全額1,000円未満（加算税は5,000円未満）は、全額切捨て

3　還付金等の端数計算等

(1) 還付金等の端数計算

還付金等の端数計算は、納付すべき税額の端数計算と異なり、すべて1円未満の金額について行います（通120①）。

また、各税法の規定を適用して具体的に算出された還付金に1円未満の端数があるときは、その端数金額を切り捨て、その還付金の額が1円未満であるときは、それを1円として計算します（通120②）。

(2) 還付加算金に関する端数計算等

還付加算金の額を計算する場合、その計算の基礎となる還付金等の額に1万円未満の端数があるときには、その端数金額を切り捨て、還付金等の額の全額が1万円未満であるときは、その全額を切り捨てます（通120④）。

また、具体的に計算された還付加算金の額が千円未満であるときは、その全額を切り捨て、その額が千円を超え百円未満の端数があるときは、その端数金額を切り捨てます（通120③）。

第3章
納税義務の成立と確定

納税義務の成立

> **Q 3-1** 国税の納税義務が成立するとは、どのような場合ですか。例えば、所得税においては、どのような場合に成立するのですか。

A 国税を納付する義務(納税義務)は、各税法に定める課税要件の充足によって成立します。また、この納税義務の成立は、税目によって異なり、その成立時期は、各税目ごとに定められています。

例えば、所得税においては、課税標準の計算期間である一暦年が経過して所得税法に定める課税要件が充足すると、所得税に係る抽象的債務が成立します。

解説

1 納税義務の成立

国税を納付する義務(納税義務)の成立は、国の側からみれば、納税者に対して租税という形で金銭的納付を請求しうる権利の発生(抽象的租税債権)ということになり、これを納税者の側からみれば、国税を納付しなければならない義務の発生(抽象的租税債務)ということになります。

したがって、納税義務が成立するためには、租税法律主義の原則に基づき、国税に関する法律に定める要件が満たされることが必要です。この要件が通常「**課税要件**」と称されているものです。そして、その内容は、所得税法、法人税法などの各税法に規定されています。

ところで、この課税要件として一般にいわれているものには、次のようなものがあります。

課税要件	課税権者	一般的には国の行政機関たる税務署長（税目によっては税関長や登記官）
	納税義務者	国税に関する法律の定めにより国税を納める義務がある者及び源泉徴収義務者（通2五）
	課税物件	課税上の関係を生じる基礎となる税法上の事実 （例）所得税法……「所得を有すること」（所7） 　　　相続税法……「財産を取得したこと」（相2）
	課税標準	課税物件を金額、容量又は件数等の数字で表したもので、税額算出の基礎となるもの（通2六） （例）「総所得金額」（所22①）、「課税価格」（相11の2）、「譲渡等の対価の額」（消28①）
	税　率	課税標準に対して課される税額の割合 （例）「百分比」（所89、法66）、「一定の金額」（酒22など）により表示され、税率は更に、比例税率（消29）と累進税率（所89など）に分けられます。

2　成立の時期

納税義務の成立は、税目によって異なり、その成立時期は税目ごとに定められています（通15②）。

税　目	納税義務の成立時期
申告納税による所得税 （申告所得税）	暦年の終了の時（通15②一） （予定納税に係る所得税……その年6月30日を経過する時（通令5））
源泉徴収による所得税 （源泉所得税）	利子、配当、給与、報酬、料金その他源泉徴収をすべきものとされている所得の支払の時（通15②二）
法　人　税	事業年度の終了の時（通15②三） 中間申告に係る法人税……事業年度の開始の日から6月を経過する時（通令5）
相　続　税	相続又は遺贈による財産の取得の時（通15②四）

贈　与　税	贈与による財産の取得の時（通15②五）
消　費　税	国内取引⇒課税資産の譲渡等を行った時（通15②七） 輸入貨物⇒保税地域からの引取りの時 （中間申告に係る消費税…中間申告対象期間の末日を経過する時（通令5））
申告納税方式による国税に対する加算税	その額の計算の基礎となる国税の法定申告期限の経過の時（通15②十三）
源泉徴収による国税に対する加算税	その額の計算の基礎となる国税の法定納期限の経過の時（通15②十四）

(注)　1　消費税の課税資産の譲渡等（消2①九）とは、個人事業者及び法人が、事業として対価を得て行う資産の譲渡及び貸付け、役務の提供で、法律上非課税とされているもの以外のものをいいます。
　　　2　相続時精算課税適用者（相続人）が、特定贈与者（被相続人）より財産を取得しなかった場合における納税義務の成立時期は、「特定贈与者の死亡の時」とされています（通令5）。

3　成立の効果

納税義務の成立の効果としては、次のようなものがあります。

納税義務の成立の効果	①　源泉所得税など自動確定の国税を除き、納税者と税務署長との間に、納税義務を確定させる権利義務が生じます。
	②　納税義務の確定手続をまっていては国税の徴収が確保できないと認められる場合は、一定の条件の下に納税者の財産に繰上保全差押えをすることができます（通38③、④）。
	③　災害により相当な損失を受けた場合に納税の猶予を適用することができます（通46①）。
	④　予納の国税を受領することができます。

【申告納税方式の国税の場合】

・納税者………納税申告をする義務を負います。

・税務署長……更正又は決定（賦課決定）を行う権利（賦課権）が生じます。

納税義務の確定

国税における納税義務の確定とは、どのようなものですか。また、納税義務の成立とは、どのように異なるのでしょうか。

A　納税義務が成立しても、その納税義務は抽象的な存在であって内容の確定したものではありません。つまり、納税義務が具体的な債務となるためには、特定の国税を除き、その税額を具体的に確定するために手続をとることを要し、その内容、すなわち課税標準及び税額が確定しなければなりません。このような課税標準及び税額が確定することを「**納税義務の確定**」といいます。

解説

1　確定の意義

納付すべき税額の確定は、その後の納税義務の履行手続の前提要件となるもので、この「確定」がなければ納付はなく、徴収もありません。例えば、納税義務が成立していても確定がなければ、納付された税額は、原則として誤納となります。

なお、いったん確定した税額でも、真実の税額と異なることが判明したときには、その後の確定手続によって、増額又は減額されます。

イ　納付すべき税額の確定の形態

納付すべき税額の確定の形態としては、①納税義務の成立後特別の手続をとることによってはじめて確定するもの、②納税義務の成立と同時に法律上当然に確定するものがあります。

(注)　納付すべき税額の確定という場合の「確定」とは、判決の確定力などという場合の確定とは異なり、いったん確定した税額が、その前提となる抽象的、客観的な納税義務と内容が異なるという理由で、除斥期間（徴収権の消滅時効）内は、さら

に2回、3回と変更確定されうるものです。

□ 確定のための手続

納税すべき税額を確定するための手続については、申告納税方式と賦課課税方式があります。

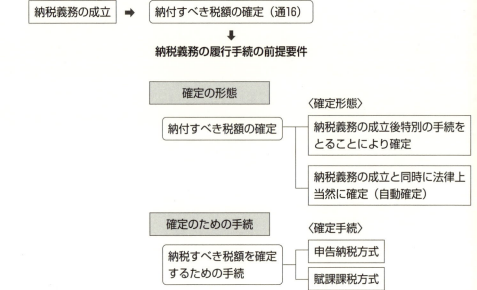

2 申告納税方式と賦課課税方式

国税について納付すべき税額の確定は、自動確定の国税を除き、何らかの確定の手続を経て行われますが、これには「**申告納税方式**」と「**賦課課税方式**」とがあります（通16）。

「申告納税方式」とは、原則として、納税者の納付すべき税額が国税に関する一方の当事者たる納税者自身の申告行為によって確定することをいい、その申告がない場合又はその申告に係る税額の計算が国税に関する法律の規定に従っていない場合その他当該税額が税務署長の調査したところと異なる場合に限り、税務署長の更正又は決定によって税額が確定される方式をいいます（通16①一）。

また、「賦課課税方式」とは、納付すべき税額が専ら税務署長の処分によって確定する方式をいいます（通16①二）。例えば過少申告加算税、無申告加算税、不納付加算税及び重加算税などが、この賦課課税方式を採っています。

3 自動確定の国税──確定のため特別の手続を要しない国税

国税のうちには、課税要件である事実が明白で税額の計算が容易であるため、納付すべき税額の確定につき特別の手続を要さず納税義務の成立と同時に法律上当然に納付すべき税額が確定するものがあります。この国税としては、次のようなものがこれに当たります（通15③）。

① 予定納税に係る所得税
② 源泉徴収による国税
③ 自動車重量税
④ 印紙税（申告納税方式によるもの及び過怠税を除きます。）
⑤ 登録免許税
⑥ 延滞税及び利子税

4 確定の効果

納税すべき税額の確定により、次のような効果が生じます。

確定の効果	① 納税者の国税債務が具体化、納付及び徴収手続への移行
	納税者の国税債務がいったん具体的に確定したものであっても、それが真実の税額と異なる場合には、その後の確定手続によって、増額又は減額されることになり、納付及び徴収手続へ移行します。
	② 徴収権の消滅時効を中断

申告納税方式

Q 3-3 納付すべき税額を確定するものとしての申告納税方式とは、どのようなものですか。

A 申告納税方式とは、納税者の納付すべき税額が、国税に関する一方の当事者たる納税者自身で行う申告行為により確定する方式をいいます。

申告所得税、法人税、相続税、贈与税及び消費税など、国税のうちほとんどの税目はこの申告納税方式を採っています。

解説

1 納税申告

国税のうちほとんどの税目は申告納税方式を採っており、納税者自らの納税申告によってその行為がなされます。

この納税申告とは、申告納税方式による国税について、その納税義務を確定することを目的として行われる課税標準等及び税額等の税務署長への通知行為で、納税者たる私人によってなされる行為（私人の公法行為）です。

また、納税申告として、期限内申告、期限後申告及び修正申告からなり、このような申告によって、国税債務を負担するという具体的な効果が発生します。

申告納税方式による国税

　　　直接税……申告所得税、法人税、相続及び贈与税、地価税
　　　間接税……消費税、酒税、揮発油税及び地方揮発油税、石油ガス税、
　　　　　　　　石油石炭税、たばこ税、電源開発促進税ほか

> **参考** 納税申告
>
> 　申告納税方式による国税の課税標準等や税額等は、国税に関する法律の規定するところにより納税義務の成立の段階で既に客観的に定まっていることから、納税申告は、課税標準等や税額等の計算の基礎となる要件事実を確認し、法定の方法で税額を算定した上、これを税務署長に通知する行為をいいます。
>
> 　つまり、申告納税方式による国税にあっては、納税申告により、納税者の納付すべき税額を第一次的に確定します。このように、私人たる納税者の行為で、納付すべき税額の確定という公法上の法律効果が付与されるというような行為を、一般に私人による公法行為といいます。

2　各種の納税申告

　納税申告書とは、申告納税方式による国税について、その納付すべき額を確定させる効力をもって納税者から提出される申告書のほか、還付金の還付を受けるために納税者から提出される申告書その他所得税法又は法人税法による損失申告書又は欠損申告書を含むものです。これらの申告書は、いずれも、納付すべき税額若しくは純損失等の金額を確定させ、又は還付を受けるべき金額の基礎となる計算を明らかにするため、各税法の規定により定められる一定の事項を記載したものでなければなりません。

　納税申告書は、国税通則法第2章第2節に定める申告納税方式による国税に係る税額等の確定手続と密接な関連のある書類であり、同法第17条から第19条までにその種類及び提出手続が規定されています。

(1)　期限内申告

　申告義務を負う納税者は、国税に関する法律の定めるところにより、課税標準等及び税額等を記載した納税申告書を、法定申告期限までに税務署長に提出しなければならないこととされています。この納税申告書を「**期限内申告書**」といいます（通17）。

　正当な理由なくして期限内申告書を提出しない場合には、罰則の適用が

あるほか、各種の控除や免税措置の適用等が受けられなくなる場合があります（所241、法81ほか）。

なお、納税者がいったん提出した申告書について誤りを発見した場合には、申告期間内であればいつでもその差換えをすることができます。

期限内申告をしない場合

① 無申告加算税又は重加算税の賦課（通66、68②）

② 課税標準からの控除、免除措置等の不適用（所140④、法80③等）

③ 正当な理由なくして期限内申告書を提出しない場合又はその提出を怠った場合における罰則の適用（所241、法160等）

(2) 期限後申告

　申告義務を負う納税者は、申告書の提出期限を経過した後でも、税務署長の決定があるまではいつでも納税申告書を提出することができます。この納税申告書を「**期限後申告書**」といいます（通18）。

　期限内申告書との違いは、その申告書が法定申告期限内に提出されたかどうかという点だけであり、申告の記載事項及び添付書類には何らの差も生じません。

　ただし、期限内に適正に申告納付した者とのバランスを図るため、期限後申告及び修正申告等に対しては、延滞税及び加算税が課されます。

(3) 修正申告

　納税申告書を提出した人は、後日、その申告税額が過少であることなどに気づいた場合などには税務署長の更正があるまでの間に、いつでも課税標準等又は税額等を修正する納税申告書を提出することができます。この納税申告書を「**修正申告書**」といいます（通19①）。

　また、税務署長の更正又は決定した税額が過少であるとき、純損失の金額又は還付金の額に相当する税額が過大であるときなども、修正申告書の提出ができます（通19②）。

　なお、修正申告ができるのは、既に確定した税額に不足があるか、純損失の金額（いわゆる赤字金額）が過大であるときなどに限られますので、

税額が過大であるという修正申告は許されません。
(注) 税額が過大である場合には、税務署長に対し、更正の請求（通23①）をすることになります。

参考　「法定申告期限」、「法定納期限」と「納期限」

法定申告期限	法定納期限	納期限（具体的納期限）
その国税に関する法律の規定により納税申告書を提出しなければならない期限	国税を納付すべき本来の期限	① 期限内申告の場合における法定納期限 ② 期限後申告、修正申告、更正決定等により納付すべき期限 ③ 納税の告知により納付すべき期限
（効果） ・ 期限内申告、期限後申告となるかの区分を生じる時点（通17、18） ・ 納税申告書を提出しなければ、決定（通25）、無申告加算税（通66） ・ 更正の請求（通23①）、更正決定をなしうる期間（通70①、③、⑤）	（効果） ・ 延滞税の計算の始期 ・ 徴収権の消滅時効の起算日（通72） ・ 源泉徴収による国税等については、納税の告知、不納付加算税が徴収、納税の猶予の要件に係る期限	（効果） ・ 督促、繰上請求をすることができる期限 ・ 国税通則法第46条第１項の納税の猶予要件に係る期限

更正の請求

Q 3-4　更正の請求は、どのような場合に、どのような手続で行うものですか。

A　更正の請求とは、納税申告により既に確定した税額が過大であり、あるいは還付金相当税額が過少であることが法定申告期限後に気づいた場合、納税者が税務署長に対して「更正の請求書」を提出して、その是正を求めるものです。

解説

1　更正の請求とは

　更正の請求は、納税申告により既に確定した税額が過大であるときなどに、納税者が税務署長に対しその是正を求めるものです。したがって、この手続は、税額変更の請求権を行使する手続にとどまり、それ自体、税額を是正し確定させることを意味しません。この点で、更正の請求は、修正申告とは異なります。

　このように、更正の請求と修正申告の効果に差を設けているのは、更正の請求に対して税額等を確定させる変更権を与えた場合には、国税の徴収処分の安定が得られないばかりか、徴税回避が行われるおそれがあるからです。

更正の請求……税額変更の請求権行使

参考　更正の請求の制度とは

　更正の請求制度は、元来、納税者が自らの申告により確定させた税額が過大であり、あるいは還付金相当税額が過少であることなどを法定申告期限後に気づいた場

合に、納税者の側からその変更、是正のため必要な手段をとることを可能ならしめて、その権利救済に資することを狙いとしています。すなわち、申告に係る税額等の変更については、まず更正の請求を行い、これに対し請求の理由がないとする税務官庁の処分があった場合にその処分内容について不服があれば、異議申立て、審査請求又は訴訟により争う道を開いています。

2 更正の請求ができる場合

更正の請求ができる場合としては、①通常の場合の更正の請求と、②後発的事由に基づく場合があります。

(1) 通常の場合の更正の請求

既に行った申告について、①納付すべき税額が過大であるとき、②還付金に相当する税額が過少であるとき、又は③純損失などのいわゆる赤字金額が過少であるときは、原則として、その法定申告期限から5年以内に限り、税務署長に対し、その申告した課税標準等又は税額等（更正されている場合には、更正後の課税標準等又は税額等）について、減額の更正を求めることができることとされています。

これを「**更正の請求**」といいます（通23①）。

区　　　分	通常の場合（通23①）	後発的事由に基づく場合（通23②）
更正の請求ができる者	納税申告書を提出した者	・納税申告書を提出した者 ・決定処分を受けた者
更正の請求ができる期間	提出した納税申告書に係る国税の法定申告期限から5年以内	判決、和解等の例外的な事由が生じた日の翌日から2月以内

（注）上記「納税申告書を提出した者」及び「決定処分を受けた者」には、その者の相続人その他その者の財産に属する権利義務を包括して承継した者を含みます（通19①、②）。

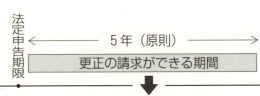

《更正の請求ができる場合》
① 納付すべき税額が過大であるとき
② 還付金に相当する税額が過少であるとき
③ 純損失等の金額が過少であるとき

(2) 後発的事由に基づく更正の請求

　更正の請求ができる期間は、通常の場合は、国税の法定申告期限から5年以内（通23①）ですが、その後において、①判決や和解により申告に係る税額等の計算の基礎となった事実に変動を生じたこと、②申告等の際その者に帰属するものとされていた所得その他の課税物件についてその後他の者に帰属するものとする当該他の者に対する更正決定等があったこと、及び③国税通則法施行令第6条で定めるやむを得ない理由が生じたことなどにより、申告に係る税額等が過大となり、あるいは純損失等の金額が過少となった場合においては、例外的に当該事由が生じた日の翌日から2月以内に限り、更正の請求を行うことが認められています（通23②、通令6）。

　(注) 1　上記①の判決には、犯罪事実の存否範囲を確定するに過ぎない刑事事件の判決は含まれません（最二判昭和60.5.17・税資145号463頁）。
　　　　また、判決が当事者が専ら税金を免れる目的で馴れ合いによって得たものであるなど、客観的、合理的根拠を欠くものであるときは、その確定判決として有する効力の如何にかかわらず、国税通則法第23条第2項第1号にいう「判決」には該当しません（東京高判平成10.7.15・訟月45巻4号774頁）。
　　　2　上記③の政令で定めるやむを得な理由とは、例えば、申告等に係る課税標準等又は税額等の計算の基礎となった事実に係る国税庁長官の法令の解釈が変更され、その解釈が公表されたことにより、その課税標準等又は税額等が異なることとなる取扱いを受けることとなったことを知った場合には、その日の翌日から2月以内に更正の請求をすることができます（通令6五）。

第3章 納税義務の成立と確定

参考 更正の請求に係る各税法の特則

所 得 税 法	① 不動産所得、事業所得又は山林所得を生ずべき事業を営んでいた個人が、その事業を廃止した後において生じた費用又は損失で、その事業を廃止しなかったならば、その廃止した日の属する年以後の各年につきこれらの所得計算上必要経費とされる金額が生じたときなどには、当該控除ができなくなった事実が生じた日の翌日から2月以内に更正の請求ができます（所152、167）。 ② 修正申告又は更正決定により、その後の年分に係る税額等に異動が生じたときは、当該申告書を提出した日又は更正決定通知書を受けた日の翌日から2月以内に更正の請求ができます（所153、167）。
法 人 税 法	上記②と同旨の更正の請求ができます（法80の2、82）。
相 続 税 法	相続財産が当初の法定相続分と異なる割合で分割されたこと、相続人に異動を生じたこと、あるいは贈与税の課税価格の計算の基礎に算入した財産のうちに相続税の課税価格に算入されるべきものがあった等の事由によりその申告又は決定（その後の修正申告又は更正を含みます。）に係る相続税又は贈与税の課税価格及び税額が過大となったときは、その事由が生じたことを知った日の翌日から4月以内に限り、更正の請求ができます（相32）。
消 費 税 法	消費税につき修正申告又は更正決定があったことに伴い、その修正申告等に係る課税期間後の課税期間に係る消費税の額が過大となる場合又は還付金の額が過少となる場合には、修正申告書を提出した日又は更正決定を受けた日の翌日から2月以内に限り、更正の請求ができます（消56）。
租税特別措置法	収用交換又は居住用財産の譲渡に伴い取得した代替資産又は買換資産の取得価額が見積額に対して過大となったときは所得税の更正の請求ができます（措33の5④、36の3②、37の8①等）。

> **参考　後発的事由に基づく更正の請求**
>
> 　この措置は、申告時には予測し得なかった事態その他やむを得ない事由がその後において生じたことにより、さかのぼって税額の減額等をなすべきこととなった場合、これを税務署長等の一方的な更正の処分に委ねることではなく、納税者側からもその更正を請求しうることとして、納税者の権利救済の途を拡大したものです。

3　更正の請求の手続等

(1)　更正の請求書の提出

　更正の請求をしようとする者は、その請求に係る更正前と更正後の課税標準等又は税額等、請求の理由、請求をするに至った事情の詳細、その他請求に参考となる事項を記載した「**更正請求書**」を税務署長に提出します（通23③）。

☞「更正の請求書」

(2)　更正の請求に係る証明書類の添付義務の明確化

　更正の請求を行う場合、その更正の請求に係る証明書類の添付については、更正の請求をしようとする者が更正の請求をする理由を証明するとの趣旨を明確化するとともに、効率的な税務執行を確保する観点から、その理由の基礎となるに「事実を証明する書類」を添付しなければならない旨を規定し、その添付義務が明確化されました（通令6②）。

　国税通則法施行令第6条第2項は、添付しなければならない書類として、次のように規定しています。

①　課税標準たる所得が過大であることその他その理由の基礎となる事実が一定期間の取引に関するものである場合（例えば、所得税法上の事業所得の金額の計算上前年分の売上げを当年分に繰り延べていたこと）

→　その取引の記録等に基づいてその理由の基礎となる事実を証明す

る書類
② 上記①以外のものである場合（例えば、相続税の相続財産に関する事項）
　→　その事実を証明する書類

> **参考** 更正の請求に関する立証責任について
>
> 　更正の請求に関する立証責任に関し、「更正の請求に対する更正をすべき理由がない旨の通知処分の取消訴訟にあっては、納税者において、確定した申告書の記載が真実と異なることにつき立証責任を負うものと解するのが相当である」（東京高判平成14.9.18・訟月50巻11号3335頁、福岡高判平成16.4.27・税資254号9639頁も同旨）の判示がされていたところですが、更正請求書への書類添付については、「右施行令は「添付するものとする」と規定し「添付しなければならない」（略）との規定の仕方もしていないこと、（略）を考慮すると国税通則法施行令6条2項に規定する「事実を証明する書類」の添付は更正請求の方式と解すべきではなく、この添付のない更正請求であってもそれを理由に請求を却下することはできないと解すべきである」（大阪地判昭和52.8.2・行集28巻8号808頁）との判示もされていたところです。

(3) 更正の請求に対する処理

　更正の請求があった場合には、税務署長は、その請求に係る課税標準等又は税額等の調査を行い、その調査に基づいて減額更正をするか、又は更正をすべき理由がない旨を請求をした者に通知します（通23④）。そして、この処理が相当な期間を経過しても行われない場合には、請求者は不作為についての不服申立てを行うことができます（通80、行審7、49等）。

(4) 更正の請求の効果

　更正の請求があった場合でも、先の納税申告によりその請求に係る既に確定した税額の納付義務はそのまま存続しています。したがって、その請求に係る納付すべき国税（滞納処分費を含みます。）の徴収は、原則とし

て猶予されません。
　ただし、請求内容の正当性が一見明白である等相当の理由があると認められるときは、その国税の全部又は一部の徴収を猶予することができます（通23⑤）。

(5)　内容虚偽の更正請求書の提出に対する処罰規定の創設
　平成23年12月の税制改正で更正の請求期間が5年に延長されたことに伴い、処理件数の増加が見込まれる中、このような更正の請求手続を利用した悪質な不正還付請求を未然に防止し、もって適正かつ円滑な税務行政を確保する観点から、故意に偽りの記載をした更正請求書を提出する行為について、処罰規定（1年以下の懲役又は50万円以下の罰金）を設けることとされました（通127①）。本罰則は、あくまで「故意に偽りの記載をした更正の請求書を提出する行為」を処罰するものであり、過失犯については処罰の対象とはなりません。

第3章 納税義務の成立と確定

【更正の請求書】

(Form image: 平成＿＿年分所得税及び復興特別所得税の更正の請求書)

更正の請求期間

最近の税制改正において、更正の請求期間が延長されたと聞いていますが、どのような改正がなされたのですか。

納税者がする更正の請求について、その請求をすることができる期間が5年（改正前：1年）に延長されました。

1 更正の請求期間

平成23年度税制改正において、納税者がする更正の請求について、請求をすることができる期間が5年（改正前：1年）に延長されました。

更正の請求は、申告に係る税額が計算誤り等により過大である場合等に、納税者自らが税務署長等に対し税額の減額変更等を請求できる権利ですが、改正前の制度においては、税務署長等の行う減額更正は5年間行うことができる一方（旧通70②一）、更正の請求については、原則として法定申告期限から1年間行うことができることとされていました（旧通23①）。

このため、実務上は、法定申告期限から1年を経過した後は、法定外の手続として税務署長等に対して税額の減額変更を求める「嘆願」といった実務慣行が存在していたところです。

そこで、平成23年度の税制改正においては、こうした「嘆願」という実務慣行を解消し、納税者の救済を図る観点から、納税者が申告税額の減額を求めることができる「更正の請求」について、その請求をすることができる期間を5年に延長することとされたものです。

参考　更正の請求期間

対象税目		更正の請求期間
申告所得税		5年（通23①）
	純損失等の金額に係る更正	5年（通23①）
法人税		5年（通23①）
	純損失等の金額に係る更正	9年（通23①）
	移転価格税制に係る更正	6年（措66の4⑯）
相続税		5年（通23①）
贈与税		6年（相32②）
消費税及び地方消費税		5年（通23①）
酒税		5年（通23①）
上記以外のもの（注）		5年（通23①）

（注）揮発油税及び地方揮発油税、石油石炭税、石油ガス税、たばこ税及びたばこ特別税、電源開発促進税、航空機燃料税、印紙税（印11、12に掲げるもの）、地価税をいいます。

更正の請求範囲の拡大

最近の税制改正において、更正の請求範囲の拡大がなされたと聞いていますが、どのような改正がなされたのですか。

A 平成23年度税制改正においては、「当初申告要件がある措置」のうち、当該措置の目的・効果や課税の公平の観点から、事後的な適用を認めても問題がないものとして、次のいずれにも該当しない措置については、「当初申告要件」を廃止し、所要の書類を添付することにより事後的に更正の請求が認められることとされました。

① インセンティブ措置
② 利用するかしないかで、有利にも不利にもなる操作可能な措置

解説

1 改正前の制度の概要

(1) 当初申告要件

更正の請求の事由は、納税申告書に記載した「課税標準等若しくは税額等の計算が国税に関する法律の規定に従っていなかったこと又は当該計算に誤りがあったこと」により税額が過大であった場合等とされています（通23①）。

しかしながら、個別税法において「確定申告書にその適用を受ける旨及び特定支出の額の合計額の記載や特定支出に関する明細書や証明書類の添付がある場合に限り適用する」旨の定めがある「給与所得者の特定支出の控除の特例」（旧所57の2③）など、当初申告時に選択した場合に限り適用が可能な「当初申告要件が設けられている措置」については、当初申告時に選択がなされていない場合には、上記の更正の請求事由に該当せず、更正の請求によって、事後的に当初申告時に遡って当該措置を適用すること

はできないこととされていました。

(2) 控除額の制限

「益金不算入額・控除金額はその金額として確定申告書に記載された金額を限度とする」旨の定めがある「受取配当等の益金不算入」（旧法23）や「試験研究を行った場合の所得税額の特別控除」（旧措10⑩⑪）など、控除等の金額が当初申告の際に記載された金額に限定される「控除額の制限がある措置」については、当初申告で計算誤り等がある場合でも、これらの規定に従い、更正の請求により控除額の制限を超えての増額はできないこととされていました。こうした控除額の制限がある措置については、近年、更正の請求により控除額の増額を認めてもよい場合がある旨の最高裁判決も出されていました。

> **参考** 法人税の所得税額控除に関する判決（最判平成21年7月10日）
>
> 「本件更正請求は、所得税額控除制度の適用を受ける範囲を追加的に拡張する趣旨のものではないから、法人税法68条3項の趣旨に反するということはできず、上告人が本件確定申告において控除を受ける所得税額を過少に記載したため法人税額を過大に申告したことが、国税通則法23条1項1号所定の要件に該当することも明らかである」

2 改正の内容

平成23年度の税制改正により、所得税法等の個別法を改正して、更正の請求範囲の拡大がされました。

(1) 当初申告要件の緩和

「当初申告要件がある措置」のうち、次のいずれにも該当しない措置については、当該措置の目的・効果や課税の公平の観点から、事後的な適用を認めても問題がないものとして、これまでの「当初申告要件」を廃止し、所要の書類を添付することにより事後的に更正の請求が認められることと

されました。
① インセンティブ措置（例：設備投資に係る特別償却）
② 利用するかしないかで、有利にも不利にもなる操作可能な措置（例：各種引当金）

上記①については、「設備投資に係る特別償却」のような、特定の政策誘導を図ることを目的とする「インセンティブ措置」について、更正の請求を含め実質的にその事後的な選択適用を認めることは、「税負担の軽減を通じ政策目的の達成を図る」との当該措置の趣旨そのものを没却するおそれがあるためです。

また、上記②については、「各種引当金」のような、「納税者が利用するかしないかで、有利にも不利にもなる措置」について更正の請求を認めることは、実質的に事後的な事情を踏まえて最も納税者有利とすることができる選択権を納税者自身に付与するものであり、課税の公平が確保できなくなることから、それぞれ適当ではないと考えられます。

当初申告要件の緩和については、当初申告要件が設けられている各税法において具体的な手当てが行われています。例えば、「給与所得者の特定支出の控除の特例」については、所得税法の改正により、確定申告書、修正申告書又は更正請求書にその適用を受ける旨及び特定支出の額の合計額の記載や特定支出に関する明細書や証明書類の添付がある場合について適用を受けることができることとされ、結果、事後的に更正の請求が認められることとなります。

参考 給与所得者の特定支出の控除の特例

改正前	改正後（所得税法第57条の2）
第一項の規定は、確定申告書に同項の規定の適用を受ける旨及び同項に規定する特定支出の額の合計額の	第一項の規定は、確定申告書、修正申告書又は更正請求書（次項において「申告書等」という。）に第一

記載があり、かつ、前項各号に掲げるそれぞれの特定支出に関する明細書及びこれらの各号に規定する証明の書類の添付がある場合に限り、適用する。	項の規定の適用を受ける旨及び同項に規定する特定支出の額の合計額の記載があり、かつ、前項各号に掲げるそれぞれの特定支出に関する明細書及びこれらの各号に規定する証明の書類の添付がある場合に限り、適用する。

(2) 控除額の制限の緩和

「控除額の制限がある措置」については、更正の請求により、適正に計算された正当額まで当初申告時の控除額を増額することができることとされました。

控除額の制限の緩和については、控除額の制限が設けられている各税法において具体的な手当てが行われています。

例えば、「受取配当等の益金不算入」については、法人税法の改正により、確定申告書、修正申告書又は更正請求書に益金不算入額及びその計算に関する明細を記載した書類の添付がある場合に限り適用を受けることができることとされ、その適用を受けることができる金額は、当該書類に記載された金額を限度とするとされました（法23等）。また、「試験研究を行った場合の所得税額の特別控除」については、租税特別措置法の改正により、確定申告書、修正申告書又は更正請求書に、適用対象となる費用の額、控除を受ける金額及びその計算に関する明細を記載した書類を添付した場合に限り、当該確定申告書（注：当初申告書）に添付された書類に記載された適用対象となる費用の額を基礎として計算した金額に係る控除を受けることができることとされました。この結果、更正の請求により、適正に計算された正当額まで当初申告時の控除額を増額することができることとされます。

参考　受取配当等の益金不算入

改正前	改正後（法人税法第23条第7項）
第一項の規定は、確定申告書に益金の額に算入されない配当等の額及びその計算に関する明細の記載がある場合に限り、適用する。この場合において、同項の規定により益金の額に算入されない金額は、当該金額として記載された金額を限度とする。	第一項の規定は、確定申告書、修正申告書又は更正請求書に益金の額に算入されない配当等の額及びその計算に関する明細を記載した書類の添付がある場合に限り、適用する。この場合において、同項の規定により益金の額に算入されない金額は、当該金額として記載された金額を限度とする。

(3) 対象となる措置

　上記の改正により、更正の請求が認められる範囲が拡大することとなりますが、具体的に対象となる措置は、次のとおりです。

イ　当初申告要件が廃止される措置

① 給与所得者の特定支出の控除の特例（所57の2）
② 資産の譲渡代金が回収不能となった場合等の所得計算の特例（所64）
③ 純損失の繰越控除（所70）
④ 雑損失の繰越控除（所71）
⑤ 変動所得及び臨時所得の平均課税（所90）
⑥ 資産に係る控除対象外消費税額等の必要経費算入（所令182の2）
⑦ 受取配当等の益金不算入（法23、81の4）
⑧ 外国子会社から受ける配当等の益金不算入（法23の2）
⑨ 国等に対する寄附金、指定寄附金及び特定公益増進法人に対する寄附金の損金算入（法37、81の6）
⑩ 会社更生等による債務免除等があった場合の欠損金の損金算入（法59）
⑪ 協同組合等の事業分量配当等の損金算入（法60の2）

⑫　所得税額の控除（法68、81の14）
⑬　外国税額の控除（法69、81の15、所95）
⑭　公益社団法人又は公益財団法人の寄附金の損金算入限度額の特例（法令73の2）
⑮　引継対象外未処理欠損金額の計算に係る特例（法令113）
⑯　特定株主等によって支配された欠損等法人の欠損金の制限の5倍要件の判定の特例（法令113の2⑭）
⑰　特定資産に係る譲渡等損失額の損金不算入の対象外となる資産の特例（法令123の8）
⑱　特定資産に係る譲渡等損失額の計算の特例（法令123の9）
⑲　配偶者に対する相続税額の軽減（相19の2）
⑳　贈与税の配偶者控除（相21の6）
㉑　相続税額から控除する贈与税相当額等（相令4）

ロ　控除額の制限を見直す措置
①　受取配当等の益金不算入（法23、81の4）
②　外国子会社から受ける配当等の益金不算入（法23の2）
③　国等に対する寄附金、指定寄附金及び特定公益増進法人に対する寄附金の損金算入（法37、81の6）
④　所得税額の控除（法68、81の14）
⑤　外国税額の控除（法69、81の15、所95）
⑥　試験研究を行った場合の所得税額の特別控除（措10、42の4、68の9）
⑦　試験研究を行った場合の所得税額の特別控除の特例（措10の2、42の4の2、68の9の2）
⑧　エネルギー環境負荷低減推進設備等を取得した場合の特別償却又は所得税額の特別控除（措10の2の2、42の5、68の10）
⑨　中小企業者等が機械等を取得した場合の特別償却又は所得税額の特別控除（措10の3、42の6、68の11）

⑩ 沖縄の特定中小企業者が経営革新設備等を取得した場合の特別償却又は法人税額の特別控除（措10の4、42の10、68の14）

⑪ 雇用者の数が増加した場合の所得税額の特別控除（措10の5、42の12、68の15の2）

⑫ 所得税の額から控除される特別控除額の特例（措10の6、42の13、68の15の3）

⑬ 青色申告特別控除（65万円）（措25の2）

⑭ 電子証明書を有する個人の電子情報処理組織による申告に係る所得税額の特別控除（措41の19の5）

⑮ 沖縄の特定地域において工業用機械等を取得した場合の法人税額の特別控除（措42の9、68の13）

⑯ 国際戦略総合特別区域において機械等を取得した場合の特別償却又は法人税額の特別控除（措42の11、68の15）

3 適用関係

　上記の改正は、平成23年12月2日以後に法定申告期限等が到来する国税について適用されます。

更正・決定

税務署長が行う「更正・決定」とは、どのような処分ですか。

A　更正・決定とは、申告納税方式をとる国税について、税務署長が行う納付すべき税額を確定する処分です。

　申告納税方式による国税については、課税標準等又は税額等は、第一次的に納税者の提出する納税申告により確定しますが、第二次的に税務署長による調査により、これを確定することができます。

　　　更　正（通24）　⇐　申告が調査と異なる場合
　　　決　定（通25）　⇐　申告がなかった場合

解説

1　更正

　納税申告による課税標準等又は税額等が国税に関する法律の規定に従って計算されていないときや課税標準等又は税額等が調査したところと異なるときには、税務署長は、その調査により、課税標準等又は税額等を確定する処分を行うことができます（通24）。この処分を「**更正**」といいます。そして、この処分により、納付すべき税額が増加又は減少することになりますが、この場合、前者を「**増額更正**」といい、後者を「**減額更正**」といいます。

　なお、この減額更正には、納税者からの更正の請求に基づいて行うものと、税務署長の職権に基づいて行うものがあります。

　また、税務署長の行った更正又は決定に誤りがあったときも、同様に更正が行われますが、これを「**再更正**」といいます（通26）。

2 決定

　納税申告を行う義務があると認められる者がその納税申告書を提出しない場合には、税務署長は、その調査したところに従って、その課税標準等及び税額等を確定する処分を行います（通25）。この処分を「**決定**」といいます。

　なお、決定しても納付すべき税額及び還付金の額に相当する税額が生じないときはその実益がありませんので、決定は行われません（通25ただし書）。

　ところで、決定は、法定申告期限前においては行うことができません。また、当該期限後においても、期限後申告書その他の納税申告書が提出されると、その後においては決定を行うことができません。

3 再更正

(1) **再更正とは**

　税務署長は、更正又は決定をした後、その更正又は決定に係る課税標準等又は税額等が過大又は過少であることを知ったときは、その調査により、当該更正又は決定に係る課税標準等又は税額等を更正します（通26）。

(2) **更正と再更正**

　　更　正（通24）……納税者の申告に係る課税標準等、税額等を変更するために行われる処分

　　再更正（通26）……税務官庁の更正又は決定によって確定された課税標準等、税額等を更に変更するために行われる処分

　　（注）課税標準等又は税額等は、納税者の修正申告によっても変更されますが、修正申告がいわゆる増額変更の場合だけに限定されているのに対し、再更正は、国税通則法第24条の規定による更正と同様、増減いずれの変更をもなしうるのです。

(3) 更正・再更正と修正申告

この更正・再更正と修正申告とは、納付すべき税額等の確定手続として、繰り返して行うことができます。例えば、修正申告又は更正・再更正が三度以上にわたって行われる場合もあります。また、更正の後に修正申告が行われ、その後更に更正が行われることもあります。

4 国税局等の職員の調査に基づく更正又は決定

国税通則法第24条から第26条の場合（更正、決定、再更正）において、国税庁又は国税局の当該職員の調査があったときは、税務署長は、当該調査したところに基づき、これらの規定による更正又は決定を行うことができます（通27）。

この国税庁又は国税局の「当該職員」とは、国税庁又は国税局の職員のうち、特定の国税につき調査権限を与えられているものをいいます。現行制度上これに該当する職員としては、国税庁及び各国税局に置かれている国税調査官等、例えば、①国税庁及び国税局の調査査察部等に置かれる国税調査官、②国税局の課税部等に置かれる国税調査官や国税実査官などがあります。

5 更正又は決定の手続

国税通則法第28条において、更正又は決定の処分は、所定の通知書の送達によって行うこと、また、その要式行為性を明らかにしています。

更正は、更正前と更正後の課税標準等及び税額等並びに増減した税額等を記載した「**更正通知書**」を送達して行われ、決定は、課税標準等及び税額等を記載した「**決定通知書**」を送達して行います。

これらの通知書には、更正又は決定が国税庁又は国税局の職員の調査に基づく場合には、その旨を附記します（通28②③）。

また、この処分（職権による減額更正を除きます。）に不服がある場合は、不服申立てができる旨と不服申立てをする相手先及び申立期間を教示

することとされています（行審57①）。

(1) 更正通知書の記載事項

更正通知書には、①更正前及び更正後の課税標準等及び税額等（行通28②一、二）、②増差税額（通28②三イ〜ハ）、及び③還付税額（通28②三ニ、ホ）が記載されます。

また、特別の記載事項として、その更正が国税庁又は国税局の当該職員の調査したところに基づいて行われた場合には、更正通知書にその旨を附記しなければならないこととされています。これは、このような更正に対する不服申立ては、その処分庁である税務署長に対する異議申立てではなく、国税庁長官又はその税務署長の管轄区域を所轄する国税局長に対する異議申立てという形で行うべきこととされているからです（通75②）。

(2) 決定通知書の記載事項

決定は、納税申告書の提出がない場合における処分であることから、この決定通知書には、当該申告書の記載事項である課税標準等及び税額等を記載すべきものとされています（通28③）。なお、決定が国税庁又は国税局の当該職員の調査したところに基づいて行われた場合には、決定通知書にその旨を附記しなければならないことは、更正通知書の場合と同様です。

6 更正又は決定ができる期間

更正又は決定については、原則としてその更正又は決定に係る国税の法定申告期限から5年以内とされています（通70、71）。

☞第8章　国税の更正、決定、徴収、還付等の期間制限

更正の理由附記

青色申告書について更正が行われる場合、その更正処分の理由が記載されなければならないと聞いていますが、それはどのような理由からですか。

青色申告書に対する更正を行う場合、その更正処分の理由を附記する必要があります。

　これは、青色申告書による申告に当たっては、その前提要件となる記帳がかなり細かく規制されていることから、税務署長等の更正の正当性を明らかにし、納税者に納得のいく納税をさせるとともに、不服申立ての判断資料とするためのものです。

1　更正の理由附記の趣旨

　税務署長は、居住者の提出した青色申告書に係る年分の総所得金額等又は法人の提出した青色申告書に係る法人税の課税標準等の更正をする場合には、更正通知書に、その更正の理由を附記しなければなりません（所155、法130）。これは、青色申告の前提要件たる記帳がかなり細かく規制されていることにかんがみ、税務署長等が行った更正の正当性を明らかにし、納税者に納得のいく納税をさせるとともに、不服申立てをすべきかどうかの判断資料を与えようとするものです。

　この理由附記の趣旨については、「所得税法が青色申告提出承認のあった所得については、その計算を法定の帳簿書類に基づいて行わせ、その帳簿書類に基づく実額調査によらないで更正されることのないように保障している関係上、その更正にあたっては、特にそれが帳簿書類に基づいていること、あるいは帳簿書類の記載を否定できるほどの信憑力のある資料によったという処分の具体的根拠を明確にする必要があり、かつ、それが妥

当であるとしたからにほかならない」（最高判昭和42.9.12・税資48号395頁）といわれています。

> **参考** 理由附記の趣旨
>
> 更正の理由附記の趣旨については、「法が青色申告制度を採用して、青色申告にかかる所得の計算については、それが法定の帳簿組織による正当な記載に基づくものである以上、その帳簿の記載を無視して更正されることがないことを納税者に保障した趣旨にかんがみ、更正処分庁の判断の慎重、合理性を担保してその恣意を抑制するとともに、更正の理由を相手方に知らせて不服申立ての便宜を与える趣旨に出たものというべきである」（最一判昭和54.4.19・民集33巻3号379頁）としています。

2 理由附記の程度

更正理由の附記の程度については、申告に係る所得の計算が法定の帳簿組織による正当な記載に基づくものである以上、その帳簿の記載を無視して更正がない旨を納税者に保障したものであることから、附記すべき理由には、特に帳簿書類の記載以上に信憑力のある資料を摘示して処分の具体的根拠を明らかにすることを必要とする（最高判昭和38.5.31民集17巻4号617頁）とされています。

> **参考** 理由附記の程度
>
> 理由附記の程度については、「帳簿書類の記載を否認して更正をする場合において更正通知書に付記すべき理由としては、単に更正にかかる勘定科目とその金額を示すだけではなく、そのような更正をした根拠を帳簿記載以上に信憑力のある資料を摘示することによって具体的に明示することを要する」（最一判昭和54.4.19・民集33巻3号379頁）としています。

参考 処分の理由附記

　平成23年度税制改正において、平成25年1月1日以後国税に関する法律に基づく申請により求められた許認可等を拒否する処分又は不利益処分については、処分の適正化と納税者の予見可能性の確保の観点から、行政手続法の規定に基づき理由附記を実施することとなりました（通74の14）。

確定申告、修正申告、更正との関係——確定後の税額変更の効力

Q 3−9 確定申告、その後になされた修正申告及び更正とは、どのような関係にありますか。
例えば、納税申告や決定などによっていったん確定した税額が、修正申告や更正などにより増額された場合、これらの各行為は、それぞれ別個の法律行為とみるべきですか。

A 納税者が行う申告、及び税務署長等が行う更正又は決定の各行為がそれぞれ別個の法律行為とみるかそれとも基本的には同一の法律行為とみるかは、現在、双方の性質があるという見解が通説となっています。
　これを確定手続及び争訟審理の面からみると、以下のようになります。

解説

　国税通則法第29条は、いわゆる増額更正及び減額更正並びに更正又は決定を取り消す処分又は判決が、既に納付すべき税額の確定した国税の納税義務ないしは前に行われた申告、更正又は決定にどのような影響を与えるかについて規定しています。

　申告納税方式による国税については、納税義務が成立すると、まず第一次的に納税者が申告を行い、その申告により納付すべき税額が確定し、これに基づき自発的な納税が行われます。そして、この申告に係る税額に過不足額があるとき、又は申告がないときは、税務署長が更正又は決定を行います。なお、更正又は決定に係る税額に過不足額があるときは再更正を行いますが、これとは別に、納税者としても、自ら修正申告を提出できることとなっています。しかも、この修正申告又は更正が2回以上にわたって行われることがあり、また、交互に反覆して行われることもあります。

　このような場合、これらの納税者が行う申告と税務署長が行う更正又は決定の処分は、それぞれ別個独立の行為として行われますが、いずれも既

に成立した一個の納税義務の内容の具体化（確定）をするための行為であって、相互に密接な関係を有しています。

1 確定手続

(1) 増額更正などの効力

既に確定している国税について、後から更正などの確定手続により納付すべき税額を増加させたときは、その更正などの効力は、既に確定した納付すべき税額に係る部分の国税についての納税義務には影響を及ぼさないこととされています（通20、29①、32⑤）。

つまり、既に確定した納付すべき税額を増加させる更正、いわゆる増額更正は、その更正の行われる前に申告、決定又は別の更正により確定している納付すべき税額に係る部分の国税についての納税義務に影響を及ぼしません。更正の効力は、これにより追加的に確定される納付すべき税額すなわち増差税額についてのみ及ぶものであって、それにより前の申告等がなかったことに帰することはなく、したがって、前の申告等に基づいてされた納付や徴収処分が無効であるということにはならないことを明らかにしています。

《設例》 先の納税申告で納付すべき税額が200万円と確定していた場合に、納付すべき税額を280万円とする修正申告又は増額更正があった場合

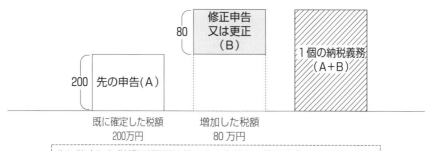

先に確定した税額200万円はそのまま存続し、修正申告又は更正により増加した80万円についてのみ、修正申告又は更正の効力が生じ、新たに納付すべき税額として確定するということになります。

(2) 減額更正などの効力

　更正などにより、既に確定した税額を減少させるときは、その更正などによって減少した税額以外の納税義務に影響を及ぼさないこととされています（通29②）。また、先に行った更正や決定を取り消す処分又は判決は、その処分又は判決により減少した税額に係る部分以外の部分の国税についての納税義務には影響を及ぼさないこととされています（通29③）。

　つまり、更正には、前述の増額更正とならんで、既に確定した納付すべき税額を減少させる更正、いわゆる減額更正があります。また、既に確定した納付すべき税額は、いわゆる増額更正の全部又は一部を取り消す旨の裁決その他の行政処分又は判決によっても減少します。この減額更正又は行政処分若しくは判決により既に確定した納付すべき税額が減少しても、その減少部分以外の部分の国税についての納税義務は、何ら影響を受けません（最高判昭和56.4.24訟月27巻7号1398頁）。すなわち、減額更正等により、納付すべき税額が減少するのはもとよりですが、それは前の申告等の効力をさかのぼって消滅させるまでの力をもっているわけではなく、したがって、前の申告等に基づいてされた納付や徴収処分が無効であるということにはならないことを明らかにしています。

《設例》　先の納税申告で納付すべき税額が300万円と確定していた場合に、納付すべき税額を220万円とする減額更正がなされた場合

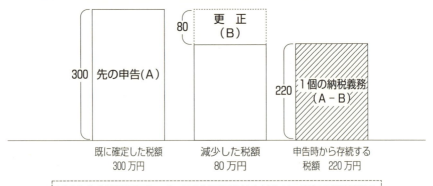

2 争訟審理

　前の更正などと後の再更正などは別個の行為ですが、両者相まって1個の納税義務の内容を構成していることから、1個の処分について不服申立てがされている場合には、他の処分についても併せて審理の対象とすることができることとされています（通104）。

更正・決定の所轄庁

Q 3-10 税務署長が更正又は決定を行う場合、その所轄庁はどのようになっていますか。

A 税務署長が行う更正又は決定の処分は、原則として、これらの処分をする際のその国税の納税地を所轄する税務署長が、その権限を有します。

解説

1 更正・決定の原則的所轄庁

更正・決定の所轄庁は、輸入品に係る申告消費税等の場合を除き、原則としてこれらの処分をする際におけるその国税の納税地（現在の納税地）を所轄する税務署長です（通30①）。

また、所得税等特定の国税について、納税地の異動があった場合には、異動後の納税地を所轄する税務署長が更正又は決定の権限を有することになります。

2 納税地異動の場合の所轄庁の特例

上記**1**の原則を貫くとすると、例えば納税地の異動があったことが判明しても異動後の納税地が不明である場合には、更正又は決定をする所轄庁自体を判明しないことになり、更正決定を行う機会を失うことにもなります。そこで、このような場合には、例外的に旧納税地の所轄税務署長は、更正又は決定を行うことができます（通30②）。

(1) 特例が認められる税目

この特例が認められる適用税目は、納税地の異動の可能性のある税目、すなわち所得税、法人税、相続税、贈与税、地価税、課税資産の譲渡等に

係る消費税及び電源開発促進税に限られます（通30②）。

(注) 相続税の納税地については、相続税法附則第3項の規定により、当分の間、原則として被相続人の死亡の時における住所地とされていることから、納税地の異動はありません。

(2) 特例の内容

上記(1)に掲げる国税に係る更正又は決定の所轄庁の特例が認められるのは、第一に、納税地の異動の時期が国税の課税期間が開始した時以後であることを要します。つまり、納税地異動があった時において既に成立している国税又はその時においてまだ成立していないが課税期間の開始している国税について、後に更正又は決定の必要性が生じた場合にこの特例が適用されます。

第二に、旧納税地の所轄税務署長において異動の事実が知れず、又はその異動の事実は知れたが異動後の納税地が判明せず、かつ、その知れないこと又は判明しないことにつきやむを得ない事情があることを要します。

3 更正が競合した場合の調整

納税地異動の場合の更正又は決定の所轄庁の特例措置が講じられている結果、1つの国税について通常2以上の税務署長が更正又は決定をする権限をもつことになります。

そこで、旧納税地の税務署長は、更正又は決定をした後、当該更正又は決定に係る国税につき既に適法に、他の税務署長に対し納税申告書が提出され、又は他の税務署長が決定をしているため、当該更正又は決定をすべきでなかったものであることを知った場合には、遅滞なく、当該更正又は決定を取り消さなければなりません（通30③）。

賦課課税方式

賦課課税方式による国税とは、どのようなものですか。

　　賦課課税方式による国税とは、納付すべき税額の確定が専ら税務署長等の処分たる「賦課決定」により確定するもので、例えば過少申告加算税、無申告加算税、不納付加算税、重加算税及び過怠税など行政制裁的色彩の強い国税がこれに当たります。

解説

1　賦課課税方式の国税

　国税における納付すべき税額の確定については、申告納税方式と賦課課税方式によるものがあります。この両者の相違点は、前者が納付すべき税額の確定を「納税者のする申告」によることとしているのに対して、後者にあっては、その税額の確定が専ら税務署長等の処分たる「**賦課決定**」により確定することです（通16①）。

　なお、賦課課税方式によることとされている国税であっても、納税者に課税標準についての申告義務を課している場合がありますが、賦課課税制度の下にあっては、このような申告（課税標準申告）がなされただけでは税額確定の効果は生ぜず、税務署長等の賦課を待って初めて具体的な納税義務額が確定します。

　現在、我が国の税法において賦課課税方式によることとされているのは、消費税等のうち、保税地域からの引取りに係る消費税等その他一定の消費税等、過少申告加算税を始めとする各種の加算税や過怠税など行政罰的な性格を有する国税がこれに当たります。

　（注）　昭和37年の税制改革により大部分の税は申告納税方式に移行しましたが、ごく一部の税については、現在でも賦課課税方式によっています。

2 賦課決定

　賦課課税方式は、納付すべき税額が専ら税務署長等の処分により確定する方式で、この処分は、「**賦課決定**」といいます。

　　　　賦課課税方式による国税の確定手続　⇒　賦課決定

(1) 賦課決定する事項

　税務署長は、賦課課税方式による国税については、その調査により、課税標準申告書を提出すべき期限（課税標準申告書の提出を要しない国税については、その納税義務の成立の時）後に、次に掲げる区分に応じ、その掲げる事項を決定します。

① 課税標準申告書の提出があった場合において、その申告書に記載された課税標準が税務署長の調査したものと同じであるとき	納付すべき税額
② 課税標準申告書を提出すべき国税について、その申告書の提出がないとき又はその申告書に記載された課税標準が税務署長の調査したものと異なるとき	課税標準及び納付すべき税額
③ 課税標準申告書の提出を要しないとき	課税標準又は加算税及び過怠税の計算の基礎となる税額並びに納付すべき税額

(2) 賦課決定の手続

　賦課決定の手続は、税務署長がその決定に係る課税標準と納付すべき税額を記載した**賦課決定通知書**を送達することにより行います（通32③）。

　また、上記(1)の①に該当する場合には、賦課決定通知書に代えて**納税告知書**を送達することにより行います（通32③かっこ書）。

(3) 賦課決定の効力

　賦課決定は、賦課課税方式による国税の納付義務を確定させる行政処分であり、この賦課決定に基づき、納税者は、当該国税につき具体的な納税義務を負うこととなります。

　この確定行為は、専ら税務署長等の権限に属し、納税者はこれを行使することはできません。

賦課決定の効力 ＝ 更正又は決定の効力

賦課決定の効力

①　既に確定した納付すべき税額を増加させる賦課決定は、既に確定した納付すべき税額に係る部分の国税についての納税義務に影響を及ぼさない。
②　既に確定した納付すべき税額を減少させる賦課決定は、その賦課決定により減少した税額に係る部分以外の部分の国税についての納税義務に影響を及ぼさない。
③　賦課決定についての不服申立てに基づき全部又は一部の取消しの決定又は裁決が行われる場合、あるいは行政訴訟において全部又は一部の取消しの判決がある場合、これらの賦課決定を取り消す処分又は判決はその処分又は判決により減少した税額に係る部分以外の国税についての納税義務に影響を及ぼさない（通32⑤、通29）。

（注）上記賦課決定の効力は、申告納税方式による国税の更正又は決定の効力と同様です。

第4章
国税の納付及び徴収

国税の納付

国税の納付は、どのような手段、手続で行いますか。

　国税の納付とは、納税者が納税義務の内容たる給付を実現し、その義務を消滅させる行為をいいます。
　また、その手続については、その納付すべき税額が、期限内申告、期限後申告、修正申告、更正又は決定のいずれかにより確定されたものであるかによって、その納付手続はそれぞれ異なります。

解説

　国税は、納税義務が成立し、かつ確定した場合、次にその履行の段階に入ります。この納税義務の履行の方法においても、その課税方式の区分に応じて異なり、納付を命ずる行政処分（納税の告知）を待たずに自主納付するものと、当該行政処分を待って納付するものとに分かれます。このように国税はすべて、そのいずれかの方式により、国税債務の履行がなされます。

1　申告納税方式の国税の納付

(1) 期限内申告に係る納付

　期限内申告書を提出した者は、当該申告書の提出により納付すべきものとしてこれに記載した税額に相当する国税をその法定納期限までに、納税者が納付書により自主納付しなければなりません（通35①）。
　ただし、所得税、相続税又は贈与税について延納が認められた場合には、その延納に係る納期限までに納付すればよいこととなっています（所131、132、相38①、③）。

(2) 期限後申告又は修正申告に係る納付

　期限後申告書又は修正申告書を提出した者は、その期限後申告書又は修正申告書を提出した日を具体的納期限として、納税者が納付書により自主納付しなければなりません（通35②一）。

　ただし、相続税又は贈与税について延納が認められた場合には、その納期限までに納付すればよいこととなっています。

　なお、酒税及び石油ガス税は、法定納期限が法定申告期限の1か月後であることから（酒30の4①、石ガ18①）、法定納期限前に期限後申告書又は修正申告書が提出されることもありますが、この場合には、納税者の期限の利益を考慮し、通常の法定納期限までに納付すればよいこととなっています（酒30の4③、石ガ18③）。

(3) 更正又は決定に係る納付

　更正又は決定があった場合、更正又は決定を受けた者は、「更正通知書」又は「決定通知書」が発せられた日の翌日から起算して1月を経過する日が具体的納期限であり、納税者はその納期限までに納付書により自主納付しなければなりません（通35②二）。

　これは、申告納税方式の国税の納付については、例え、納付すべき税額を税務署長が確定したとしても、納税の告知によるのではなく、あくまでも納税者の自発的な納付を期待したものです。

(注) 申告納税方式の国税には、申告所得税、法人税、相続税、贈与税、消費税、地価税、酒税、揮発油税、地方揮発油税、石油石炭税、石油ガス税、たばこ税、電源開発促進税、航空機燃料税、印紙税(印11～12に掲げるものに限ります。)があります。

2　賦課課税方式の国税の納付

　賦課課税方式の国税については、納税者は、税務署長からの納付を命じる納税の告知をまって、その納税告知書により納付します（通36①）。

　ただし、申告納税方式の国税に係る過少申告加算税などの各種加算税については、賦課決定通知書の送達を待って、納税者が自主的に納付書によ

り納付します。これは、申告納税方式の国税及びその附帯税について自主納付を一貫させる趣旨です。

(注) 賦課課税方式の国税には、無申告加算税、過少申告加算税、重加算税、不納付加算税、特殊な場合の酒税、印紙税法第20条に掲げる印紙税に係る過怠税があります。

> **参考**　「具体的納期限」とは
>
> 　具体的納期限は、納税告知書又は賦課決定通知書が発せられた日の翌日から起算して1か月を経過する日です（通35③、通令8）。ただし、納税告知書が法定納期限の前に発せられる場合には、繰上請求（通38①）の場合を除き、法定納期限に当たる日を納期限とし、その納期限までに納付することとなります。国税に関する法律の規定により一定の事実が生じた場合に直ちに徴収する国税（酒30の4②など）については、その納税告知書の送達に要すると見込まれる期間を経過した日が納期限となります（通令8①かっこ書）。

3　自動確定の国税の納付

　自動確定の国税、例えば、源泉徴収による所得税、登録免許税などについては、納税者が自主的に納付書により又は印紙を貼付することにより納付します。

　ただし、納付がない場合又は納付額が適正でないと認められる場合には、納税の告知が行われ、その納税告知書により納付します。この場合の納期限は、納税告知書が発せられた日の翌日から起算して1か月を経過する日です（通令8、通36①二～六）。

(注) 自動確定の国税には、予定納税に係る所得税、源泉所得税、印紙税（印11～12、20に掲げるものを除きます。）、登録免許税、自動車重量税、延滞税及び利子税があります。

納期限

Q 4-2 国税を納付する期限としての「納期限」とは、どのようなものですか。また、「法定納期限」とは、異なりますか。

A 「納期限」とは、納付すべき税額の確定した国税を実際に納付すべき期限をいいます。また、「納期限」のほかこれと類似するものに「法定納期限」があります。

この「法定納期限」とは、国税に関する法律に定められている本来の納付する期限をいいます。通常、法定納期限以前に納付すべき税額が確定するので、法定納期限と納期限は一致しますが、法定納期限後に納付すべき税額が確定した場合には、法定納期限と納期限とが異なることになります。

解説

国税は、各税法に定める期限までに納付しなければなりません。この国税の本来の納期限を国税通則法第2条第8号に「**法定納期限**」として規定しています。

ところで、国税の履行に当たっては、法定納期限までに納税義務が確定していない場合などには、その具体的な履行を求めるための別個の期限が必要となります。このような期限を「**納期限**」(通35)といいます。

1 法定納期限

所得税法その他の各税法の規定により、国税を納付すべき本来の期限を「**法定納期限**」といいます。この法定納期限は、延滞税の計算期間の起算日(通60、61)とされ、又は徴収権の消滅時効の起算日(通72)とされるなど重要な期限です。

2 納期限

　実際に確定した税額をいつまでに納付すべきで、仮にその日までに納付されなければ督促及び滞納処分をすることができるというような意味での納期限としては、上記の法定納期限は必ずしも適当でないことがあります。すなわち、法定納期限後に納付すべき税額が確定されることがあり、また延納の制度があるからです。

　そこで、納付及び徴収手続の関係においては、原則として、法定納期限以前に納付すべき税額が確定した場合にはその法定納期限を、その後に確定した場合には申告書を提出した日又は更正決定がされた日の1月後をそれぞれ「**納期限**」と定め（通35②）、その期限をもって、督促や滞納処分を開始することができる期限としています。

　なお、この「納期限」は、納期限の延長、延納、納税の猶予、換価の猶予等の相互関係を理解する上でも重要な意義を有し、納期限の延長により延長された期限及び延納の期限は納期限に当たりますが、納税の猶予の期限は納期限に当たりません。

参考 納期限と法定納期限

納　期　限	法　定　納　期　限
納期限とは、納付すべき税額の確定した国税を実際に納付すべき期限をいいます。 　この期限は、納税者に与えられた権利であり、原則として期限の利益を奪うことは許されません。また、その期限までに納付しなければ、督促から滞納処分へと強制手続が進められます。	**法定納期限**とは、国税に関する法律に定められている本来の納付する期限をいいます。 　通常、法定納期限以前に納付すべき税額が確定するので、法定納期限と納期限は一致しますが、法定納期限後に納付すべき税額が確定した場合には、法定納期限と納期限とが異なることになります。
・納税義務を履行する期限 ・不履行の場合に督促状を発付する基準日（通37②）	・徴収権の消滅時効の起算日（通72①） ・延滞税の計算期間の起算日を定める基準日（通60）

国税の消滅・納税義務の消滅

国税の納付により当該国税は消滅すると聞いていますが、納付以外の原因で消滅することがありますか。

A　国税の消滅原因としては、多くの場合、国税の納付ですが、そのほか、滞納処分による換価代金等の配当、還付金等の充当、免除、課税の取消し等、徴収権の消滅時効の完成及び滞納処分の停止に伴う消滅などがこれに当たります。

解説

国税の納税義務は、成立と同時に、又は成立後必要な手続を経て税額が確定しますが、その確定した税額は、次のような原因によりその納税義務が消滅します。

1　納付

納付は、その納付により当該国税債務を履行するものであることから、これにより国税はその納付された金額の範囲で当然に消滅します。

なお、この納付の履行は、原則として、本来の納税者のほか、第二次納税義務者、国税の保証人及び第三者による納付により行われます。

☞「納付の手段」Q4-4

2　滞納処分による換価代金等の配当

国税が自主的に納付されない場合、滞納処分により強制徴収されますが、この滞納処分による差押財産の換価代金又は交付要求による受入金の配当によりその配当金額の範囲で納税義務が消滅します。

なお、配当による国税の消滅時期は、金銭差押えの場合にはその差押えの時（徴56③）、金銭債権の取立ての場合にはその取り立ての時（徴57②）、

差押財産を換価した場合にはその買受代金を受領した時（徴116）とされています。

3 還付金等の充当

国税は、過誤納金又は還付金の充当により、その充当金額の範囲内で納税義務が消滅します。この場合、その消滅の効果は、充当適状となった時にさかのぼって生じます（通57②）。

☞「還付金の種類」Q6－1

4 免除

国税は、国税通則法第63条等の規定に基づく免除により、その免除した金額の範囲内で納税義務が消滅します。なお、この免除には、①納税の猶予などの場合の延滞税の免除（通63）、②災害などにより期限を延長した場合の利子税の免除（通64③）、及び③被災者の所得税などの免除（災2、4）などがあります。

5 課税の取消し等

先に確定した納付すべき税額が抽象的に成立した納税義務の額に比して過大である場合には、不服申立て若しくは訴えについての決定、裁決若しくは判決によりその過大な部分の課税が取り消され、又は減額のための更正が行われます。また、課税標準の計算の基礎となる事実のうちに含まれる無効な行為により生じた経済的成果がその行為の無効であることに基因して失われた場合、当該事実のうちに含まれていた取り消すべき行為が取り消された場合、その他先の確定税額を減少させるべき法定の後発的事由（所152、相32、措令33の5④）が生じた場合にも、減額の更正が行われます。

このように、課税の取消し又は減額の更正処分が行われたときは、国税は、その取消し又は減額された範囲内で納税義務が消滅します。

6 徴収権の消滅時効の完成

国税を徴収する権利（国税の徴収権）は、その国税の法定納期限から5年間行使しないことによって、時効により消滅します（通72）。国税は、この5年の消滅時効の完成により絶対的に消滅します。つまり、この5年という消滅時効が完成したときは、その時効の援用を要せず、その利益を放棄することができないことから、絶対的に消滅することになります（通72）。

7 滞納処分の停止

国税の滞納処分の執行に当たり、滞納者に例えば滞納処分を執行することができる財産がないとき、又は滞納処分を執行することによってその生活を著しく窮迫させるおそれがあるときなど、税務署長は、その滞納処分の執行を停止することができます。この滞納処分の停止が3年間継続したときは、国税は消滅します（徴153④）。

なお、滞納処分を停止した場合において、その徴収の困難な状況が3年継続した場合には、徴収権の消滅時効の完成前であっても、滞納処分の停止をした国税の納税義務は消滅します。

国税の納付手段

国税の納付手段には、どのようなものがありますか。

A　国税は、原則として金銭で納付できますが、これ以外にも①有価証券による納付、②印紙による納付、及び③財産による納付などがあります。

解説

1　納付の手段

　国税は、納税者の選択により、次のような納付の手段により納付を行うことができます（通34）。

(1)　金銭による納付

　金銭による納付とは、日本国内において強制運用力のある通貨による納付をいい、旧通貨、外国貨幣は除かれます。

(2)　有価証券による納付

　「証券ヲ以テスル歳入納付ニ関スル法律」に定める次に掲げる有価証券に限り、納税に使用することができます。ただし、これらの有価証券については、その券面額が納付する税額を超過しないものに限られます。

　① 　小切手（国、地方公共団体等の振り出したもの及び一定の金融機関に宛てたもので、その呈示期間内に支払のため呈示することができるもの）
　② 　国債証券の利札（無記名式で支払期限の到来しているもの）
　③ 　郵便普通為替証書（郵便定額小為替証書を含みます。）
　④ 　郵便振替払出証書

　なお、証券の呈示期間又は有効期間の短いもの、支払が不確実と認めら

れるもの、支払場所が受領者の所在地にないもの等は、税務署長はその受領を拒むことができます。

また、納付に使用された有価証券が不渡りとなったときは、初めから納付がなかったものとされます。

(3) 印紙による納付

印紙による納付が認められるのは、①印紙税（印8）、②登録免許税（登免22、23②）、及び③自動車重量税（自8、9）に係る文書又は書類です。

(4) 財産による納付（物納）

相続税について、金銭で一時に納付することができない場合に、税務署長の許可を受けて、次に掲げるような相続財産で納付することができます（相41）。これを「**物納**」といいます。

① 国債、地方債
② 不動産、船舶
③ 社債、株式、証券投資信託又は貸付信託の受益証券
④ 動産

この物納の場合における物納財産の収納価額は、原則として相続税の課税価格計算の基礎となった価額であり（相43①）、また、納付があったとする日は、物納財産の引渡し及び所有権の移転登記などにより、第三者に対抗できる要件を備えた日です。

2 納付の場所（収納機関）

国税を納付する場所、いわゆる収納機関は、日本銀行の本店、支店、代理店及び歳入代理店、国税の収納を行う税務職員（国税収納官吏）です。

具体的には、例えば、銀行、郵便局及び税務署において納付することができます。

(注) 日本郵政公社法（平成14年法律第97号）の制定により郵政事業庁が日本郵政公社へ移行されたことに伴い、日本郵政公社法施行法により、国税通則法第34条第1項に規定する収納機関から郵便局が削除され、郵政事業庁の日本郵政公社への

移行（平成15年4月1日）後は、郵便局は日本銀行の代理店や歳入代理店たる銀行等と同様、「日本銀行（国税の収納を行う代理店を含む。）」として国税の収納を行うこととなりました。

3 納付方法

　国税は、納付すべき者（納税者）が金銭等に納付書又は納税告知書を添えて銀行等の収納機関で納付するのが原則ですが、その他にも次のような納付方法があります。
(1)　振替納税
　納税者が金融機関との契約に基づき、自己の指定した預金口座又は貯金口座から振替の方法で国税を納付するものです（通34の2）。この制度が設けられた趣旨としては、①納税者の納付手続が省けること、②納税者が納期限を忘れることによる滞納の発生が未然に防げること、及び③税務署における事務が省けることなどがあります。
(2)　第三者の納付
　国税は、本来、納付すべき者（納税者）が納付するものですが、第三者が納付すべき者に代わって納付することができます（通41）。ここに「納付すべき者のために納付する」とは、第三者が自己のために納付するのではなく、納付すべき者のために納付することです。その結果、国税を納付すべき者が納付したのと全く同様の効果が生じることとなります。
　したがって、第三者が納付すべき者のために納付することを明らかにする必要があり、その納付の効果は直接納付すべき者に帰属するため、過納金などが生じた場合は、納付すべき者に還付することになります。
(3)　予納
　国税の納付は、通常、申告等により納付すべき税額が確定した後にその国税の納付が行われますが、その例外として、①納付すべき税額の確定した国税でその納期が到来していないもの及び②最近において納付すべき税額が確定することが確実と認められる国税について、納税者が予納の国税

として納付する旨を書面で税務署長に申し出て納付することができます（通59）。これを「**予納**」といいます。

　予納に係る国税は、適法な納付であることから、予納した者は還付を請求することができません。ただし、国税を納付する必要がなくなったときは、過誤納として還付し、又は他に未納の国税があれば、その国税に充当します。

(4)　電子納付

　納税者は、その税額に相当する金銭に納付書を添えて、これを日本銀行（国税の収納を行う代理店を含みます。）又はその国税の収納を行う税務署の職員に納付しなければならないとされています（通34①）。

　これに代え、国税を納付しようとする者は、財務省令で定めるところにより、あらかじめ税務署長に届け出た場合に財務省令で定める方法により納付すること、すなわち**電子納付**の方法により納付することができます（情報通信技術利用省令4、7）。

　この国税の電子納付の方法としては、国税を納付しようとする者が、金融機関が提供する次のような手段を使って納付することができます。

①　パソコンによるインターネット・バンキングを使った預金口座から国庫金勘定への振替え

②　携帯電話によるモバイル・バンキングを使った預金口座から国庫金勘定への振替え

③　金融機関のATMを使った預金勘定から国庫金勘定への振替え又はATMに現金を投入して行う国庫金勘定への振込み

　ただし、自動車重量税又は登録免許税にあっては、それぞれ自動車重量税法又は登録免許税法に規定する財務省令で定める方法（電子納付の方法）により納付することができます（自10の2、登24の2）。

参考 登録方式・入力方式

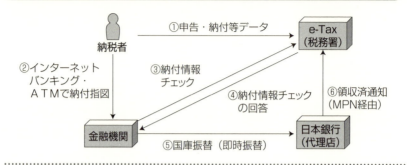

参考 ダイレクト納付

平成21年9月より新たな国税の電子納税の方法として「ダイレクト納付」が開始されました。

このダイレクト納付とは、事前に税務署に届出等をしておけば、e-Taxを利用して電子申告等の送信をした後に、届出をした預貯金口座から、即時又は期日を指定して納付することができる電子納税の新たな納付手段です。

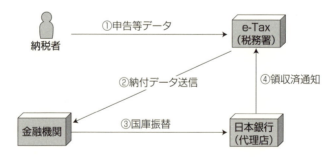

(5) 納付受託者に対する委託による納付（コンビニ納付）

国税庁長官が指定した納付受託者（具体的には、コンビニエンスストア）に国税の納付を委託することができます（通34の3）。

この国税のコンビニ納付にはバーコード付納付書が必要です。またバーコード納付書は、納付金額が30万円以下（通規2）で、次のような場合に税務署で発行されます。

イ　確定した税額について納税者から納付書の発行の依頼があった場合（全税目）
ロ　確定した税額を期限前に通知する場合（所得税の予定納税等）
ハ　督促・催告を行う場合（全税目）
ニ　賦課課税方式による場合（各種加算税）

参考　コンビニ納付の開始

平成20年1月21日からコンビニ15社20チェーンで国税の納付サービスが開始されました。これまで国庫金である国税を収納できるのは日本銀行（国税の収納を扱う代理店を含みます。）及び国税収納官吏に限られ（会7、通34）、つまり、銀行、郵便局又は税務署が納付窓口でしたが、平成19年度税制改正で「国税を納付しようとする者は、…財務省令で定めるものに基づき納付しようとするときは、納付受託者に納付を委託することができる」（通34の3）という規定が創設され、国税庁長官がコンビニを納付受託者に指定できるようになりました。ただし、その納付金額は30万円を限度とし、国税局や税務署が発行するバーコード付納付書が必要となります（通規2）。対象は全税目とはいえ、所得税の予定納税等や各種加算税のようにあらかじめ確定金額であることを発行条件としています。

コンビニ納付の仕組み

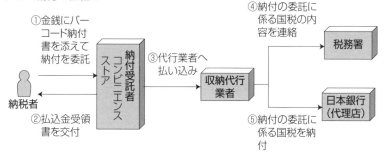

【納付書送付依頼書】

納付書送付依頼書

税務署長あて

(金融機関経由印)

氏名　　　　　　　　印

私が納付する
・申告所得税及復興特別所得税（1期分、2期分、確定申告分（期限内申告分）、延納分）
・消費税及地方消費税（中間申告分、確定申告分（期限内申告分））
　ご利用にならない税目については、二重線で抹消してください。この場合の訂正印は不要です。
について、

平成　年　月　日以降納期が到来するものを、口座振替により納付したいので、納付税額等必要な事項を記載した納付書は、指定した金融機関あて送付してください。

※税務署整理欄　整理番号　　　　　金融機関番号
振替区分　入力日付　　送付日付

預貯金口座振替依頼書

金融機関名　　　　　　　　　　　　　　　平成　年　月　日
銀行・信用金庫　　　　　　本店・支店
労働金庫・信用組合　　　　本所・支所　御中
漁協・農協　　　　　　　　出張所

あなたの住所　（〒　－　）　電話（　）
（申告納税地）

氏名　（フリガナ）
　　　　　　　　　　　　　　　　　　　　（金融機関お届け印）

預金の種類　1 普通　2 当座　3 納税準備
口座番号
記号番号　1　　　0

金融機関使用欄

税務署から私名義の納付書が貴店（組合）に送付されたときは、私名義の上記の預貯金から次のとおり口座振替により納付することとしたいので、下記約定を承認の上依頼します。
1　対象税目　・申告所得税及復興特別所得税（1期分、2期分、確定申告分（期限内申告分）、延納分）
　　　　　　　・消費税及地方消費税（中間申告分、確定申告分（期限内申告分））
　　　　　　　ご利用にならない税目については、二重線で抹消してください。この場合の訂正印は不要です。
2　振替納付日
　　納期の最終日（休日の場合は翌取引日）
　　ただし、納付の日が納期限後となる場合で、法令の規定によりその納付が納期限においてされたものとみなされるときは、貴店（組合）に納付書が到達した日から2取引日を経過した最初の取引日まで。

約　　定
1　預貯金の支払手続については、当座勘定規定又は預貯金規定にかかわらず、私が行うべき当座小切手の振出又は預貯金通帳及び預貯金払戻請求書の提出などいたしません。
2　指定預貯金残高が振替日において、納付書の金額に満たないときは、私に通知することなく納付書を返却されても差し支えありません。
3　この口座振替契約は、貴店（組合）が相当の事由により必要と認めた場合には私に通知されることなく、解除されても異議はありません。
4　この口座振替契約を解除する場合には、私から（納税貯蓄組合長を経由して）指定した金融機関並びに税務署あて文書により連絡します。
5　この取扱いについて、仮に紛議が生じても、貴店（組合）の責によるものを除き、貴店（組合）には迷惑をかけません。

納税の告知

給与に係る源泉所得税について、税務署から納税告知書が送達されました。この納税の告知とは、どのようなものですか。

A　源泉徴収に係る国税で法定納期限までに納付されなかった場合に、その納付の履行を求めるために納税の告知がなされます。
　この納税の告知は、税務署長が納税者に対して納税告知書の送達をもって行われます。

解説

源泉所得税においては、源泉徴収義務者がその納付を行わない場合、税務署長は納税の告知を行い、その履行を求めます（通36）。

1　納税の告知をする国税

国税通則法第36条の規定により納税の告知をする国税とは、次に掲げる国税です。

(1) **賦課課税方式による国税**。ただし、過少申告加算税、無申告加算税及び重加算税は、国税通則法第35条第3項の規定により納税者が自主的に納付すべきものとされており、納税の告知を要する国税から除かれています。

(2) **源泉徴収による国税**でその法定納期限までに納付されなかったもの

(3) **自動車重量税**で自動車検査証の交付等又は車両番号の指定を受ける際に納付されなかったもの

(4) **登録免許税**で登記等を受ける際、又は所定の期限までに自主納付されなかったもの

2 納税の告知の手続

　納税の告知は、その告知をする国税の徴収を所轄する税務署長又は税関長が、納税者に対し、「**納税告知書**」を送達して行うのが原則です（通36②）。ただし、その国税の担保となっている現金をもって消費税等を納付する場合その他一定の場合には、口頭で告知することも認められています。

　なお、納税の告知をする場合には、それに先行して、その国税を徴収する旨の内部的意思決定を行います。この意思決定を徴収決定又は調査決定といいます（資金9②）。

　この徴収決定に当たっては、国税収納命令官である税務署長又は税関長は、当該国税の徴収が法令に違反していないことを確認すべきほか、①その国税の所属年度及び受入科目、②納付させるべき金額の算定、③納税者の住所及び氏名、④納期限及び納付場所、その他必要と認める事項が適正であるかどうかを調査します（資金令5①）。

(注) 対外的な関係において徴収権限を有する者は税務署長又は税関長であることから、納税の告知もこれらの者が行います。しかしながら、国の内部関係では、国税の徴収を行う者を「国税収納命令官」（資金9②）と呼び、税務署長又は税関長がこれに任命されています。したがって、納税の告知は、国税収納命令官たる税務署長又は税関長が行うこととなります。

(1) 納税告知書による告知

　納税告知書については、国税通則法施行規則第16条別紙第2号書式によりその書式が定められています。税務署長又は税関長は、これに納付すべき税額、納期限、納付場所、年度、税目、受入科目、取扱庁名、納付の目的、並びに納税者の住所及び居所などを記載し、納税者に送達します。

　なお、納税告知書の送達につき留意すべき主な事項は、次のとおりです。

イ　送達を受ける者

　納税告知書は、納税者に送達します。ただし、納税管理人があるときは、納税管理人の資格、氏名を併記して納税管理人に送達します（通12①）。

(注) 相続人の代表者がある場合については、国税通則法第13条参照。
ロ　連帯納税義務者がある場合等の告知
　納税告知書の納税者欄には、本人のほか他の連帯納税義務者全員の氏名を記載するか、又は「連帯納税義務者何某ほか何名」と記載します。なお、この告知が賦課決定通知書を兼ねているときは、各人別に送達しなければ、他の連帯納税義務者にはその賦課決定の効力は生じません。
　また、相続人が承継した国税について納税告知をする場合には、各相続人が承継した国税について各人別にしなければなりません。この場合国税通則法第5条第3項の規定により連帯納付責任を負う相続人に対しては、納付責任を負う旨を付記して行うものとされています。
ハ　納期限
　納税告知書に記載する納期限は、法定納期限前に送達するものについては法定納期限にあたる日とし、法定納期限後に到達するもの、印紙税の過怠税については、通常の場合は当該告知書を発する日の翌日から起算して1月を経過する日とし、国税に関する法律の規定により一定の事実が生じた場合に直ちに徴収するものとされている場合は、当該告知書の送達に要すると見込まれる期間を経過した日とします（通令8①）。
ニ　納税告知書の通数
　1の国税ごとに1通とするのが原則です。ただし、数月分の源泉徴収所得税について強制徴収を一時に行う場合等告知をする国税の年度、納税者、受入科目、取扱庁名、納期限及び納付場所のすべてが同じ2以上の国税を徴収する場合には、これを一括して告知することができます。この場合には、金額欄に合計金額を記載し、一件別内訳を付記しなければなりません。

(2) **口頭による告知**
告知すべき消費税等の担保としてあらかじめ提供されていた金銭をもってその納付に充てる場合、本邦に入国する者の携帯輸入物品、託送品等につき課する内国消費税を税関の当該職員に即納させる場合、又は特別の必

要に基づき国税を当該職員に即納させる場合には例外的に口頭による納税の告知が認められます。

3 納税の告知の効果

納税の告知は、次のような効力を有します。

① 国税の納付を命じ、具体的には納税者に納付の手段を与え、納付期限を指定します。
② 例外的に税額を確定することがあります（通32③）。
③ 繰上請求としての効果をもつこともあります（通38②）。
④ 徴収権の消滅時効を中断する効力を有します（通73①三）。

(注) 例えば、源泉所得税に係る納税の告知は、源泉徴収義務者に対して源泉所得税の納付を命ずるものですが、給与所得の受給者の納税義務に対してはいかなる影響を与えるかについては、「支払者は、源泉徴収による所得税の納税告知について異議申立て、審査請求及び抗告訴訟をなしうるものと解すべきであるが、同処分が不可争のものに確定したとしても、これによって受給者の源泉納税義務の存否、範囲にはいかなる影響も生じることなく、受給者は、支払者からその徴収された所得税に相当する金額の支払を請求されたときは、自己において源泉納税義務の存否、範囲を争うことができるものと解され」（最高判昭和45.12.24・税資62号15頁）、この場合において、「支払者は、国に対する訴訟と受給者に対する訴訟とでともに敗訴する危険を避けるため、国に対して納税義務不存在の確認の訴えを提起し、受給者に訴訟告知をして、受給者の源泉納税義務の存否、範囲の確認について受給者と責任を分つことができる」とされています。

納税の告知処分の効力

青色申告承認を取り消し、推計による更正処分及び脱ろう所得を認定賞与とする納税告知処分をした後に、青色申告承認取消処分が理由付記の不備により取り消されても、賞与の支給の有無、その額の算定について、その認定方法が合理的である限り告知処分の効力は左右されません（最高判昭和62.3.26・税資157号1072頁）。

督促

督促とは、どのような場合に行われるのですか。
また、督促によりどのような効果が生じるのですか。

A　国税は、納期限までに納付しなければなりませんが、納税者がその納期限までに完納しないとき、督促状の送達により、その納付の督促が行われます。

　この督促は、本来納付の催告として行うものですが、単なる催告にとどまらず、差押えの前提要件たる効果、国税の消滅時効を中断する効果などが付与されています。

解説

1　督促の要件

(1)　督促をする場合

　督促は、国税がその納期限までに完納されない場合に行われます。

イ　納期限

　納期限とは、次に掲げる期限をいいます。この納期限は、期限内申告書の提出により納付すべき国税については法定納期限とおおむね一致しますが、修正申告、期限後申告、更正、決定等の場合には、法定納期限とは異なります。また、延納に係る国税については、延納期限がこの納期限となります。

区　分	納　期　限
申告納税方式による国税及びその加算税	国税通則法第35条の納期限
納税の告知を受けた国税	その納税告知書に記載されている納期限
予定納税に係る所得税	その法定納期限
延滞税及び利子税	その計算の基礎となる国税の納期限

ロ　督促をする時期

　督促は、「**督促状**」の送達により行われますが、この督促状は、国税に関する法律に別段の定めがある場合を除き、納期限から50日以内に発します（通37②）。

　ここに「国税に関する法律に別段の定めがある場合」とは、次に掲げるような場合であり、それぞれに掲げる日までは督促を行うことができません。

① 　所得税の予定納税額の通知書を第1期分又は第2期分の納期限の1月前までに発しなかった場合

　……その通知書を発した日から起算して1月を経過した日（所116）

② 　督促がされていない国税について納税の猶予又は徴収の猶予をした場合

　……それぞれの猶予期限。ただし、納税の猶予又は徴収の猶予を取り消したときは、その取消しの日（通48①）

2　督促を要しない国税

　次に掲げる国税については、既に財産の差押えが開始されており、又は緊急に差押えを行う必要があることから、その国税が納期限までに完納されない場合にも督促を要しないこととされています。

① 　国税通則法第38条の規定による繰上請求若しくは繰上保全差押え、国税徴収法第159条の規定による保全差押金額の決定の通知をした国税。

　ただし、繰上保全差押金額の決定の通知をした後10か月を経過して国税が確定したとき又は保全差押金額の決定の通知をした後6か月を経過して国税が確定したときは、繰上保全差押え等の効力が失われるので、督促を要することとなります。

② 　国税に関する法律の規定により一定の事実が生じた場合に直ちに徴収するものとされている国税（酒54⑤など）。

3 督促の方法

(1) 督促状

　国税の督促は、国税通則法施行規則第16条別紙第3号書式による督促状により行わなければならず、口頭による督促は効力を生じません。

(2) 延滞税及び利子税の督促

　本税について督促をする場合において、その本税に係る延滞税又は利子税があるときは、その延滞税又は利子税についてもあわせて督促しなければなりません。それらは、本税にあわせて納付されるべきものだからです。

　ところで、延滞税は、本税が未納の間は、その金額が日時の経過によって増加することから、その督促は、延滞税の割合として年7.3%又は年14.6%が適用される期間を督促状に付記し、又はこれを記載した書面を添付し、金額欄には、「法律による金額」と表示されるに止まります（通規16②）。

(3) 連帯納税義務者に対する督促の手続等

　督促は、単なる催告にとどまるものではないことから、連帯納税義務者があるときは、各人別に督促状を発しなければなりません。なお、督促状の名宛人欄の記載方法、納税管理人がある場合の送付先については、国税通則法第36条の取扱いに準じます。

4 督促の効果

　督促状が納税者に送達されたときは、①時効の中断、②差押えの前提要件といった効果が生じます。なお、その督促状に記載された金額の一部が督促状の送達される前に納付されている場合には、督促は、その残額について有効になされたことになります（行判大正11.4.29）。

(1) 時効中断

　督促については、国税通則法第73条第1項第4号の規定により、これのみで完全な時効中断の効力が生じます。この点単なる催告が、6月内に差

押え等をすることを条件として時効中断の効力が生ずるのとは異なります（民153）。

(2) 差押えの前提要件

　滞納処分による差押えは、繰上請求をした場合等特殊な例外を除き、督促状を発した日から起算して10日を経過した日までに滞納国税が完納されない場合に行うこととされています（徴47①）。この意味において、督促には、差押えの前提要件たる効果が付与されています。

> **参考** 昭和42年改正前の督促の効果
>
> 　督促の効果については、従来、差押えの前提要件たる効果のほか、延滞税の割合を引き上げる効果があるものとされていました。すなわち、国税通則法制定当初の延滞税は、納税者が督促を受けずに国税を納付した場合又は督促を受けても督促状が発せられた日から起算して10日を経過した日までに納付した場合には、その納付した税額については、年7.3％の軽減した割合で課され、督促状が発せられた日から起算して10日を経過した日後に納付された場合には、当該10日を経過した日以前の延滞期間とその後の延滞期間とに区分し、後の期間については、原則どおり年14.6％の割合で課されるものとされていました。
>
> 　しかしながら、この制度は、督促状が発せられない繰上請求に係る国税等については、長期間滞納しても、延滞税が年7.3％のままであること等の問題があったので、この規定は、昭和42年の改正により改められ、現在では、督促にこのような効果は付与されていません。

繰上請求・繰上保全差押え

納税者の財産につき強制換価手続が開始されたときや法人が解散した場合、税務署長はその納期限を繰り上げて納付を請求することがあると聞いていますが、この繰上請求とは、どのようなものですか。

A　国税の納付は、本来定められた期限までに納付すべきですが、納税者の資力の状況等により、納期限まで待っては国税の徴収を全うすることができないときは、やむを得ず期限の利益を奪って徴収の確保を図る必要があります。

つまり、既に納付すべき税額の確定した国税について、その納期限を繰り上げて納付を請求するとともに、任意に納付がされないときは、督促を要しないで直ちに滞納処分を開始することができるようにする処分が**繰上請求**です。

解説

国税の納期限は、原則として納税者の利益のためにあるものと解すべきであることから（民136参照）、その納期限が到来するまでは納税者の任意納付を待つべきであり、むやみに納期限を繰り上げて強制的な手続を開始することはできません。

しかしながら、納税者の資力の状況等により、納期限まで待っては国税の徴収を全うすることができないときは、やむを得ず期限の利益を奪って徴収の確保を図る必要があります。

そこで、このような例外的な事情があるとき、税務署長は、納期限の到来するのをまたず、直ちにその国税の徴収に必要な措置としての繰上請求ができることを国税通則法第38条に定めています。

1 繰上請求

　繰上請求の制度には、既に納付すべき税額の確定した国税についてその期限を繰り上げて請求する狭義の**繰上請求**と法定申告期限前に繰り上げて保全措置をする**繰上保全差押え**があります。

　国税通則法第38条には、狭義の繰上請求といわゆる繰上保全差押えとが規定されています。

　狭義の繰上請求とは、既に納付すべき税額の確定した国税について、その納期限を繰り上げて納付を請求するとともに、任意に納付がされないときは、督促を要しないで直ちに滞納処分を開始することができるようにする処分です。

(1) 繰上請求ができる場合

　繰上請求をすることができるためには、客観的にみて国税を保全する必要があると認められる法定の事情があることが第一の要件であり、更に、具体的にみても国税が納期限までに完納されないと認められることという第二の要件が同時に充足されることが必要です。

イ　繰上請求の客観的要件

　　先に述べた第一の要件とは、次の①から⑤までのいずれかに該当することです。

客観的要件	説明
①　納税者の財産につき強制換価手続が開始されたこと	強制換価手続の意義については、国税通則法第2条第10号に規定するところによります。 　この強制換価手続が「開始された」とは、破産手続については破産手続開始の決定があったことをいい、その他の強制換価手続については差押えの効力が生じたことをいうものと解されています。
②　納税者が死亡した場合において、その相続人が限定承認をしたこと	相続人が限定承認をしようとするときは、原則として相続の開始があったことを知った日から3か月以内に、一定の手続により家庭裁判所に限定

	承認をする旨を申述すべきものとされています。したがって、この申述が有効に家庭裁判所に受理されたときは、相続人が限定承認をしたこととなります。 　なお、相続人が限定承認をしたことにより繰上請求をすることができる国税は、被相続人から承継した国税に限られます。
③　法人である納税者が解散したこと	法人は、存続期間の満了その他定款に定める事由の発生、株主総会の決議、合併、破産、解散を命ずる裁判等により解散します。また、「解散した」とは、例えば上に掲げる事由に基づく解散については、それぞれ定款に定める事由の発生した日、解散決議のあった日、合併をした日、破産手続開始の決定があった日又は解散を命ずる裁判が確定した日が到来したことを意味するものと解されています。
④　納税者が納税管理人を定めないでこの法律の施行地に住所及び居所等を有しないこととなること	個人である納税者が本邦内に住所及び居所を有しなくなる場合において、納税申告書の提出その他国税に関する事項を処理する必要があるときは、国税通則法第117条《納税管理人》の規定により、その納税者は、納税管理人を定めなければならないものとされています。ここでは、納税者が旅券の交付を受けたこと等により本邦内に住所及び居所等を有しなくなることが確実と認められる場合において、その者が同条の規定にかかわらず納税管理人をまだ定めていないことを意味します。
⑤　納税者につき脱税行為があり、若しくはあると認められ、又は滞納処分の執行を免れる行為があり、若しくはあると認められること	ほ脱行為につき有罪の判決が確定した場合がこれに該当することは明らかです。また、国税をほ脱したことの容疑で納税者が国税犯則取締法の規定に基づき臨検、捜索若しくは差押えを受け、又は刑事訴訟法の規定に基づき捜査、押収若しくは逮捕を受けた場合等も、かかるほ脱行為があったと認められる場合に該当します。

ロ 繰上請求の具体的要件

　国税通則法第38条にいう「国税が納期限までに完納されないと認められる」とは、現に有する納税者の資力が国税の全額を履行するのに不足すると認められるような場合をいい、納税者の財産の状況が、国税の納付を担保するのに十分であり、かつ、その散逸するおそれもないときは、「完納されない」とは認め難いといえます。

(2) 繰上請求ができる国税

　納税義務が成立した国税であっても、現に納付すべき税額が確定しているものでなければ繰上請求を行うことはできません。したがって、次のようなことになります。

イ 申告納税方式による国税

　法定申告期限前においては、既に期限内申告書の提出があり、その提出により確定した税額の部分に限られます。法定申告期限後においては、税務署長は、いつでも更正又は決定をすることができることから、その更正又は決定をした上で繰上請求をすることができます。

ロ 賦課課税方式による国税

　課税標準申告書の提出期限後は、いつでも賦課決定をすることができることから、その賦課決定をした上で繰上請求をすることができます。しかしながら、課税標準申告書の提出期限前は、賦課決定をすることができないことから、繰上請求をすることもできません。

ハ 確定のために特別の手続を要しない国税

　納税義務の成立と同時に特別の手続を要しないで納付すべき税額が確定することから、その成立後は、繰上請求をすることができます。

(3) 繰上請求の手続

　繰上請求は、税務署長が**「繰上請求書」**を納税者に送達して行います（通38②）。繰上請求書には、納付すべき税額、繰上げに係る納期限及び納付場所を記載します。この場合、国税の収納を行う税務職員を納付場所とするときは、時刻をもって納期限を指定することができます。

なお、納税の告知がされていない源泉徴収による国税について繰上請求をする場合には、納税告知書にその旨を記載して行います（通38②かっこ書）。

(4) 繰上請求の効果

繰上請求をした国税が繰上げに係る期限までに完納されないときは、督促を要しないで直ちに滞納処分をすることができます（徴47①二）。

2 繰上保全差押え

「繰上請求」が納付すべき税額の確定した場合における国税の保全措置であるのに対し、**繰上保全差押え**は、法定申告期限前等においてする未確定の国税の保全措置です。そして、前者の性格が一種の請求行為にとどまるのに対し、後者のそれは、保全のためにする直接的な処分権限それ自体です。

　(注) 未確定の国税についてする保全措置には、繰上保全差押えのほかに国税徴収法第159条に規定する「保全差押え」があります。しかし、この保全差押えは、脱税の嫌疑に係る国税についてするものであり、法定申告期限後等においてするものであることから、繰上保全差押えと重なり合うことはありません。

(1) 繰上保全差押えの要件

繰上保全差押えの要件は、繰上請求のそれと同様です。ただ、繰上保全差押えは、法定申告期限前又は課税標準申告書の提出期限前において、未確定の国税についてするものですから、具体的要件は、「国税の確定後においてはその徴収を確保することができないと認められること」に置き換えられます。しかしながら、この要件は、納税者の資力が十分でないという意味においては、「国税がその納期限までに完納されないと認められること」と同様です。

(2) 繰上保全差押えができる国税

繰上保全差押えは、法定申告期限前において未確定の国税の徴収を確保するための措置ですが、納税義務の成立したものでなければなりません。なお、課税資産の譲渡等に係る消費税については、課税期間内の仕入れで

あれば、売上げに対応するか否かにかかわらず仕入控除の対象となること等から、その課税期間が経過しなければ繰上保全差押えすべき税額を具体的に算定することができません。そこで、課税資産の譲渡等に係る消費税については、中間申告に係るものを除き、課税期間経過後のみ繰上保全差押えをすることができるものとされています。

(3) 繰上保全差押えの手続

繰上保全差押えの手続は、「繰上保全差押金額の決定」、これに基づく「差押え及び交付要求」、差押えに代わる「担保の提供」の各行為から成ります。

イ 繰上保全差押金額の決定

税務署長は、繰上保全差押えをしようとするときは、まず、その執行の基礎となるべき金額を決定し、これを国税通則法施行令第9条の規定による「**繰上保全差押通知書**」により納税者に通知しなければなりません。これを「繰上保全差押金額の決定」といいます。なお、税務署長は、繰上保全差押金額の決定をするときは、慎重を期するためあらかじめその所属する国税局長の承認を受けなければなりません（徴159②）。

繰上保全差押金額の範囲は、確定すると見込まれる国税の金額のうち、その徴収を確保するためにあらかじめ滞納処分の執行を要すると税務署長が認める金額です。

ロ 差押え及び交付要求

繰上保全差押金額決定通知書が納税者に送達されたときは、徴収職員は、その金額を限度として、直ちにすなわち督促等を要しないで納税者の財産を差し押さえることができます。また、差し押さえるべき財産に不足があると認めるときは、税務署長は、交付要求をすることができます。

この差押え及び交付要求は、それが繰上保全差押金額に基づくものであることを明らかにし、国税徴収法第48条以下に規定するところにより行います。

ハ　担保の提供

　繰上保全差押金額決定の通知を受けた納税者は、当該金額に相当する担保を提供して、新たに保全のために差押えをしないこと又は既にされている保全のための差押えを解除することを税務署長に求めることができます。

　この担保提供の手続については、国税通則法第50条以下に規定しています。

(4)　繰上保全差押えの効力

イ　換価及び担保物処分の制限

　繰上保全差押金額に基づく差押物件の換価又は担保物の処分は、その国税の納付すべき税額が確定した後でなければ行うことができません（通38④、徴159⑧）。もしも金銭を差し押さえたときは、納付すべき税額が確定するまでこれを配当することができず、その間供託しておかなければなりません。また、繰上保全差押金額に基づく交付要求を受けた執行機関は、その国税の納付すべき税額が確定するまで、配当すべき金銭を供託しなければなりません。

ロ　国税確定後の効力

　繰上保全差押えに係る国税の納付すべき税額が確定した場合には、繰上保全差押金額に基づいてした差押え、交付要求又は担保の徴取は、その確定した税額を徴収するためにされたものとみなされ、納期限が経過したときは督促等を要しないで直ちに換価、配当等の後行処分を続行することができます（通38④、徴159⑦）。

(5)　差押え又は担保の解除等

　税務署長は、納税者の資力の増加その他の事情の変化により、保全のための差押え又は担保の提供を継続する必要がなくなったと認める場合には、その差押え又は担保の解除ができることはもちろんですが、さらに、保全差押金額決定の通知をした日から10か月を経過した日までに納付すべき税額が確定しない場合にも、その差押え又は担保を解除しなければなりませ

ん（通38④徴159⑤）。

　なお、繰上保全差押えの濫用を防止するため、確定した納付すべき税額が繰上保全差押金額に満たない場合において、保全のための差押えにより納税者が損害を受けたときは、国は無過失の場合においても通常生ずべき損失の額までは、これを賠償すべき義務が負わされています（通38④、徴159⑪）。

参考 繰上請求等

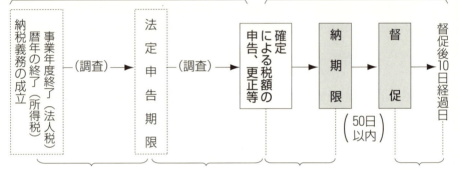

滞納処分

国税を任意に納付しない場合に、これを強制的に実現する手続が行われる「滞納処分」とは、どのようなものですか。

A　滞納処分とは、納税者が国税を任意に納付しない場合にこれを強制的に実現する手続であり、債権者たる国の機関による自力執行です。

税務署長は、督促に係る国税がその督促状を発した日から起算して10日を経過した日までに完納されない場合、繰上請求の規定による請求に係る国税がその請求に係る期限までに完納されない場合には滞納処分を行うことができます。

解説

国税通則法第40条では、国税の滞納処分については国税徴収法に通則的に規定し、国税通則法を含む国税徴収法以外の国税に関する法律にその特則を規定することを明らかにしています。

また、納税者が、督促を受け、その督促状を発した日から起算して10日を経過した日までに国税を完納しないときは、税務署長等はいつでも滞納処分を開始することができます。

この滞納処分とは、納税者が国税を任意に納付しない場合にこれを強制的に実現する手続であり、債権者たる国の機関が自ら執行する一種の自力執行で、次のような督促から配当まで一連の手続があります。

1　督促

税務署長等は、滞納者に対して、その滞納国税について原則として督促を行います（通37）。この督促とは本来、納付の催告として行われるものですが、単なる催告にとどまらず、差押えの前提要件となります。

2 差押え

　納税者が督促後一定期間を経過しても完全に納付を履行しないときは、税務署長等は納税者の財産の差押えを行うことができます(徴47)。この差押えとは、滞納者の特定財産について、その財産の処分を禁止して換価できる状態におく滞納処分の最初の手続となります。

3 交付要求及び参加差押え

　滞納者の財産について、既に、例えば滞納処分や強制執行などの強制換価手続が開始されている場合には、差押え、換価の手続に代えて、交付要求(徴82)を行います。この交付要求により、先行の強制換価手続の換価代金から配当を受けることができます。

　また、参加差押えは、交付要求の一種ですが、配当を受ける効果を持つほか、先行の滞納処分による差押えが解除された場合に差押えの効力が発生するものです(徴86、87)。

4 換価

　差押財産が、金銭及び取立てをする債権(取立てをする有価証券及び無体財産権を含みます。)以外の財産である場合には、これを売却して金銭に換え滞納国税に充てます。このような売却の方法は公売ですが、この例外として随意契約による売却及び国による買入れの方法もあります(徴89、94、109、110)。

5 配当

　差押財産を換価した金銭は、滞納国税その他一定の債権(徴129①)に配当し、残余金がある場合には滞納者に交付されるのが原則です(徴129③)。

参考　課税処分と滞納処分─違法性の承継

　滞納処分とこれに先行する課税処分（賦課処分）との関係においては、両処分間における「違法性の承継」という問題があります。

　つまり、課税処分が違法であった場合に、それに基づいて行われた滞納処分について、課税処分の違法を理由として争うことができるか否かが違法性の承継の問題です。

　これについては、賦課処分と滞納処分とは別個独立の行政処分であるから、賦課処分の瑕疵は、原則として滞納処分の違法を惹起するものではなく、とりわけ賦課処分が出訴期間の徒過により一応形式的に確定している場合においては、賦課処分の瑕疵が重大で、かつ、その存在が処分の外形上一見して明らかな場合（すなわち、賦課処分が無効の場合）を除いては、賦課処分に存する取消原因たる瑕疵によって滞納処分が違法となることはないと解されています（最高判昭和39.10.13税資38号686頁）。

　また、この関係は、主たる納税義務者に対する課税処分と第二次納税義務者に対する告知処分との関係にあっても同様であり、第二次納税義務者が第二次納税義務の告知処分を争う際に、主たる納税義務の課税処分の適否を違法事由として主張することができるかどうかについては、主たる納税義務者に対する課税処分に重大かつ明白な瑕疵がある場合は、課税処分の違法を告知処分の違法事由として主張することができるが、それが単なる取り消しうべき瑕疵にとどまるときは、その違法を告知処分の違法事由として主張することはできないと解されています（最高判昭和50.8.27民集29巻7号1226頁）。

参考 滞納整理事務の手順

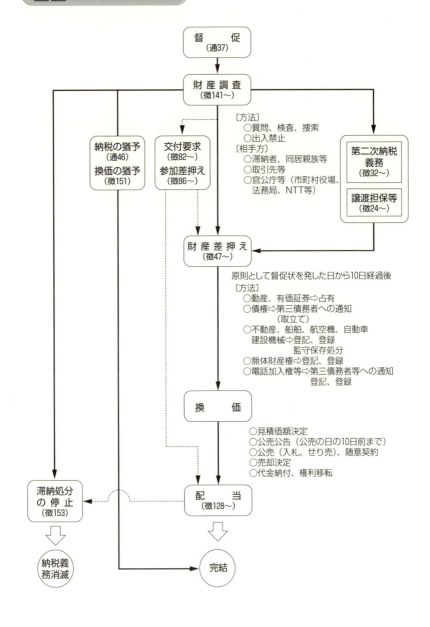

第三者の納付及びその代位

　　国税は、納税者以外の第三者が納付することはできないのですか。

　　国税を納付すべき者以外の者（第三者）が、自己の名において、その納付すべき者の国税を納付することができます。

解説

　国税通則法第41条では、納税者、国税の保証人及び第二次納税義務者のいずれにも該当しない者のために国税を納付することができること、またそのような納付者は、その国税の担保である抵当権につき国に代位しうることを規定しています。

1　第三者納付

　国税を納付すべき者以外の者（第三者）が、自己の名において、その納付すべき者の国税を納付することができます（通41①）。これを「**第三者納付**」といいます。

　この第三者納付の効果としては、国税を納付すべき者が納付したものと全く同様の効果が生じ、その効果は、納税者が享受します。したがって、その国税が後に減額更正され過誤となったときは、その過誤納金は、国税を納付すべき者（納税者）に帰属し、当該第三者には帰属しません。

（注）納付手続については、国税通則法施行規則第16条別紙第1号書式の「備考7」参照。

> 備考7　法第41条第1項の規定により第三者が納付する場合又は国税徴収法（昭和34年法律第147号）に規定する第二次納税義務者若しくは国税の保証人が納付する場合においては、納税者の納税地及び氏名又は名称欄に当該第三者、第二次納税義務者又は保証人の住所及び氏名又は名称を記載し、納期等の区分欄又は余白に納税者の納税地及び氏名又は名称を付記するものとする。

2　納付による代位

(1)　納付による代位の要件等

　納税者以外の者が納税者に代わって国税を納付したときは、その者は、原則として求償権を取得します。その求償権の行使を容易にするため、納付した者は、その納付に係る国税の担保たる抵当権につき国に代位することができることとされています。これを「**納付者の代位**」といいます（通41②）。

　この代位の要件としては、次のようなものがあります。

① 　第三者が国税を納付すべき者に代わってこれを納付し求償権を取得すること

② 　国税の納付について正当な利益を有する第三者であること又は国税を納付すべき者の同意を得たこと

③ 　納付に係る国税を担保するため抵当権が設定されており、かつ、それが元本確定前の根抵当でないこと

(2)　納付による代位の効果

　国税を納付した者は、求償しうる範囲において「その抵当権につき国に代位することができる」とは、その抵当権が法律上その納付した者に移転し、その求償権を担保するものとなることです。

債権者代位権・詐害行為取消権

国税の徴収に関して、民法第423条及び第424条の規定が準用されると聞いていますが、どのようなものですか。

A 国税債権も、納税者の一般財産が最終的な担保となっていることは、私債権と同様であることから、その徴収に関し、国税通則法第42条では、民法第423条の債権者代位権及び民法第424条の詐害行為取消権が準用される旨規定しています。

解説

私法上、債務者の一般財産は、債権の最終的な担保となっていることから、民法は、この一般財産の不当な減少を防止し債権の確保を図るため、**債権者代位権**と**詐害行為取消権**を認めています。

国税債権も、納税者の一般財産が最終的な担保となっていることは、私債権と同様であることから、その徴収に関し、民法第423条の債権者代位権及び民法第424条の詐害行為取消権が準用されています（通42）。

1 債権者代位権

債権者である国が納税者に代位して納税者に属する権利を行使し、納税者の一般財産の保全を図ることを「**債権者の代位**」といいます。

代位権行使の要件	債務者が自己に属する権利を自ら行使しないこと。 債務者が無資力であること。 国税の納期限が到来していること。
代位権の目的となる権利	債務者の一身に専属する権利及び差押えができない権利を除き、債務者に属する一切の権利。
代位権の行使	代位権を行使しうる範囲は、国税の保全に必要な限度に限定されます。

| 代位権行使の効果 | 国が納税者の権利の代位行使に着手し、その旨を通知したときは、納税者は、以後代位権行使を妨げるような処分行為をすることができなくなります。 |

2 詐害行為取消権

　納税者の不当な法律行為により、国税の引き当てとなる一般財産から流出した財産がある場合において、債権者である国が、その不当な法律行為を取り消し、流出した財産を一般財産のうちに復帰させ、もって国税の保全を図ることを「**詐害行為の取消し**」といいます。

取消しの要件	納税者が国税を害する法律行為をしたこと（客観的要件）。 納税者、受益者又は転得者が悪意であること（主観的要件）。
取消権の行使	国の名において、受益者又は転得者を被告とする訴えをもって、納税者と受益者との間の行為の取消しのみを求め、又は当該取消しと逸脱した財産の返還の双方を求めます。
取消しの効果	取消後の滞納処分は、一般の場合と同様。
取消権の消滅時効	取消権は、納税者の行為が詐害行為であると知ったときから2年又は行為の時から20年のいずれか早い期間の経過により時効で消滅します。

参考 詐害行為となる例

・一部の債権者と通謀して、他の債権者を害することを知りながら行った債務の弁済
・一部の債権者に対する担保の提供
・倒産会社が、いわゆる任意整理の配当源資を確保するためにした債権の信託的譲渡

徴収の所轄庁と徴収の引継ぎ

Q 4-11
　国税の徴収は、納税地（所轄）の税務署長だけが行うのですか。
　また、納税地の税務署長だけではなく国税局長が徴収を行う場合があると聞きますが、それはどのような場合ですか。

A　国税の徴収は、その徴収に係る処分の際におけるその国税の納税地を所轄する税務署長が行います。このように国税の徴収の所轄庁は、原則として税務署長となります。

なお、大口の滞納者や複雑困難な事案の滞納整理については、それを的確かつ能率的に行うためにその徴収に関する一切の権限を税務署長からその管轄区域を所轄する国税局長に引き継ぐこととしています。このような場合、国税局長が所轄庁となります。

解説

国税通則法第43条では、①国税の徴収の所轄庁は、税務行政の第一線機関である税務署長が原則であること、②納税地の異動があった場合の徴収の所轄庁の特例があること、③国税局長が税務署長から徴収の引継ぎを受けて国税の徴収を行うこと、④税務署長が他の税務署長から徴収の引継ぎを受けて徴収を行うことなどを規定しています。

1　通常の所轄庁

国税の徴収の所轄庁は、原則として税務署長とされ、国税局長は、次の3に述べるところにより税務署長から徴収の引き継ぎを受けた場合にその引き継ぎを受けた国税について所轄庁となります。

次に、税務署長相互間における徴収権限の配分については、賦課権限の配分と同様に、各国税の納税地が自己の管轄区域内にある場合に、その税務署長がその国税の徴収を行うこととされています。

ところで、所得税、法人税、贈与税、地価税、課税資産の譲渡等に係る消費税又は電源開発促進税については、それが成立し、又は確定した後においても納税地が異動しうるものとされています。例えば所得税についていえば、納税者の住所が甲地から乙地に異動したときは、その者の所得税の納税地も原則として甲地から乙地に異動しますが、このような場合にその異動前に既に課税期間が開始しており、又は既に納税義務が成立している国税については、新、旧いずれの納税地を基準として徴収の所轄庁を定めるべきかという問題が生じます。これについては、更正又は決定の所轄庁（通30）と同じ考え方から、いわば**新納税地主義**ともいうべき原則により措置することとし、納付又は徴収に関する各行為をする際の納税地を所轄する税務署長の管轄に属するものとし、ただ新納税地が不明の場合その他納税地異動の場合の所轄庁の特例（通43②）の一定の場合に限り、例外的に旧納税地の所轄税務署長も徴収を行うことができるものとしています。

2　納税地異動の場合の徴収の所轄庁の特例

　納税地異動の場合における徴収の所轄庁について新納税地主義がとられています。
　しかしながら、次のような場合には、実際問題として新納税地の所轄税務署長が徴収を行うことができないことから、この例外として、その事情が解消されるまでの間、旧納税地の所轄税務署長が徴収を行うことができるものとされています。

⑴　**納税地の異動後、旧納税地において更正等を行った場合**

　納税地の異動後、その異動の事実又は異動後の納税地が不明のため、旧納税地において更正決定又は加算税の賦課決定を行った場合において、なお引き続いてその異動の事実又は異動後の納税地がその処分をした税務署長に知れず、又は判明せず、かつ、その知れないこと又は判明しないことについてやむを得ない事情があるときは、旧納税地の税務署長がその処分に係る国税の徴収を行うことができます。

(2) 納付すべき税額が確定された後に納税地の異動があった場合

納付すべき税額が確定された後に納税地の異動があった場合において、その異動の事実又は異動後の納税地が旧納税地の所轄税務署長に知れず、又は判明せず、かつ、その知れないこと又は判明しないことについてやむを得ない事情があるときは、旧納税地の税務署長がその国税の徴収を行うことができます。

(注)　「やむを得ない事情があるとき」とは、例えば納税地に異動があった場合にその旨を届け出る義務が課されている者（所20、法20）が納税地異動があったにもかかわらず、その届出をしなかった結果、その異動前の納税地の所轄税務署長において異動の事実を知る機会をもたなかったとき、あるいは、ある国税につき納税地異動のあったことが判明した場合において、市町村役場、取引先、近隣者等関係者への照会、登記関係の調査など、異動後の納税地を発見するために相当の努力をしたにもかかわらず、なおそれが発見できなかったときなどが考えられます。

3　徴収の引継ぎ

国税の徴収は、その徴収に係る処分の際におけるその国税の納税地を所轄する税務署長が行うこととしています（通43）。つまり、国税の徴収及び滞納の整理は、所轄税務署長及びその所属の徴収職員が行うのが原則です。

しかしながら、例えば、大口の滞納や事案の複雑な滞納については、それを的確かつ能率的に整理するため、滞納整理に熟達しその専門家である国税徴収官が各国税局に置かれ、その滞納が国税局管内のどこの税務署で発生したものであれ、国税局の国税徴収官がその整理にあたることとされています。

このように国税の徴収について、国税局長が必要であると認めるときは、その管轄区域内を所轄する税務署長から国税局長がその徴収する国税について徴収の引継ぎを受けることができます（通43③）。

この徴収の引継ぎには、①滞納処分に関する徴収の引継ぎ（通43）、②延納又は物納に関する事務の引継ぎ（相48の3）、③会社更生手続等が開始された場合の引継ぎ（通44）があります。

(1) 徴収の引継ぎの要件
イ　国税局長への引継ぎ

　　国税通則法第43条第3項に規定する徴収の引継ぎとは、国税局の国税徴収官等に滞納整理等を行わせる必要がある国税について、その徴収を行う一切の権限を税務署長からその管轄区域を所轄する国税局長に引き継ぐ行為です。

① 滞納金額が極めて高額であるとき
② 特に悪質・処理困難であるとき
③ 相当程度の事務量投入が必要であるとき
④ 高度な法律的判断等又は慎重な対応が必要であるとき
⑤ 延納又は物納に関する事務の引継ぎが必要であるとき

　　（注）納税者の延納又は物納の申請に係る相続税額が多額であるとき、物納申請に係る財産が納税地の管轄区域外に所在するとき、その他国税局長が必要と認める場合（相48の3、相基通48の3－1）、その徴収することができる国税の徴収の引継ぎをすることができます。

ロ　税務署長への引継ぎ

　　国税通則法第43条第4項に規定する徴収の引継ぎとは、税務署長が必要があると認めた場合には、その徴収する国税について、徴収を行う一切の権限を他の税務署長に引き継ぐ行為です。

　　この規定より、所轄税務署長は、必要があると認めるときは、他の税務署長に徴収の引継ぎをすることができるようになり、税務署にとって事務効率の向上が期待できることになります。また、納税者にとっても最寄りの税務署に納付相談等を行うことができることとなり、利便性の向上に資するものとなります。

　　ところで、この税務署長が「必要があると認めるとき」とは、例えば、成立し確定した源泉徴収に係る所得税について、未納のまま事務所等が移転した場合に移転後の事務所等の所在地を所轄する税務署長に徴収を引き継ぐ場合の他、税務当局にとって円滑な税務執行に資するものとな

る場合や広く納税者にとって利便が向上する場合などが考えられます。
(注) 相続税の納税地は、被相続人の住所地とされています（相附則③）。相続人の住所が移転しても、納税地は異動せず、移転前の税務署長が引き続き徴収の所轄庁となります。

> **参考** 更生手続等が開始した場合の徴収の引継ぎ

株式会社、協同組織金融機関又は相互会社について更生手続又は企業担保権の実行手続の開始があった場合には、当該会社等の国税を徴収することができる国税局長、税務署長は、更生手続又は企業担保権の実行手続が継続する地方裁判所の所在地を所轄する国税局長、税務署長に対し、その徴収することができる国税の徴収の引継ぎをすることができます（通44①）。

| 更生手続等の開始 | ⇨ | 国税も、原則としてその手続を通じて徴収 |

（更生手続等は一つの裁判所において集中的に行われる。）　（国税の徴収の所轄庁もこれに応じて一か所に集中　徴収に関する権限の統一的な行使）

(2) 徴収の引継ぎの効果及び方法

徴収の引継ぎがあった場合には、その国税について督促、滞納処分、猶予、減免等徴収に関する一切の権限が国税局長に引き継がれます。したがって、この引継ぎがあったときは、その国税に係る徴収決定済額も国税局長に移管され、以後における収納等の管理は、国税局長が行うこととなります。

なお、徴収の引継ぎは、納税者にも関連するところが多いので、徴収の引継ぎがあったときは、引継ぎを受けた国税局長は、遅滞なく、その旨を納税者に通知することとされています（通43⑤）。

他の税務署長に対して行われる徴収の引継ぎの効果及び方法は、国税局長に対する徴収の引継ぎの場合と同様です。

> **参考** 滞納処分の引継ぎ

　国税局への徴収の引継ぎは、国税局の国税徴収官に滞納の整理を行わせるためにとられるもっとも通常の方法です。しかしながら、この場合には、引継ぎのあった国税の収納の管理等の事務も国税局に引き継がれるから、国税局が税務署から遠隔の地にある場合にはその後の事務処理に困難を生ずることもあります。

　そこで、このような場合には、国税徴収法第182条第2項の規定による「**滞納処分の引継ぎ**」の方法がとられることもあります。つまり、滞納者の納税地を所轄する税務署長又は国税局長は、差し押さえるべき財産又は差し押さえた財産がその管轄区域外にあるときは、その財産の所在地を所轄する税務署長又は国税局長に滞納処分の引継ぎを行うことができます。

　この「滞納処分の引継ぎ」は、「徴収の引継ぎ」と異なり、督促状が発付されて10日を経過した日後等、既に滞納処分の可能な段階にある国税について、財産の差押え、交付要求、換価等、換価代金等の配当及び供託ができる権限を引き継ぐことをいいます。

　なお、この滞納処分の引継ぎを行った場合、引継ぎに係る国税の収納管理等の事務は引き継がれないことから、当該国税について、滞納処分の引継ぎを受けた税務署長又は国税局長は、納税の猶予、換価の猶予、滞納処分の停止又は延滞税の免除等をすることができません（徴基通182－1）。

第5章
納税の緩和

納税の緩和制度

Q5-1 国税の納付に当たっては、納税者の事情等を考慮して一定の要件の下、納税を緩和する制度があると聞いていますが、この納税緩和制度について説明してください。

A 納税者には、その確定した国税を納期限までに納付し、その納税義務を消滅させることが要求されています。しかしながら、国税の性質及び納税者の個別事情により納付を強制することが適当でない場合に、一定の要件に基づき、その納期限の徒過によって生じる督促以後の強制的な徴収手続を緩和して、納税者の保護を図る措置が採られています。このようなものを**納税の緩和制度**といいます。

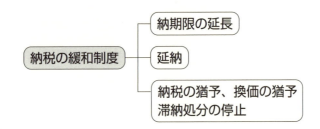

解説

国税における納税の緩和制度としては、右図のようなものがあります。

1 納期限の延長

国税は本来の納期限までに納付する必要がありますが、一定の事由がある場合にその納期限を延長することがあります。この「**納期限の延長**」には、次のようなものがあります。

(1) 災害等の理由による納期限の延長

災害その他やむを得ない理由により、各税法に基づく申告、申請、請求、届出その他書類の提出、納付又は徴収に関する期限までに、その書類の提

出や納付ができない場合には、その理由が止んだ日から2月以内に限り、これらの期限を延長することができます（通11）。

この延長をする必要が生じた場合、その理由が都道府県の全部又は一部にわたるときは、国税庁長官が職権で地域及び期日を指定（**地域指定**）し、また、その理由が個別の納税者にあるときは、納税者の申請により、税務署長などが納税者ごとに期日を指定（**個別指定**）して、期限を延長します（通令3）。

納税の緩和制度		
(1) 納期限の延長	・災害等による期限の延長(通11) ・法人税についての納期限の延長等(法75等) ・消費税等についての納期限の延長(消51等)	
(2) 延　　　納	・所得税の延納(所131,132) ・相続税又は贈与税の延納(相38①、③)	
(3) 納税の猶予	・災害により相当な損失を受けた場合の猶予(通46①) ・災害、病気、事業の廃止等の場合の猶予(通46②) ・納付すべき税額の確定が遅延した場合の猶予(通46③) ・移転価格に関する相互協議に係る納税の猶予(措66の4の2)	
(4) 納税猶予	・農地等についての相続税又は贈与税の納税猶予(措70の4、70の6) ・事業承継に係る非上場株式等についての相続税又は贈与税の納税猶予(措70の7等)	
(5) 換価の猶予		
(6) 滞納処分の停止		
(7) 徴収の猶予	・行政処分を求める場合の徴収の猶予(通23⑤等) ・不服申立ての場合の徴収の猶予(通105②)	
(8) その他の緩和制度	・源泉徴収の猶予(災3②③④等) ・滞納処分の続行の停止又は中止(通105②③④、行訴25②等)	

(2) 法人の申告書の提出期限延長に伴う納期限の延長

　法人税については、確定した決算に基づく確定申告書の提出が要求されているため、特に申告期限の延長が認められています。すなわち、災害その他やむを得ない理由により決算が確定しないため確定申告書を提出できないときは、その提出期限が延長され、同時にその納期限も延長されます（法75）。この延長期間中には、その税額に対し7.3％の割合で利子税が課されます（法75⑦）。

　また、会計監査人の監査を受けなければならないことその他これに類する理由により決算が確定しないため、確定申告書を提出できないときも、その提出期限が延長され、同時にその納期限も延長されます（法75の2）。この延長期間中は、その税額に対し年7.3％（年12.775％の範囲内で基準割引率に連動します。）の割合で利子税が課されます（法75の2⑥、措66の3）。

(3) 消費税等における納期限の延長

　消費税等（課税資産の譲渡等に係る消費税を除きます。）は、特殊な場合を除き、課税物品が製造場から移出された時に納税義務が成立し、その時の翌月末日までに申告納付する課税形態が採られていますが、課税物品の代金回収がこの納付の期限までに行われるとは限らないことを考慮して、担保の提供を条件として納期限を延長することができます（酒30の6、消51、揮13、地揮8、石ガ20、た22、石石18）。

(注) 課税資産の譲渡等に係る消費税については、担保の提供を条件とする納期限の延長制度は認められていません。

2　延納

　延納は、所得税、相続税及び贈与税に認められる特殊な納付の制度です。この延納に係る納期限までは、督促状が発せられることはないし、延滞税も課されませんが、この延納期間については原則として年7.3％の割合で利子税が課されます。

(1) 所得税

イ　確定申告において納付すべき所得税については、その法定納期限までに2分の1以上の額を納付した場合に、その残余の額について、その年の5月31日まで延納が認められます（所131①）。

ロ　居住者が山林所得又は譲渡所得の原因となる資産の延払条件付譲渡をした場合には、一定の条件を満たすときに担保を提供すれば、5年以内の延納が認められます（所132①）。

(2) 相続税

納付すべき相続税額が10万円を超え、かつ、その税額を金銭で一時に納付することが困難な事由がある場合には、担保を提供すれば、その納付困難な金額を限度として、延納が認められます（相38①）。

この延納期間は、原則最長5年ですが、相続財産に占める不動産、立木等の割合が2分の1以上であるときは、不動産等対応額については15年、その他の税額については10年（ただし、相続財産に占める不動産、立木等の割合が4分の3以上であるときは、不動産等対応額については20年）となります。

また、延納が認められる税額は、期限内申告により納付すべき税額ばかりでなく、期限後申告又は更正決定により納付すべき税額についても認められます。

相続税の延納の場合の利子税は、相続財産の構成内容により、その延納期間に応じ年3.6％から6.6％の割合で課されます。

(3) 贈与税

納付すべき贈与税額が10万円を超え、かつ、その税額を金銭で一時に納付することが困難な事由がある場合には、担保を提供すれば、その納付困難な金額を限度として、5年以内の延納が認められます（相38③）。またこの延納期間において、年6.6％の割合で利子税が課されます。

参考 相続税及び贈与税の延納期間等

区分			延納期間（最高）	延納利子税割合（年割合）	特例割合
相続税	不動産等の割合が75%以上の場合	①動産等に係る延納相続税額	10年	5.4%	1.4%
		②不動産等に係る延納相続税額（③を除きます。）	20年	3.6%	0.9%
		③計画伐採立木の割合が20%以上の場合の計画伐採立木に係る延納相続税額	20年	1.2%	0.3%
	不動産等の割合が50%以上75%未満の場合	④動産等に係る延納相続税額	10年	5.4%	1.4%
		⑤不動産等に係る延納相続税額（⑥を除きます。）	15年	3.6%	0.9%
		⑥計画伐採立木の割合が20%以上の場合の計画伐採立木に係る延納相続税額	20年	1.2%	0.3%
	不動産等の割合が50%未満の場合	⑦一般の延納相続税額（⑧、⑨及び⑩を除きます。）	5年	6.0%	1.5%
		⑧立木の割合が30%を超える場合の立木に係る延納相続税額（⑩を除きます。）	5年	4.8%	1.2%
		⑨特別緑地保全地区等内の土地に係る延納相続税額	5年	4.2%	1.0%
		⑩計画伐採立木の割合が20%以上の場合の計画伐採立木に係る延納相続税額	5年	1.2%	0.3%
贈与税		延納贈与税額	5年	6.6%	1.7%

(注) 1 相続税の「延納利子税割合」は、平成12年4月1日以後の期間に対応する延納利子税について適用されます（平成11年度税制改正）。
 2 「特例割合」は、貸出約定平均金利が0.9%の場合です（平成25年度税制改正）。
 3 延納税額が150万円未満（②、③及び⑥に該当する場合は200万円未満）の場合には、不動産等の価額の割合が50%以上（②及び③に該当する場合は75%以上）であっても、延納期間は、延納税額を10万円で除して得た数（1未満の端数は、切り上げます。）に相当する年数を限度とします。
 また、③及び⑥のうち特定森林施業計画の区域内にある計画伐採立木に係る延納相続税額については、延納期間（最高）が40年となります。

3 納税の猶予

税務署長等は、震災、風水害等の災害、病気、事業の廃止等又は納付すべき税額の確定が遅延した場合において、その納付が困難なときに納税を猶予することができます（通46①②③）。

(注) 平成26年度税制改正により、納税の猶予の見直しが行われました。

☞納税の猶予Ｑ５－２

4 納税猶予

租税特別措置法において、農地等を贈与した場合の贈与税の納税猶予（措70の４）、農地等についての相続税の納税猶予（措70の６）が定められています。ただし、この場合の納税猶予は、国税通則法の適用上は延納とみなされます（措70の４、70の６）。

5 換価の猶予

滞納者について、納税について誠実な意思を有すると認められる場合に、その財産の換価を直ちに行うことによりその事業の継続若しくは生活の維持を困難にするおそれがあるとき、又は換価を猶予することが直ちにその換価をすることに比して国税の徴収上有利であるときに、その納付すべき国税につき滞納処分による換価を猶予することができます（徴151①）。

> **参考** 換価の猶予とは
>
> 差押えに係る国税が納付されないときは、原則として差押財産を換価してその代金を滞納国税に充当することになります。しかしながら、滞納者に一定の事情がある場合には、滞納者の事業を継続させ又は生活を維持させながら、国税を円滑に徴収するため、差押財産の換価を猶予する制度（徴151）が設けられています。

なお、平成26年度税制改正により、①換価の猶予の特例（申請）の創設に加え、②換価の猶予（職権）の見直しが行われました。

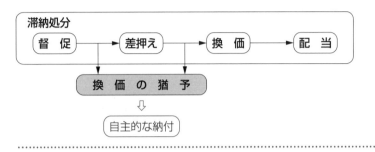

6　滞納処分の停止

滞納者について、①滞納処分を執行することができる財産がないとき、②滞納処分を執行することによってその生活を著しく窮迫させるおそれがあると認められるとき、③その所在及び滞納処分を執行することができる財産がともに不明なときなどは、滞納処分の執行を停止することができます（徴153①）。

（注）滞納処分継続段階において行われる緩和制度として、換価の猶予（徴151）と滞納処分の停止（徴153）があります。

7　徴収の猶予

更正の請求、不服申立て、予定納税額の減額承認申請、物納、延納の申請があった場合に徴収の猶予することができます（通23⑤、105②、所118、133⑤、相40①、42㉜）。

8 その他の緩和制度

上記の緩和制度のほか、滞納処分の続行停止などの制度があります（行訴25②）。

参考 納税の緩和制度一覧表

種類	対象税目	要件	申請の要否	緩和期間	担保	利子税・延滞税
納期限の延長	すべての国税	災害などを受けた場合（通11）	否（通令3①） 要（通令3②）	2月以内	否	利子税及び延滞税全額免除
	消費税等	期限内申告書を提出した場合（消51、酒30の6、た22、石石18等）	要	税目により1月ないし3月以内	要	利子税年7.3%
延納	所得税	法定納期限までに2分の1以上を納付（所131①）	要	3月16日から5月31日	否	利子税年7.3%
		延払条件付譲渡の税額（山林・譲渡）が2分の1を超え、かつ、30万円を超える場合（所132①）	要	5年以内	要	
	相続税	確定税額が10万円を超え、金銭で納付が困難な場合（相38①、措70の9等）	要	5年又は不動産等の割合により10年・15年・20年（40年）	要	利子税年6.6～3.6%
	贈与税	確定税額が10万円を超え、金銭で納付が困難な場合（相38③）	要	5年以内	要	利子税年6.6%

種類	対象税目	要件	申請の要否	緩和期間	担保	利子税・延滞税
納税の猶予	すべての国税	災害による相当な損失の場合（通46①）	要	1年以内	否	延滞税全額免除
		災害・疾病・廃業等の場合（通46②）	要	1年以内 1年の延長可能	要	延滞税 $\frac{1}{2}$ 免除
		課税が遅延した場合（通46③）	要	1年以内 1年の延長可能	要	延滞税 $\frac{1}{2}$ 免除
納税猶予	相続税	農地等に係る納税猶予の場合（措70の6①）	要	相続人の死亡の日・20年・転用等の日から2月以内のいずれか早い日	要	利子税年6.6%
	贈与税	農地等に係る納税猶予の場合（措70の4①）	要	贈与者の死亡の日・転用等の日から2月以内のいずれか早い日	要	利子税年6.6%
換価の猶予	滞納中のすべての国税	事業の継続又は生活の維持が困難な場合と徴収上有利な場合（徴151①）	否	1年以内 1年の延長可能	要	延滞税 $\frac{1}{2}$ 免除
滞納処分の停止	滞納中のすべての国税	無財産・生活が著しく困窮・滞納者及び財産がともに不明の場合（徴153①）	否	3年	否	延滞税全額免除
徴収の猶予	不服申立て等の国税	税務署長が必要と認めた場合（通105②・⑥）	要	決定又は裁決までの間	否	延滞税 $\frac{1}{2}$ 免除

（注）上記「利子税・延滞税」欄における利子税等の割合については、平成11年度税制改正に伴う特例措置があります。

納税の猶予

Q 5-2 納税の猶予とは、具体的にどのような場合に適用されるのですか。

納税者が震災、風水害、落雷、火災その他の災害を受け、その財産につき相当な損失を受けた場合、納税者の申請に基づき、税務署長等は、その被害にあった財産の損失の状況及び当該財産の種類を勘案して期間を定めて納税を猶予することができます。

```
納税の猶予 ─┬─ 災害により相当な損失を受けた
            │   場合の納税の猶予(通46①)
            │
            └─ 通常の納税の猶予(通46②、③)
                 ├─ 災害等に基づく納税の猶予(通46②)
                 └─ 確定手続等が遅延した場合の納税の猶予(通46③)
```

参考　災害等による納税の猶予と通常の納税の猶予の相違点

　震災、風水害、落雷、火災等の災害により、納税者がその財産につき相当な損失を受けた場合には、納期未到来の国税につき被害のあった財産の損失の状況及び当該財産の種類を勘案して、個々の納税者の納付能力を個別的に調査することなく、期間を定め納税の猶予が行われます。この点が、個別的な調査の上猶予を認める「通常の納税の猶予」と対比され、両者の制度の主要な相違点となっています。

解説

　国税通則法第46条に定める納税の猶予は、「災害により相当な損失を受

けた場合の納税の猶予」と「通常の納税の猶予」とに区分することができます。

1　災害により相当な損失を受けた場合の納税の猶予

　国税通則法第46条に定める「**災害により相当な損失を受けた場合の納税の猶予**」の猶予の要件、猶予する金額及び猶予期間は、次のとおりです。

(1) 猶予の要件

　猶予の要件としての災害の事実、その対象となる国税及び納税者からの申請については、次のようになります。

イ　要件事実

　震災、風水害、落雷、火災その他これらに類する災害により、納税者がその財産に相当な損失を受けたこと。

　　(注)　1　「その他これらに類する災害」とは、(通基通46－1)
　　　　　・地すべり、噴火、干害、冷害海流の激変その他の自然現象の異変による災害
　　　　　・火薬類の爆発、ガス爆発、鉱害、交通事故、天然ガスの採取等による地盤沈下その他の人為による異常な災害
　　　　　・病虫害、鳥獣害その他の生物による異常な災害
　　　　2　「相当な損失」とは、(通基通46－2)
　　　　　　災害による損失の額が納税者の全積極財産の価額に占める割合が、おおむね20%以上の場合をいいます。
　　　　　　この場合、災害により損失を受けた財産が生活の維持又は事業の継続に欠くことのできない重要な財産（住宅、家庭用動産、農地、農作物及び事業用固定資産・たな卸資産）である場合には、上記の損失の割合は、その重要な財産の区分ごとに判定しても差し支えないものとします。
　　　　　　なお、損失の額の算定に当たっては、保険金又は損害賠償金その他これに類するものにより補てんされた又は補てんされるべき金額は、上記損失の額から控除します。

ロ　対象となる国税

　猶予の対象となる国税は、次のとおりです。

　① 　災害の止んだ日等以前に納税義務の成立した国税（消費税及び政令で定めるものを除きます。）で、その納期限が損失を受けた日以後に

到来するもののうち、納税の猶予の申請の日以前に納付すべき税額が確定した国税（通46①一）。

　災害前に納税義務が成立しているという要件は、災害後に成立する国税には当然災害による損失が反映されているためです。例えば、災害後に移出される酒類はその出荷量が減少しているであろうし、災害を受けた相続財産の価額は控除されて税額が確定するのです（災6）。

　納期限が災害後でなければならないとする要件は、納期限内に納税をした者との権衡を図るためです。災害前に納期限の到来している国税は、本来その納期限までに納付することが制度の建前であり、これを徒過して履行遅延の状態のときに、災害を受け納付困難となった場合には、次で述べる通常の納税の猶予が適用されます。

　更に、納税の猶予を申請するときまでに税額が確定していることの要件は、申請の性質上、当然納付すべき税額が確定していないとできないからです。

② 災害の止んだ日以前に課税期間が経過した課税資産の譲渡等に係る消費税で、その納期限が損失を受けた日以後に到来するもののうち、納税の猶予の申請の日以前に納付すべき税額が確定したもの（通46①二）。

　災害前にその課税期間が経過しているという要件は、①と同様、災害に伴う売上げの減少、災害を受けた資産の再調達に伴う仕入控除の増加等、申告額に災害による損失が反映されているためです。

③ 予定納税の所得税及び中間申告の法人税・消費税で、その納期限が未到来のもの（通46①三）。

　これは、災害を受けた年分又は事業年度分の所得税又は法人税・消費税は、災害により納付すべき税額がなくなるか、又は前年度に比べてその税額が著しく減少するはずですが、予定納税額等の税額は前年又は前事業年度の税額を基準として算出されるため、災害の結果が反映されていないのが通常です。そこで、予定納税額等の税額を確定申

告期限まで猶予し、確定申告で一挙に調整を図り、それ以前に無用な納税を要求しないこととされています。

　ハ　納税者からの猶予の申請

　　納税者は災害の止んだ日から2月以内に「**納税の猶予申請書**」を税務署長等に提出すること（通46①、通令15①）。

(2)　猶予する金額

　税務署長等は、災害による相当な損失の事実があり、猶予の対象となる国税であるときは、納税者の申請した国税の全部又は一部について納税の猶予をすることができます（通46①）。

(3)　猶予する期間

　納税の猶予ができる期間は、被害のあった財産の損失の状況及び財産の種類を勘案して、例えば次のような基準として1年以内の期間としています（通令13①、通基通46－5）。

被害のあった財産の損失の状況	猶予する期間
被害により損失を受けた財産の割合が、納税者の全積極資産の50％を超える場合	1　年
被害により損失を受けた財産の割合が、納税者の全積極資産の20％から50％の場合	8　月

　また、猶予の対象となる国税が上記(1)のロの③の場合は、猶予期間の末日を無条件にその国税の確定申告期限とします。

　なお、この納税の猶予期間内に猶予した金額を納付できないと認められるときは、更に次で述べる通常の納税の猶予ができます（通46②）。

2　通常の納税の猶予

　国税通則法第46条に定める「**通常の納税の猶予**」の猶予の要件、猶予する金額及び猶予期間は、次のとおりです。

(1) 猶予の要件

猶予の要件としての災害及び事業の廃止等の事実、納付困難、納税者からの申請については、次のようになります。

イ　要件事実

次のような要件事実があること。

① 納税者の財産が災害（震災、風水害、火災、落雷、雪崩、がけ崩れ、地滑り、干ばつ、冷害、火山の爆発、ひょう害など）又は盗難に遭ったり、納税者又は納税者と生計を共にしている親族が病気にかかり、又は負傷したこと（通46②一、二）。

　　なお、納税者と同居していない親族でも、常に生活費、学資金、療養費などを送金して扶養している場合は、生計を共にする者とします（通基通46－9）。

② 納税者が事業を休廃業し、又は事業について著しい損失を受けたこと（通46②三、四）。

③ 上記の①②に該当する事実に類する事実があったこと（通46②五）。

④ 法定申告期限（課税標準申告書の提出を要しない賦課課税方式の国税は、納税義務の成立の日）から1年以上経ってから納付すべき税額が確定したこと（通46③一、二）。

⑤ 源泉徴収による国税について、その法定納期限から1年以上経ってから納税の告知がされたこと（通46③三）。

ロ　納付困難

上記イの要件事実のため、その納付すべき国税を一時に納付できないこと。

(注) 税務署長等は、その納税者の納付能力を調査する必要があります。

ハ　納税者からの猶予の申請

納税者は「**納税の猶予申請書**」を税務署長等に提出すること（通令15②）。なお、上記イの①から③の要件事実が生じたときは、納期限の前後又は滞納処分の開始の有無を問わずいつでも提出できますが、④及び

⑤の要件事実が生じた場合は、その猶予の申請を受けようとする国税の納期限内に提出すること。

(2) **猶予する金額**

上記(1)のイに掲げる要件事実がある場合は、税務署長等は、その事実により納付すべき税額を一時に納付できない金額を限度として納税の猶予を行います（通46②③）。この一時に納付できない金額は、納税者の納付能力を調査して判定します。

(3) **猶予する期間**

納税の猶予ができる期間は、原則として上記(1)のイの①から③の要件事実については、猶予を始める日から１年以内、また要件事実が④及び⑤の場合は、その国税の納期限から１年以内です。

個々の納税者の具体的な猶予期間は、税務署長等が、将来における納付能力を調査した上、１年の範囲内で、納税者の事業の継続又は生活の維持に著しい支障を与えることなく、その猶予される金額が納付できると認める最短の期間です。また、税務署長等は、納税者の将来における納付能力に応じ、猶予金額を月別などに適宜分割して、それぞれの分割した金額ごとに猶予期間を定めることができます（通46④）。

この猶予期間内にやむを得ない理由により猶予金額を納付できないと認められるときは、納税者の申請により猶予期間を延長することができます。ただし、この延長できる期間は、既に認めた猶予期間と併せて２年を超えることができません（通46⑦）。

なお、税務署長等は、納税の猶予を認めた場合には、その旨を納税者に通知しなければなりません（通47①）。また、納税の猶予を認めないときも同様です（通47②）。

第5章　納税の緩和

参考 猶予期間の延長

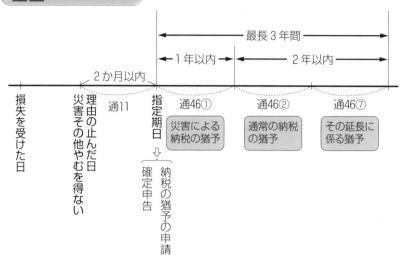

参考 「災害による納税の猶予」と「通常の納税の猶予」との関係

　災害による納税の猶予を受けた後でも、その猶予期間内に資力が回復せず、納付が困難であるときは、同一の災害を理由として、更に通常の納税の猶予を受けることができます。しかも、災害による納税の猶予の期間は、通常の納税の猶予及びその延長に係る期間と別個に計算されます。よって、同一の災害を理由として、国税通則法第46条第1項、第2項及び第7項の適用により、最長3年間の猶予が認められます。

　また、災害による納税の猶予（通46①）を受けた後、別個の災害を受け、その災害に基づき、その国税を猶予期間内に納付できない場合は、もとより当該別個の災害を理由として第2項の規定による一般的な納税の猶予を受けることができます。

3 猶予に伴う担保

　納税の猶予の制度は、納税者の個々の事情によりその納税を緩和する制度ですが、期限内に履行した者（納税者）との均衡及び猶予期間内の履行という特殊性から担保を徴することとしています。

　つまり、税務署長等は、通常の納税の猶予をする場合には、猶予金額の履行を促進し、また、不履行の場合における徴収を確保するため、その猶予金額が50万円以下の場合又は担保を徴収できない事情がある場合を除き、猶予金額に相当する担保を徴することとしています（通46⑤）。

(注) 平成26年度税制改正により担保の徴取基準の見直しが行われ、要担保徴取額の最低基準額を100万円（改正前50万円）に引き上げるとともに、その猶予期間が3月以内の場合は担保が不要となります（通46⑤等）。
　　なお、この改正は、平成27年4月1日以後に適用されます。

4 担保の徴取と差押え等との関係

　猶予に係る国税につき差し押さえた財産があるときは、当該財産は、担保として提供された財産と同様に当該猶予金額を担保するものであることから、国税通則法第46条第6項の規定により、その財産の価額の範囲の金額については、担保を徴することを要しません。

担保と差押えとの関係	担保を徴する場合において、その猶予に係る国税につき差し押さえた財産があるときには、その担保の額は、その猶予する金額から差押財産の価額（差押国税に優先する債権の額を控除した価額）を控除した額を担保するのに必要な範囲に限られます（徴152前段、通46⑥）。
納付受託との関係	滞納者が国税通則法第55条第1項の規定により納付委託したことにより、担保の提供の必要がないと認められるに至ったときは、その認められる限度において、担保の提供があったものとすることができます（通55④）。

(注)「必要がないと認められるに至ったとき」とは、納付委託を受けた証券の取立てが最近において特に確実であって、不渡りとなるおそれが全くないため、委託に係る国税が確実に徴収できると認められるときなどをいいます（徴基通152―5）。

5 納税の猶予の効果

納税の猶予をした場合には、次のような効果が生じます。

(1) 督促及び滞納処分の制限

税務署長等は、納税の猶予をしたときは、その猶予期間内は、その猶予した国税について、新たに督促及び滞納処分を行うことができません（通48①）。ただし、猶予を受けた納税者の財産に対して他の執行機関が強制換価手続をした場合には、配当が行われるときに備えて交付要求（参加差押えを除きます。）をすることができます（通48①かっこ書、通基通48－1）。

(2) 差押えの解除

税務署長等は、納税の猶予をした国税について既に差し押えた財産があるときは、納税者の申請により差押えを解除することができます（通48②）。この「差押えを解除することができる」のは、おおむね次に掲げるような場合をいいます（通基通48－2）。

① 担保の価額と差押財産の処分予定価額が、猶予に係る国税の未納額を著しく超過することとなった場合

② 差押えを継続することにより、納税者の事業の継続又は生活の維持に著しい支障があると認める場合

(3) 延滞税の免除

イ 災害等による納税の猶予の場合

国税通則法第46条第1項若しくは第2項第1号、第2号若しくは第5号（同項第1号又は第2号に該当する事実に類する事実に係る部分に限ります。）による災害等による納税の猶予については、その猶予期間に対応する延滞税が、全額免除されます（通63①）。

ロ 事業の廃止等による納税の猶予の場合

国税通則法第46条第2項第3号、第4号若しくは第5号（同項第3号又は第4号に該当する事実に類する事実に係る部分に限ります。）による事業の廃止等による納税の猶予については、その猶予期間に対

応する延滞税が、年14.6％の割合に係るものの２分の１（通46②三、四、46③）免除されます（通63①）。

(4) 時効の中断及び停止

　納税の猶予の申請があった場合は、承認として猶予の許可の有無にかかわらず、申請に係る税額について時効が中断されます（通72③）。

　また、猶予期間中は、猶予に係る税額について時効は進行しません（通73④）。

6　納税の猶予の取消し等

(1) 猶予の取消し等

　納税の猶予期間中において、猶予を受けた者に次に掲げるような理由が生じたときは、税務署長等はその猶予を取消し又は猶予期間を短縮することができます（通49①）。

　　イ　繰上請求をすべき事情が生じたこと。
　　ロ　分割納付による猶予の場合に、その分割額を納付期限に履行しないこと。
　　ハ　税務署長等の増担保の提供、担保の変更などの求めに応じないこと。
　　ニ　猶予した金額を納付する見込みがなくなる程度に資力を喪失したり、逆に業況の好転により納付困難と認められる金額がなくなる程度に資力が回復するなど、猶予を継続することが適当でないこと。

(注)　平成26年度税制改正により猶予の取消事由の見直しが行われ、新たに猶予に係る国税以外の国税を滞納したとき、偽りその他の不正の手段により申請がなされ、その申請に基づき猶予したことが判明したとき等が追加されました（通49①）。
　　なお、この改正は、平成27年４月１日以後に適用されます。

(2) 弁明の聴取

　上記(1)のロからニまでの理由で納税の猶予を取り消す場合には、手続の慎重を期すため、あらかじめ、猶予を受けた者の弁明を聞かなければなりません（通49②）。ただし、正当な理由がなく弁明しないときは、弁明を聞

かないで取り消すことができます。

猶予の取消しは、猶予の効果が将来に向かってなくなるため、直ちに猶予した金額の徴収を行い、又は停止していた滞納処分を続行し、担保があるときは担保の処分を行います。

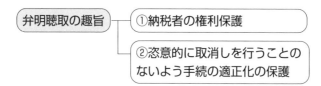

（注）「弁明を聞く」とは、納税の猶予を受けた者に対して取消し事由の存否及びその事績を聴取することですが、税務署長がその取消処分等の要否を判断するに当たっては、その者の弁明内容に必ず従わなければならないわけではなく、その弁明内容をよく勘案して判断します。

(3) 納税者への通知

税務署長等は、納税の猶予の取消し又は猶予期間を短縮したときは、その旨を納税者に通知します。（通49③）。

(4) 猶予の取消しの効果

納税の猶予の取消しは、猶予の効果が将来に向かってなくなるため、直ちに猶予した金額の徴収を行い、又は停止していた滞納処分を続行し、担保があるときは担保の処分を行います。

参考　災害減免法による所得税の軽減免除

1　制度の概要

災害によって受けた住宅や家財の損害金額（保険金などにより補てんされる金額を除きます。）がその時価の2分の1以上で、かつ、災害にあった年の所得金額の合計額が1000万円以下のときにおいて、その災害による損失額について雑損控除を受けない場合は、災害減免法によりその年の所得税が次のように軽減されるか又は免除されます。

○ 災害減免法により軽減又は免除される所得税の額の表

所得金額の合計額	軽減又は免除される所得税の額
500万円以下	所得税の額の全額
500万円を超え750万円以下	所得税の額の2分の1
750万円を超え1000万円以下	所得税の額の4分の1

(注)　「所得金額の合計額」とは、純損失、雑損失、居住用財産の買換え等の場合の譲渡損失及び特定居住用財産の譲渡損失の繰越控除後の総所得金額、特別控除後の分離課税の長（短）期譲渡所得の金額、上場株式等に係る譲渡損失及び特定中小会社が発行した株式に係る譲渡損失の繰越控除後の株式等に係る譲渡所得等の金額、先物取引の差金等決済に係る損失の繰越控除後の先物取引に係る雑所得等の金額、山林所得金額及び退職所得金額の合計額をいいます。

2　適用を受けるための手続

　災害減免法の適用を受けるためには、確定申告書に適用を受ける旨、被害の状況及び損害金額を記載して、原則として確定申告期限内に、納税地の所轄税務署長に提出することが必要です。

3　源泉所得税の徴収猶予及び還付

　給与所得者や公的年金等の受給者が災害による被害を受けた場合は、一定の手続をすることにより、源泉所得税の徴収猶予や還付が受けられる場合があります。

(注)　災害により住宅や家財に損害を受けた場合の税金面での救済の方法として、このほかに雑損控除があります。いずれか有利な方法を選択できます（所72、災免法2、3、災免令1～6、9、10）。

※　東日本大震災により被害を受けた場合の税金の取扱いについては、国税庁のホームページを参照。)

参考 納税の猶予の概要一覧表

	災害により相当な損失を受けた場合の猶予（通46①）	通常の納税の猶予	
		災害、疾病、廃業などにより納付困難な場合の猶予（通46②）	課税が遅延した場合の猶予（通46③）
要件	1　災害により相当な損失を受けたこと 2　特定の国税（通46①各号、通令14）であること 3　災害の止んだ日から2月以内の申請	1　災害その他の事実があること 2　1の事実により納付困難であること 3　申請（期限はない） 4　左の猶予の適用を受ける場合を除く。	1　課税遅延があったこと 2　納付困難であること 3　納期限内の申請
担保	必要なし	原則として必要	原則として必要
猶予金額	要件2の特定の国税の全部又は一部	1　要件2の納付困難な金額が限度（要件と関係あり） 2　分割納付ができる（通46④）	1　同左（納期限から1年以内） 2　延長は1と併せて2年以内（通46⑦）
猶予期間	1　財産の損失の程度に応じた期間（納期限から1年以内） 2　延長の規定なし	1　納付能力に応じた期間（猶予の始期から1年以内） 2　延長は1と併せて2年以内（通46⑦）	1　同左（納期限から1年以内） 2　同　左
効果等	1　督促、滞納処分の制限（通48①） 2　差押えの解除（通48②） 3　天然果実等の換価・充当（通48③、④） 4　徴収権の消滅時効の不進行（通73④） 5　納付委託（通55①） 6　還付金などの充当日の特例（通令23①） 7　延滞税の全額免除（通63①）	1～5　同左 6　規定なし 7　延滞税の免除は要件1の事実により全額免除と半額免除（通63①） また、非免除部分について裁量免除（通63③）	1～6　同左 7　延滞税の半額免除、裁量免除の場合は同左

【納税猶予申請書】

納税の猶予申請書

税務署長殿

国税通則法第46条第　項の規定により、下記のとおり納税の猶予を申請します。

| 申請年月日 | 年　月　日 | ※税務署整理欄 | 処理年月日 | 年　月　日 |

| 申請者 | 住所（所在） | |
| | 氏名（名称） | ㊞ |

納付すべき国税	年度	税目	納期限	本税	加算税	延滞税	利子税	滞納処分費	備考
				円	円 法律による金額	円	円 法律による金額	円	

上記のうち、納税の猶予を受けようとする金額

納付計画	年月日	金額	年月日	金額	年月日	金額	年月日	金額
		円		円		円		円

| 猶予期間 | 　年　月　日から　年　月　日まで　月間 |
| 納税の猶予を受けようとする理由 | | 担保 | |

HRG1P60 備考　※欄は記入しないでください。

【被災明細書】

納税の猶予期間延長申請書

税務署長殿

国税通則法第46条第7項の規定により、下記のとおり納税の猶予期間延長を申請します。

| 申請年月日 | 年　月　日 | ※税務署整理欄 | 処理年月日 | 年　月　日 |

| 申請者 | 住所（所在） | |
| | 氏名（名称） | ㊞ |

猶予期間延長申請税額	年度	税目	納期限	本税	加算税	延滞税	利子税	滞納処分費	備考
				円	円 法律による金額	円	円 法律による金額	円	

納付計画	年月日	金額	年月日	金額	年月日	金額	年月日	金額
		円		円		円		円

| 延長期間 | 　年　月　日から　年　月　日まで　月間 |
| 納税の猶予期間延長を受けようとする理由 | | 担保 | |

HRG1P61 備考　※欄には記入しないでください。

第5章　納税の緩和

> **参考**　平成26年度税制改正—納税の猶予の見直し（施行　平成27年4月1日）

1　担保の徴取基準の見直し

要担保徴取額の最低限度額を100万円（改正前：50万円）に引き上げるとともに、その猶予期間が3月以内の場合には担保が不要とされました（通46⑤）。

2　猶予金額の納付方法の見直し

税務署長等は、一般的な納税の猶予をする場合には、その猶予をする期間内において、その猶予に係る金額をその者の財産の状況その他の事情からみて合理的かつ妥当なものに分割して納付させることができることとされました（通46④）。

3　猶予の申請書の記載事項・添付書類の整備

納税の猶予の申請をしようとする者は、その猶予の種類等に応じ、猶予該当事実の詳細、猶予を受けようとする金額及びその期間、分割納付の方法により納付を行うかどうかその他一定の事項を記載した申請書に、猶予該当事実を証するに足りる書類、財産目録、担保の提供に関する書類その他一定の書類を添付し、これを税務署長等に提出しなければならないこととされました（通46の2①、通令15の2）。

ただし、添付書類（担保の提供に関する書類を除きます。）については、災害等により提出が困難であると税務署長等が認めるときは、その添付が不要とされました（通46の2⑤、通令15の2⑦）。

4　申請に係る補正手続の整備

税務署長等は、猶予の申請書の提出があった場合において、これらの申請書の記載に不備等があるときは、その申請者に対してその申請書の訂正等を求めることができることとされました（通46の2⑦）。

なお、税務署長等は、その訂正等を求める場合には、その旨及びその理由を記載した書面により通知することとされ、その通知を受けた日から20日以内にその訂正等がなされなかった場合には、その申請を取り下げたものとみなすこととされました（通46の2⑧〜⑨）。

5　猶予の不許可事由の整備

税務署長等は、猶予の申請書の提出があった場合において、その申請者について猶予に該当していると認められるときであっても、繰上請求事由に該当しその

猶予に係る国税を猶予期間内に完納することができないと認められる等一定の場合に該当するときは、猶予を認めないことができることとされました（通46の2⑩）。

6　猶予の取消事由の見直し

　猶予の取消事由に、新たに猶予に係る国税以外の国税を滞納したとき、偽りその他不正な手段により申請がされ、その申請に基づき猶予をしたことが判明したとき等が追加されました（通49①）。

7　猶予の申請事項についての調査に係る質問検査権の規定の整備

　猶予の申請事項についての調査に係る質問検査権規定が整備されました（通46の2⑪）。

納税の猶予と滞納処分手続上の緩和制度

国税通則法上の「納税の猶予」と、滞納処分における緩和制度としての国税徴収法上の「換価の猶予」や「滞納処分の停止」とは、どのような違いがありますか。

A 納税の猶予と滞納処分手続上の緩和制度としての換価の猶予等とは、その性格、手続、効果など、その制度の相互間は、以下のような差異がみられます。

解説

納税の緩和制度は、いずれも納税者の個別的な事情に応じて徴収手続を緩和するものですが、国税通則法第46条による納税の猶予と国税徴収法に定める換価の猶予等の滞納処分手続上の緩和制度とは、その性格、手続、効果など、その制度の相互間に差異がみられます。その主な相違点としては、次のようなものがあります。

① 換価の猶予（徴151）と滞納処分の停止（徴153）は、滞納処分手続が既に進行していることを前提としているのに対し、納税の猶予は必ずしもこの前提を要せず、滞納処分の着手前においても行われます。

② 納税の猶予は、納税者の申請を必要とするのに対し（通46①）、換価の猶予と滞納処分の停止は、税務署長の職権によって行われます。この差異は、納税の猶予は納税者の申請を待たなければ猶予すべきであるかどうかを知ることができないのに対し、換価の猶予等は、滞納処分を進めているので、執行機関が十分に要件事実の判定ができるからです。

③ 納税の猶予は、その後の強制履行手続を猶予するものであり、換価の猶予は、滞納処分による差押えまでを行い、その後の換価を猶予するのが原則です。また、滞納処分の停止は、その停止の状態が原則として3年間継続したときは、納税義務そのものが消滅します（徴153④）。

④ 各税に共通する納税の緩和制度のうち、換価の猶予及び滞納処分の停

止は、本来、滞納処分手続の段階で行われるため国税徴収法に規定されていますが、納期限の延長及び納税の猶予などは国税通則法に規定されています。

参考 換価の猶予と納税の猶予の比較

項　目		換価の猶予	納税の猶予
根　拠　条　文		国税徴収法第151条	国税通則法第46条
要　　　件		次のいずれかに該当し、かつ、納税について誠実な意思を有していること。 ① 財産の換価を直ちにすることにより、その事業の継続又はその生活の維持を困難にするおそれがあるとき。 ② 財産の換価を猶予することが、直ちにその換価をすることに比べて、滞納国税及び最近において納付すべきこととなる国税を徴収する上で有利であるとき。	① 災害により相当な損失を受けた場合 ② 災害・疾病・廃業等の事実に基づき、国税を一時に納付することができないと認められるとき ③ 法定申告期限等から1年以降に納付すべき税額が確定した場合等でその国税を一時に納付することができない理由があると認められるとき
	納税者の申請	不要（税務署長の職権）	必要
納税の猶予との関係		納税の猶予をしている場合には行いません。	―
担 保 の 提 供		原則必要	同左
猶　予　期　間		1年以内。 既に認めた猶予期間と併せて2年以内の期間で延長できます。	1年以内。 上記②、③について、既に認めた猶予期間と併せて2年以内の期間で延長できます。

	項　目	換価の猶予	納税の猶予
猶予の効果等	滞納処分等の制限	差押財産の換価はできません。ただし、新たに差押え、交付要求等を行うことはできます。	新たな督促及び滞納処分（交付要求は除きます。）を行うことはできません（通48①）。
	差押えの解除	税務署長は必要があると認めるときは、差押えの猶予又は差押えの解除を行うことができます（徴151②）。	納税者の申請に基づき、差押えの解除を行うことができます（通48②）。
	時効の中断及び停止	猶予期間中は、徴収権の時効は進行しません（通73④）。	猶予期間中は、徴収権の時効は進行しません（通73④）。ただし、納税の猶予の申請があった場合には、承認があったものとして、猶予の許可の有無にかかわらず、申請に係る税額について徴収権の時効が中断します（通72③、民147三）。
	延滞税の免除	一部免除（通63①）	災害による相当な損失の場合等においては、全額免除、その他の場合は、一部免除（通63①）

（注）平成26年度の税制改正により、一定の条件により、滞納者からの申請に基づく換価の猶予制度が創設されました（平成27年4月1日施行）。

国税の担保

国税の担保とは、どのような場合に必要とされるものですか。

A　国税の担保は、例えば、相続税、贈与税の延納及び国税通則法上の納税の猶予等の適用にあたり、その延納期間、猶予期間にその税額を担保するため、国税通則法に定める種類の財産を提供して行われます。

解説

1　担保を提供する場合

国税について税務署長等が担保の提供を求めるのは、国税に関する法律に基づき担保の提供を求める場合に限られます。例えば次のような場合があります。

(1)　納税の猶予、換価の猶予

納税の猶予、換価の猶予の場合の担保提供（通46⑤、徴152）。

(2)　延納

相続税と贈与税の延納、資産の延払条件付譲渡による所得税の延納、農地等に係る相続税又は贈与税の納税猶予の場合の担保提供（相38①③、所132①、措70の4、70の6）。

(3)　納期限の延長

消費税等の納期限の延長の場合の担保提供（消51、酒30⑥、揮13、地揮8、石石18、石ガ20、た22）。

(4)　保全担保

保全担保は、将来課されるべき国税を保全する機能をもち、これは間接税に特有の制度です。酒税等及び航空機燃料税の保全上必要があると税務

署長が認める場合の担保提供（酒31、消51、揮18、地揮8②、石石19、石ガ21、航16、た23）。

(5) 不服申立て

不服申立てをした者が、不服申立ての国税につき、差押えをしないこと、又は既にされた差押えの解除を求める場合の担保提供（通105③）。

(6) 繰上保全差押え、保全差押え

繰上保全差押え又は保全差押えを要する金額の決定通知を受けた者が、その保全差押えをしないこと、又は既にされた差押えの解除を求める場合の担保提供（通38④、徴159④）。

2　担保の種類

国税の担保として提供できる財産の種類は、国税通則法第50条に列挙されており、次のようなものがあります。これ以外のもので、例えば、絵画、貴金属などの動産は担保とすることができません。

また、担保は、なるべく処分が容易でかつ価額の変動のおそれが少ないものから提供させることとしており、その担保は、担保に係る国税が完納されるまでの延滞税、利子税及び担保の処分に要する必要も十分に担保できる価額のものでなければなりません（通基通50-8、9）。

① 国債、地方債及び税務署長等が確実と認める社債その他の有価証券
② 土地
③ 登記又は登録のある建物、立木、船舶、飛行機、回転翼航空機、自動車及び建設機械で、損害保険の付いているもの
④ 鉄道財団、工場財団、鉱業財団などの各種財団
⑤ 銀行、信用金庫など税務署長等が確実と認める保証人の保証
⑥ 金銭

3 担保の価額等

(1) 担保の価額

国税の担保は、その担保に係る国税が完納されるまでの延滞税、利子税及び担保の処分に要する費用をも十分に担保できる価額のものでなければなりません（通基通50-9）。

(2) 担保物の見積価額

担保財産（担保物）の価額（見積価額）は、次のような評価がなされます（通基通50-10）。

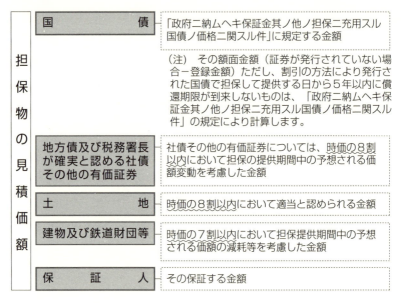

4 担保の提供手続

担保の提供方法は、その提供財産の種類ごとに定められています（通54、通令16）。

有価証券及び金銭を担保として提供するときは、これを供託して供託書の正本を税務署長等に提出します。ただし、登録国債については、担保権

の登録を受け、登録済通知書を提出します（通令16①）。

登記、登録のできる土地、建物などを提供するときは、税務署長等が抵当権の設定登記を関係機関に嘱託するので、抵当権を設定するのに必要な承諾書、印鑑証明書などの書類を税務署長等に提出します（通令16③）。

保証人による保証のときは、保証書、印鑑証明書などの書類を提出します（通令16④）。

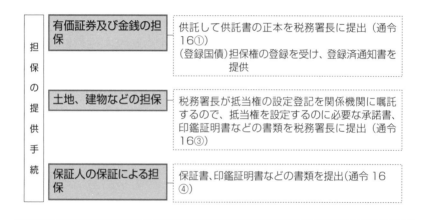

参考 担保の提供手続

担保の提供手続	有価証券及び金銭の担保	供託して供託書の正本を税務署長に提出（通令16①） （登録国債）担保権の登録を受け、登録済通知書を提供
	土地、建物などの担保	税務署長が抵当権の設定登記を関係機関に嘱託するので、抵当権を設定するのに必要な承諾書、印鑑証明書などの書類を税務署長に提出（通令16③）
	保証人の保証による担保	保証書、印鑑証明書などの書類を提出（通令16④）

5 担保の処分手続

担保は、その延納税額を担保するために必要とされますが、延納の不履行などによりその延納の継続が見込まれないような場合には、その延納を取り消しを行い、その担保財産を処分することがあります。

このような担保の処分手続としては、「**担保物の処分**」と「**保証人からの徴収**」があります。

(1) 担保物の処分

担保が金銭であるときは、税務署長等は、供託物払渡請求書に供託書正

本及び還付を受ける権利があることを証する書面を添えて法務局供託課にその還付を請求し、金銭にした後、国税に充当します（通52①）。

　金銭以外の担保物の処分は、税務署長等は、国税徴収法の定める手続により、督促をすることなく直ちに差押処分以降の手続を行います。ただし、供託した有価証券については、まず、供託規則の定めにより還付を受けてから換価手続又は債権取立ての手続により金銭化して国税に充当します。

　税務署長等は、担保物を処分しても徴収すべき国税に不足すると認められる場合は、他の財産について滞納処分を行います。この場合には、督促状を必要とします。

(2) 保証人からの徴収

　税務署長は、国税をその保証人から徴収するときは、「**納付通知書**」により、その通知書を発した日の翌日から起算して1月を経過する日を納期限と定めて、納付の請求をします（通令19）。

　保証人が納期限までに納付しないときは、「**納付催告書**」によりその納付を督促します（通52③）。この督促後10日を経過しても完納されないときは、本来の納税者の財産に滞納処分をしても徴収すべき国税に不足すると認められる場合に限り、保証人の財産に対し滞納処分を行うことができます（通52④）。

　なお、保証人の財産は、本来の納税者の財産を換価した後でなければ公売などの換価を行うことができません（通52⑤）。

納付委託

Q 5-5 手形や小切手でも国税の納付ができると聞いていますが、どのような場合にできるのですか。

A 国税の納付は、金銭による納付を原則としていますが、手形、先日付小切手などは、一般的に経済界において決済手段として用いられていることから、これらについても国税の納付に関して活用できるように納付委託の制度が設けられています。

この制度は主として、納税の猶予又は換価の猶予をした場合の納付の履行の裏付けとして用いられています。

解説

1 納付委託の意義

国税は、金銭による納付を原則とし、いわゆる信用通貨による納付は、国債証券の利札などが特別の制限の下に認められています。

ところで、手形、先日付小切手は、一般的に経済界において決済手段として広く用いられていますが、原則として証券による国税の納付には使用できないことから、国税の納付に関して活用できるように**納付委託**の制度が設けられています（通55）。

この納付委託とは、納税者の提供する有価証券の取立てと、その取り立てた金銭を国税に納付することを、徴収職員に委託することです。この制度によれば、納税者にとっては再度納付手続を必要としないという利便があり、他方、税務署長としても、国税を猶予する場合に納税者が金融機関との取引の停止処分を受けるのを恐れて納付委託した手形などを不渡りとすることができないので、この担保的機能を利用して猶予不履行を未然に防ぐことができます。

なお、納付委託によって直ちに納税義務が消滅するものではなく、有価証券を現金化してその現金を納付したときにおいてはじめて納税義務が消滅します。

2 納付委託のできる国税

納付委託ができる国税には、次のようなものがあります（通55①）。
① 納税の猶予又は滞納処分に関する猶予に係る国税
② 納付委託をする有価証券の支払期日以後に納期限の到来する国税
③ 滞納者に納税について誠実な意思があり、納付委託を受けることが国税の徴収上有利と認められる滞納国税

(注)「国税の徴収上有利」とは、おおむね滞納に係る国税を短期間（3月程度）に完納させることができると認められるとき又は滞納に係る国税及び最近において納付すべきこととなる国税につき、滞納処分を緩和しても申出に係る有価証券の納付委託を受けることが徴収上有利であると認められるときをいいます（通基通55－1）。

3 納付委託に使用できる証券

納付委託に使用できる証券は、次のいずれの要件にも該当するものです。
① 国税の納付に使用できる証券以外の証券であること。
② おおむね6月以内において取立てが確実と認められる証券であること。
③ 証券の券面金額が納付委託の目的である国税の額を超えないこと。

ところで、納付委託に使用できる証券は、実務上、先日付小切手、約束手形及び為替手形に限られています（通基通55－2）。

4 納付委託の手続

納税者から納付委託の申出があり、徴収職員がこの納付委託を認めたときは、証券を受領し、納付受託証書を納税者に交付します（通55①②）。この受託した証券は、徴収職員がその保管及び取立ての便宜と確実を図るた

め、日本銀行代理店又は歳入代理店を兼ねている銀行に再委託します（通55③）。

参考 納付委託の手続

```
納付依託                    再依託
納税者 ─①委託証券、      徴収職員 ─③受託した      再委託銀行 ─証券提示→ 証券の支払場所が再委託銀行以外のものである場合
         取立費用              証券、納                              → 証券の支払場所たる銀行など（又は手形交換所）
         を提出し              付書に取              ─証券金額取立て→
         て納付委              立費用を
         託の申出              添えて
      ←②受託証書交付       再委託
      ←⑤領収証書交付      ←④納付手続
                             後領収証
                             書送付
```

5 納付委託と担保

猶予した国税について、納付委託を受けたときは、一般的にはその証券が担保的機能を果たしているため、改めて担保の提供の必要がないと認められるに至ったときは、その認められる限度において担保の提供があったものとすることができます（通55④）。

(注) 国税通則法第55条第1項第3号に規定する国税について納付委託を受けた場合においては、その取り立てる日までの納付に係る国税について督促及び滞納処分を行わないこととして取り扱われています（通基通55－8）。

第6章
国税の還付及び還付加算金

還付金の種類

 還付金には、どのようなものがありますか。

A　国税として納付又は徴収された金額が、確定した納付すべき税額より過大である場合等には、すでに納付等がされたこれらの国税は還付されます。この国税の還付金には、還付金と過誤納金とがあります。

解説

1　還付金等の種類

国税の還付には、還付金の還付と過誤納金の還付との二つの種類があります。この「**還付金**」と「**過誤納金**」を併せて還付金等といいます（通56①）。

(1)　還付金

還付金は、各税法の定めに基づいて発生するもので予定（中間）的に納付することが義務付けられている税額が後日確定税額を超えることとなった場合などに還付されるものです。

還付金は、各税法の規定により、納税者に特に付与された公法上の金銭請求権といえます。

主な還付金は、次表のとおりです。

還付金	予定的な納税義務が確定したことに基づくもの	・所得税の予定納税の還付金（所139①、160①②） ・法人税の中間納付額の還付金（法79①、134①②） ・消費税の中間納付額の還付金（消53①、55①②）
	税額を通算して計算するため認められるもの	・所得税法における源泉徴収税額などの還付金（所138①、159①②） ・法人税法における所得税額の還付金（法78①、133①、135①） ・消費税法における消費税額の控除不足の還付金（消52①、54①）
	所得を通算して計算するため認められるもの	・所得税法における純損失の繰戻しによる還付金（所140①、141①②） ・法人税法における欠損金の繰戻しによる還付金（法80①）
	租税負担の適正化を図るために認められるもの	・酒税などの課税物件が戻し入れされたことなどによる還付金（酒30④⑤、揮17③④、石ガ15④⑤、道9①、石石12③④）、た16④） ・災害を受けたことによる還付金（災3②③、7④、8①） ・仮装経理に基づく過大申告の場合の還付金（法135）
	主として政策的理由に基づいて認められるもの	・たばこ税などの課税済物品の輸出などをした場合の還付金（た15①）

(2) 過誤納金

還付金が各税法の定めに基づいて発生するのに対し、過誤納金は、法律上国税として納付すべき原因がないのに納付された金額で、国の一種の不当利得に係る返還金です。この過誤納金は、次の「**過納金**」と「**誤納金**」に区分することができます。

イ　過納金

　過納金は、納付時には納付すべき確定した国税についての適法とみられる納付であったが、更正の請求についての減額更正や不服審査の裁決などにより、後になってその納付すべき国税が消滅又は減額された場合に、発生します。

ロ　誤納金

　誤納金は、国税として納付されたが、それに対応する国税債務がない

場合に発生します。

例えば、①納付すべき国税の確定前に納付があった場合、②納付すべき税額は確定しているが、納期開始前に納付があった場合（これらの納付金で予納要件に該当するものを除きます。）、③確定した納付すべき税額を超えて納付があった場合などがこれに当たります。

> **参考** 還付金等の性格
>
> 還付金………　各税法の構成上、国税を還付することが税負担の公平を図る上において適当であると認められるような場合に各税法の規定により納税者に特に付与された公法上の金銭請求権
> 過納金………　適法な納付であったものが、結果的にみて目的を欠くことになった場合の不当利得の返還金
> 誤納金………　当初から明らかに目的を欠く納付であった場合の不当利得の返還金

2　国税の還付

(1)　金銭による還付

還付金又は国税に係る過誤納金があるときは、税務署長は遅滞なく金銭で還付しなければなりません（通56①）。ここに「遅滞なく」とは、事情の許す限り最も速やかにという意味で正当な合理的な理由がある場合の遅滞は許容されることをいいます。

(2)　還付請求権者

還付を受ける者は、還付金の場合、その還付金の内容を定める各税法の規定するところによります。通常は還付金の計算の基礎となった国税の納税者又はそれに準ずる地位にある者が還付請求権者となります。

また、過誤納の場合、その過誤納付をした者がこれに当たります。

(3)　還付金等の支払手続

金銭還付の方法として、日本銀行又はこれと取引関係のある銀行や郵便

局等の金融機関を利用する方法、いわゆる「国税資金支払命令官払」があります。

具体的には、債権者（納税者等）が指定された支払郵便局の窓口で還付金等に相当する金額を金銭で受領する「郵便局窓口送金払」と債権者（納税者等）の預貯金口座に日本銀行を通じて直接振込む「預貯金口座振込払」などがあります。

3 未納国税への充当

税務署長等は還付金等がある場合において、その還付を受けるべき者につき納付すべきこととなっている国税があるときは、還付に代えて、還付金等をその国税に充当しなければなりません（通57）。

(1) 充当の意義

「充当」とは、還付金等が発生した場合、その還付を受ける者に納付すべき確定した国税が別にあるときは、納税者の意思にかかわらず、その還付をしないで未納の国税に充てることをいいます。

また、この充当は、国税債権を消滅させる一つの行為として、民法の相殺と同様の効力がありますが（通57①、民505）、民法の相殺は、当事者の一方から他方に対する意思表示によって行われ、相殺を禁止する旨の特約があるときは相殺ができないのに対し、未納国税への還付金等の充当は、強行規定のため当事者の反対の意思表示は許されていません。

《既に差押えをして滞納国税を確保しているにもかかわらず、更に充当をすることは重複処分とはならないとした事例》

　請求人は、原処分庁は既に差押えをして滞納国税を確保しているのであるから、更に充当することは重複処分となって違法であると主張するが、請求人には平成3年5月15日現在本件滞納国税が存在しており、たとえ本件差押えによって、原処分庁が既に本件滞納国税の徴収を確保していたものであるとしても、それにより本件滞納国税が完納されたというわけではない。

　また、充当は滞納国税につき差押えがなされているかどうかにはかかわりなく行われるものであり、かつ、差押えとは別個の規定に基づく内容を異にしたものであるから、本件充当を重複処分で違法であるということはできない（国税不服審判所平成4.2.24裁決）。

(2) 充当の効果及び充当適状

　充当の効果としては、充当に係る還付金等と納付すべき国税が、対当額において相互に消滅することです。

　また、充当をするのに適することとなった日を「**充当適状日**」といい、原則として、充当される国税の法定納期限と還付金等が発生した日とのいずれか遅い日です。

　充当が、充当適状日より後で行われた場合は、納付すべき国税は充当適状日までさかのぼって消滅します（通57②）。

　なお、充当適状日は、次表のとおりとなります。

充当適状の時の一覧表

原則	充当に係る国税の法定納期限と還付金等が生じた時とのいずれか遅い時（通令23①）	次に掲げる国税については、左記にかかわらず各々の期限と還付金等が生じた時とのいずれか遅い時
特例	次に掲げる国税については、それぞれ次に掲げる時と還付金等が生じた時とのいずれか遅い時 1　法定納期限後に納付すべき税額が確定した国税（過怠税を含み加算税を除きます。）（通令23①一、四） 　　……申告があった時 　　……更正、決定通知書又は納税告知書を発した時 2　法定納期限前に繰上請求がされた国税（通令23①二） 　　……繰上請求期限 3　加算税（通令23①六） 　　……賦課決定通知書を発した時 4　保証人又は第二次納税義務者として納付すべき国税（通令23①七） 　　……納付通知書を発した時 5　滞納処分費（通令23①八） 　　……その生じた時	1　災害等による納期限の延長（通11） 　　……延長期限 2　災害による相当な損失の場合の納税の猶予（通46①） 　　……猶予期限 3　延納（所131、132、相38） 　　……延納期限

(3)　充当の手続

　還付金等を未納の国税に充当する場合、その国税の本税のほかに延滞税又は利子税があるときは、まず優先的に本税に充当します（通57①）。そして、納税者へはその旨を記載した充当通知書を送達します（通57③）。

> **充当通知の性質─充当通知の処分性**
> 　充当は公権力の行使の主体である税務署長が一方的に行う行為であって、それによって国民の法律上の地位に直接影響を及ぼすものというべきであることを理由にその処分性を認めています（最高判平成5.10.8）。

還付加算金

Q 6-2 税金を還付する場合、還付加算金が付される場合があると聞きますが、この還付加算金とはどのようなものですか。

A 還付金等を還付し、又は充当する場合に、その還付金等に付する一種の還付利子としての還付加算金が加算される場合があります。

この還付加算金は、その個々の起算日から還付の支払決定日又は充当日（充当日前に充当適状日がある場合は、その充当適状日）までの期間に年7.3％の割合で加算されます。

解説

1　還付加算金の意義

国税を滞納した場合にその納付遅延に対し延滞税が課されることとのバランスを考慮して、還付金等には一種の利息に当たる金額を加算します。これを**還付加算金**（通58）といいます。

この還付加算金とは、還付金等に付する一種の還付利息であって、その額は還付金の額と法定の起算日から還付金を還付し又は充当する日（充当適状日）までの期間の日数に応じ、原則として7.3％の割合で計算します。

> **参考　還付加算金の本質**
>
> ○　還付加算金は、一種の利子であり、損害賠償金としての性格を有するものではない（最高判昭和53.7.17）。
>
> ○　還付加算金は、各租税法に規定する各種還付金並びに過誤納金の還付に当たり、原則として右還付金等の発生の翌日から還付（又は充当）の日までの期間に応じ年7.3％の割合で加算されるものですが、この各種還付金及び過誤納金のうち誤

納金に附せられる加算金については、これらに損害賠償的性格を帯有せしめる余地は全くないのであって、これらの加算金は、租税を滞納した場合に延滞税等が課されることとのバランスなどを考慮して、還付金に附する一種の利子と解するのが相当です。また、過納金は租税納付時に存在していた租税債務がその後に取消等により消滅したことによって発生するのであるが、斯る事態が発生する原因には様々の場合があって、国家賠償責任を発生せしめる違法な行政庁の処分に基因する場合もあれば、そうでない場合もある。原告はこの内前者の状態で過納金が発生した場合には、これに附せられる加算金は損害賠償的性格を有するものであると主張するのであるが、斯る区別をする根拠は全く存しないし、むしろ還付加算金に関する国税通則法第58条は各種還付金と過誤納金とを区別することなく、これらの還付又は充当の際には一様に加算金を附することとしているのであって、この点からすると過納金に附する加算金もまた前記の通り一種の利子であると解するのが相当です（神戸地判昭和52.3.29）。

2 還付加算金の計算

　還付金等には、その個々の起算日から還付の支払決定日又は充当日（充当日前に充当適状日がある場合は、その充当適状日）までの期間に年7.3％の割合の還付加算金が加算されます（通58①）。

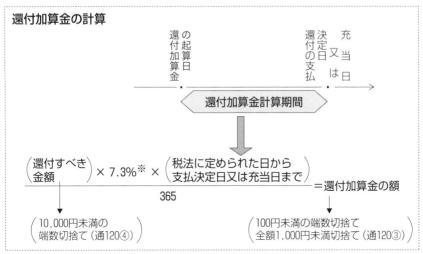

(注) 上記還付加算金の場合（※）は本則です。
　還付加算金の年7.3％の割合については、平成11年度と平成25年度税制改正により、租税特別措置法第95条において、次のような特例が設けられています。

① **平成12年1月1日以後平成25年12月31日までの期間（平成11年度改正）**
　年「7.3％」と「特例基準割合（前年の11月30日の日本銀行が定める基準割合＋4％）」のいずれか低い割合を適用（旧措95）

② **平成26年1月1日以後（平成25年度改正）**
　年「7.3％」と「特例基準割合（各年の前々年の10月から前年9月までの各月における短期貸付けの平均利率の合計を12で除して計算した割合として各年の前年の12月15日まで財務大臣が告示する割合に、年1％の割合を加算した割合）」のいずれか低い割合を適用（措95）

　以上から明らかなように、平成25年度の改正前と改正後では、「特例基準割合」の定義が異なるので注意が必要です。

参考 更正に基づく法人税の中間納付額及び所得税額等の還付に係る還付加算金の計算期間

　更正に基づく法人税の中間納付額及び所得税額等、消費税の中間納付額及び仕入れ税額控除、所得税の予定納税額及び源泉徴収税額等並びに相続時精算課税における贈与税相当額の還付に係る還付加算金の計算期間については、確定申告書の提出期限の翌日から更正の日の翌日以後1月を経過する日（当該更正が更正の請求に基づくものである場合には、その更正の請求の日の翌日以後3月を経過する日と当該更正の日の翌日以後1月を経過する日といずれか早い日）までの日数は、当該計算期間に算入されません（所159④、160④、法133②、134④、相33の2⑦、消54②、55④）。

（適用関係）
　平成24年1月1日以後に支払決定又は充当をする国税に係る還付金に加算すべき金額について適用します。

(注) 平成23年6月30日法律第82号「現下の厳しい経済状況及び雇用情勢に対応して税制の整備を図るための所得税法等の一部を改正する法律」

参考 還付加算金の起算日一覧表

還付金等の区分	還付加算金の起算日
1　還付金及び次に掲げる過納金 (1)　更正、決定又は賦課決定により確定した税額が減額されたことにより生じた過納金（2の過納金を除きます。） (2)　納税の告知がされた確定手続を要しない国税が減額されたことにより生じた過納金 (3)　所得税の予定納税額が減額されたことにより生じた過納金	納付があった日（この日が法定納期限前である場合は法定納期限）の翌日（通58①一）
2　更正の請求に基づく更正により税額が減額されたことにより生じた過納金	更正の請求のあった日の翌日から起算して3月を経過する日とその更正があった日の翌日から起算して1月を経過する日とのいずれか早い日の翌日（通58①二）
3　上記1及び2以外の次に掲げる過誤納金 (1)　申告により確定した税額が更正の請求によることなく更正により減額されたことにより生じた過納金	更正通知書を発した日の翌日から起算して1月を経過する日の翌日（通58①三、通令24②）
(2)　源泉徴収等による国税で納税の告知がされていないものの過誤納金	過誤納の事実を確認した日の翌日から起算して1月を経過する日の翌日（通58①三、通令24②二）
(3)　その他の過誤納金	納付した日（その日が法定納期限前であるときは法定納期限）の翌日から起算して1月を経過する日の翌日（通58①三、通令24②五）

第7章
附帯税

附帯税

附帯税とは、どのようなものをいいますか。

A 附帯税とは、各税法に基づき課され又は納付すべき本来の国税すなわち本税のほかに、納付遅延、延納、申告の過少、無申告等の理由に基づいて本税にあわせて納付すべき（又は本税にあわせて徴収される）国税をいい、延滞税、利子税並びに過少申告加算税、無申告加算税、不納付加算税及び重加算税がこれに該当します。

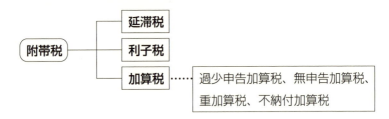

解説

　附帯税とは、各税法に基づき課され又は納付すべき本来の国税すなわち本税のほかに、国税通則法第6章《附帯税》の規定により、納付遅延、延納、申告の過少、無申告等の理由に基づいて本税にあわせて納付すべき、又は本税にあわせて徴収される国税をいいます。また、この附帯税には、延滞税（通60）、利子税（通64）のほか、過少申告加算税、無申告加算税、不納付加算税及び重加算税（通65～68）があります（通2四）。

　このうち延滞税は、国税の納付遅延の場合の遅延損害金であり、利子税は、延納に係る国税につき利子として納付させるものであり、また、加算税は、いずれも行政上の制裁金の一種としての性格を有しています。

　このように附帯税は、国税を期限内に適正に申告納付をした者との均衡

を図るために設けられています。

　なお、附帯税は、それぞれの計算の基礎となる税額の属する税目の国税とされており（通69）、例えば所得税に係る延滞税、利子税及び加算税は、所得税とされます。

延滞税

Q 7-2 延滞税は、どのような場合に課されるものですか。

A 納税者が納付すべき国税を法定納期限までに完納しない場合は、期限内に納付した者との権衡を図る必要があること、併せて国税の期限内納付を促進させる見地から、その納付遅延に対して遅延利息に相当する延滞税が課されます。

参考 延滞税等の割合

現在の低金利の状況を踏まえ、利子税等の負担を軽減する観点等から、平成26年1月1日以後の期間に対応する延滞税等が租税特別措置法において、次のとおり引き下げられました。

	内容	本則 (通60、64、58)	①特例 (平成12年1月1日～平成25年12月31日)(注1) 割合 (参考:平成25年分)	②特例 (平成26年1月1日以後の期間)(注2)	
				割合の算定根拠	割合 (参考:平成26年分)
延滞税	法定納期限を徒過し履行遅滞となった納税者に課されるもの	14.6%	14.6%	特例基準割合+7.3%	9.2%
2か月以内等	納期限後2か月以内等については、早期納付を促す観点から低い利率	7.3%	4.3%	特例基準割合+1%	2.9%
納税の猶予等	事業廃止等による納税の猶予等の場合には、納税者の納付能力の減退といった状	2分の1免除 (7.3%)	4.3%	特例基準割合	1.9%

	態に配慮し、軽減（災害・病気等の場合には、全額免除）				
利子税（主なもの）（注3）	所得税法・相続税法の規定による延納等、一定の手続を踏んだ納税者に課されるもの	7.3%	4.3%	特例基準割合	1.9%
還付加算金（注3）	国から納税者への還付金等に付される利息	7.3%	4.3%	特例基準割合	1.9%

(注1) 納期限までの期間及び納期限の翌日から2か月を経過するまでの期間の延滞税の割合（年7.3%の部分）については、年「7.3%」と「特例基準割合」のいずれか低い割合を適用することになります（旧措94①）。

(注2) イ 納期限までの期間及び納期限の翌日から2か月を経過するまでの期間については、年「7.3%」と「特例基準割合（※）＋1％」のいずれか低い割合を適用することになります（措94①）。

　　　ロ 納期限の翌日から2か月を経過する日の翌日以後については、年「14.6%」と「特例基準割合（※）＋7.3％」のいずれか低い割合を適用することになります（措94①）。

　　（※）特例基準割合とは
　　【平成25年度改正前】 前年の11月30日の日本銀行が定める基準割引率に年4％を加算した割合
　　【　同　　改正後】 各年の前々年の10月から前年9月までの各月における銀行の新規貸出約定平均金利の合計を12で除して得た割合として各年の前年の12月15日までに財務大臣が告示する割合に年1％の割合を加算した割合

(注3) 利子税（所131③、136①、法75⑦及び相51の2①、52④、53に係る利子税）及び還付加算金の7.3%の割合は、今回、特例基準割合の内容の見直しに伴い延滞税の割合の通常の利子部分と同等の割合（特例基準割合）とすることとされました（措93①、95）。

解説

　納税者が期限内申告書を提出した場合においてその納付すべき国税を法定納期限までに納付しないときには、期限内に納付した者との権衡を図り、また、期限内納付の促進を図る見地から、納付遅延に対して延滞利息に相当する**延滞税**が課されます（通60）。

　この延滞税の課税標準、課税割合及び計算方法は、次のようになります。

1 延滞税の課税要件

延滞税は、次に掲げるような納税方式により、法定納期限までに完納されない場合に課されます（通60①）。

(1) 申告納税方式の国税に係る延滞税
イ 期限内申告書を提出した場合に、その納付すべき国税を法定納期限までに完納しないとき。
ロ 期限後申告書又は修正申告書を提出し、納付すべき国税が生じたとき。
ハ 更正又は決定により納付すべき国税が生じたとき。

(2) 賦課課税方式の国税に係る延滞税
納税の告知による納付すべき国税をその法定納期限までに完納しないとき。

(3) 自動確定の国税に係る延滞税
源泉徴収などによる国税を、その法定納期限までに完納しないとき。

2 延滞税の課税割合

延滞税の課税割合は、法定納期限の翌日からその国税を完納する日までの期間に応じ、未納税額に対し年14.6%の割合で計算します。

ただし、具体的納期限までの期間及びその翌日から起算して2か月を経過する日までの期間については、年7.3%の割合で計算します（通60②）。

これを図で示すと、次のとおりです。

① 期限内申告の場合

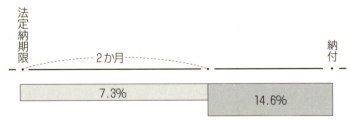

② 期限後申告、修正申告の場合

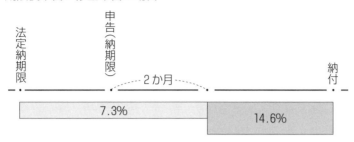

③ 更正、決定、納税の告知（源泉所得税）の場合

> **参考** 税制改正に伴う平成12年以降の延滞税の割合

　平成12年1月1日以後の延滞税の割合については、次のとおりとなります（措94①）。

○　平成12年1月1日～平成25年12月31までの期間
イ　納期限までの期間及び納期限の翌日から2か月を経過する日までの期間については、年「7.3％」と「特例基準割合（前年の11月30日の日本銀行が定める基準割合＋4％）」のいずれか低い割合が適用され、具体的には、次の［表1］の①の割合が適用されます（旧措94①）。
ロ　納期限の翌日から2か月を経過する日の翌日以後については、年14.6％の割合が適用されます。

[表1]

期　間	割　合 ①納期限までの期間及び納期限の翌日から2か月を経過するまでの期間	割　合 ②納期限の翌日から2か月を経過する日の翌日以後
平成11年12月31日以前	7.3%	14.6%
平成12年1月1日～平成12年12月31日	4.5%	
平成13年1月1日～平成13年12月31日	4.5%	
平成14年1月1日～平成14年12月31日	4.1%	
平成15年1月1日～平成15年12月31日	4.1%	
平成16年1月1日～平成16年12月31日	4.1%	
平成17年1月1日～平成17年12月31日	4.1%	
平成18年1月1日～平成18年12月31日	4.1%	
平成19年1月1日～平成19年12月31日	4.4%	
平成20年1月1日～平成20年12月31日	4.7%	
平成21年1月1日～平成21年12月31日	4.5%	
平成22年1月1日～平成22年12月31日	4.3%	
平成23年1月1日～平成23年12月31日	4.3%	
平成24年1月1日～平成24年12月31日	4.3%	
平成25年1月1日～平成25年12月31日	4.3%	

○　平成26年1月1日以後の期間

イ　納期限までの期間及び納期限の翌日から2か月を経過する日までの期間については、年「7.3%」と「特例基準割合※＋1％」のいずれか低い割合が適用されます（措94①）。

　　具体的に、次の［表2］の①の割合が適用されます。

ロ　納期限の翌日から2か月を経過する日の翌日以後については、年「14.6%」と「特例基準割合※＋7.3％」のいずれか低い割合を適用されます（措94①）。

　　具体的に、次の［表2］の②の割合が適用されます。

※平成25年度改正前と改正後の「特例基準割合」とでは定義が異なります（「特例基準割合」については216ページ 参考 延滞税等の割合 参照）。

[表2]

期　間	割　合	
	①納期限までの期間及び納期限の翌日から2か月を経過するまでの期間	②納期限の翌日から2か月を経過する日の翌日以後
平成26年1月1日〜 平成26年12月31日	2.9%	9.2%
平成27年1月1日〜 平成27年12月31日	2.8%	9.1%

3　延滞税の計算方法

(1) 原則

　延滞税の計算は、納付すべき本税の額に、上記**2**の課税割合及び経過日数（経過日数／365日）を乗じて行います。

　なお、延滞税は本税についてのみ計算され、延滞税に延滞税がかかるといういわゆる複利計算はしないこととされています（通60②）。また、納付は計算の基礎となる国税の税目として本税と併せて行うこととされています（通60③）。

延滞税の計算方法

$$\frac{\text{納付すべき本税の額}_{※1} \times \text{延滞税の割合}\begin{pmatrix}7.3\%(注)\\ \text{納期限の翌日から2月を}\\ \text{経過した日以後は14.6\%}\end{pmatrix} \times \text{期間（日数）}\begin{pmatrix}\text{法定納期限}\\ \text{（延納期限）}\\ \text{の翌日から}\\ \text{完納の日まで}\end{pmatrix}}{365} = \text{延滞税の額}_{※2}\begin{pmatrix}100\text{円未満}\\ \text{端数切捨て}\end{pmatrix}$$

〔端数計算等〕

※1 本税の額が10,000円未満の場合には、延滞税を納付する必要はありません。また、本税の額に10,000円未満の端数があるときは、これを切り捨てて計算します。

※2 計算した延滞税の額が1,000円未満の場合は納付する必要はありません。また、その額が1,000円以上で100円未満の端数があるときは、これを切り捨てて納付することになります。

（注）平成12年1月1日以後の延滞税の割合は、租税特別措置法（旧措94、措94）によって特例があります。

<u>特例（平成12年1月1日から平成25年12月31日までの期間）</u>
1 納期限までの期間及び納期限の翌日から2か月を経過する日まで
　　　　　　　　　　　……前記2の［表1］①の割合参照
2 納期限の翌日から2か月を経過する日以降
　　　　　　　　　　　……14.6%（特例適用はありません。）

<u>特例（平成26年1月1日から平成26年12月31日までの期間）</u>
1 納期限までの期間及び納期限の翌日から2か月を経過する日まで
　　　　　　　　　　　……前記2の［表2］①の割合
2 納期限の翌日から2か月を経過する日以降
　　　　　　　　　　　……前記2の［表2］①の割合

> **参考**
> 延滞税の額を計算する場合の年当たりの割合は、閏年の日を含む期間についても365日当たりの割合となります（利率等の表示の年利建て移行に関する法律第25条）。

(2) 一部納付があった場合の計算

　延滞税の計算の基礎となる本税について一部納付があったときは、その納付の日の翌日以後の期間に対応する延滞税は、一部納付された本税額を控除した未納の本税額を基礎として計算します（通62①）。

　また、国税の一部納付があった場合には、その納付税額はまず本税に充てられます。これは、その納付した金額を本税に充てて延滞税の負担を軽くして、納税者の利益を図ったものです（通62②）。

(3) 修正申告、更正等があった場合の計算

　期限内申告をした場合において、法定申告期限後１年以上経過して修正申告又は更正があったときには、法定申告期限後１年を経過する日の翌日から修正申告書を提出した日までの期間（又は更正通知書を発した日までの期間）は、延滞税の計算期間から控除します（通61①）。

　また、期限後申告をした場合においても、期限後申告後１年以上経過して修正申告又は更正があったときには、期限後申告後１年を経過する日の翌日から修正申告書を提出した日までの期間（又は更正通知書を発した日までの期間）は延滞税の計算期間から控除します（通61①）。

　しかしながら、このような延滞税の計算期間の特例は、重加算税の対象となった本税については、この計算期間の控除は認められません。

　さらに、源泉徴収等による国税についても、これに相当する控除期間が認められています（通61②）。

　ところで、このような控除期間を設けた趣旨は、法定申告期限からかなりの期間を経過してから修正申告、更正、納税告知があった場合において、当該更正等の時期が納税者ごとに異なることにより納税者の負担に差異が

生じるのは必ずしも適当ではないこと、法定納期限までさかのぼって延滞税を課するのは酷であることを考慮したものです。

《更正が遅延したとしても延滞税の納税義務の成立には何らの影響を及ぼさないとした事例》

○ 延滞税の額は、国税通則法第15条第3項第8号の定めるところにより、納税義務の成立と同時に特別の手続を要しないで確定するものであるから、請求人が督促状により、延滞税を納付すべきことを初めて知ったとしても、そのことは延滞税の納税義務の成立及び納付すべき税額の確定には何らの影響を及ぼすものではない。また、本件更正は、通常必要と思われる調査の所要日数等から考えても特に遅延しているとも認められない（国税不服審判所昭和50.5.30裁決）。

○ 延滞税は、更正により納付すべき税額があるときには、当然に納税義務が成立し、同時に特別の手続を要しないで納付すべき税額が確定するものであるから、延滞税の納付の通知は、延滞税の賦課決定でも納税の請求手続でもなく、単に延滞税の納付義務の存する旨の観念の通知にすぎず、これを行政処分その他公権力の行使に当る行為ということはできないから、その取消しを求める訴えは不適法です（札幌地判昭和50.6.24）。

参考 修正申告・更正における延滞税の計算期間の特例

1 延滞税の計算期間の特例の適用

延滞税算出における控除期間

| 当初申告が期限内申告でその法定納期限から1年を経過する日後に修正申告又は更正があった場合 | ⇨ | その法定申告期限から1年を経過する日の翌日から修正申告書の提出（更正通知書の発せられた日）までの期間 |

＊（事例1、4）

| 当初申告が期限後申告の場合 | ⇨ | 上記の「その法定申告期限から」を「その期限後申告書の提出があった日の翌日から起算して」と読み替えます。 |

＊（事例2、5）

第7章 附帯税

2 重加算税の賦課に伴う延滞税の計算期間の特例の不適用

《修正申告・更正の場合》

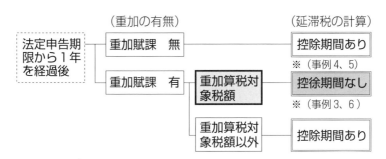

修正申告・更正に係る延滞税の計算

〔事例1〕

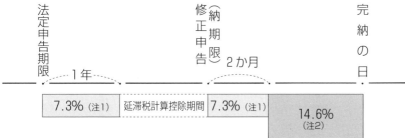

〔事例2〕

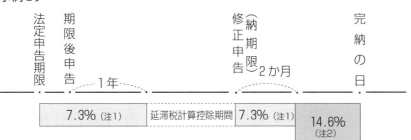

〔事例3〕 修正申告に係る税額が全額重加算税対象税額の場合

〔事例4〕 更正に係る税額の全額が重加算税対象税額以外の場合

〔事例5〕 期限後申告後、更正に係る税額の全額が重加算税対象税額以外の場合

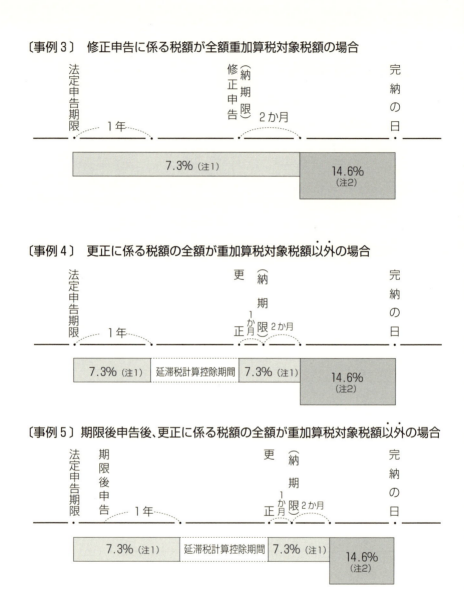

〔事例６〕 更正に係る税額の全額が重加算税対象税額の場合

（注１）本則に基づく延滞税の割合です。
　　　平成12年１月１日以後平成25年12月31日までの期間に対応する延滞税の割合は、前記
　　２［表１］の①欄記載の各割合に、また平成26年１月１日以後平成26年12月31日までの
　　期間に対応する延滞税の割合は、前記［表２］の①欄記載の年2.9％となります。
（注２）本則に基づく延滞税の割合です。
　　　平成12年１月１日以後平成25年12月31日までの期間に対応する延滞税の割合は、前記
　　２［表１］の②欄記載の年14.6％ですが、平成26年１月１日以後平成26年12月31日まで
　　の期間に対応する延滞税の割合は、前記［表２］の②欄記載の年9.2％となります。

《具体例》 控除期間－申告所得税の場合

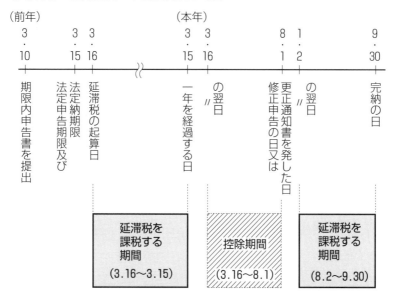

参考 延滞税の割合の特例（措94）

〔制度の概要〕

　延滞税の年14.6％の割合及び年7.3％の割合は、各年の特例基準割合が年7.3％の割合に満たない場合には、その年（「特例基準割合適用年」といいます。）の中においては、次のような割合になります（措94①）。

> ① 年14.6％の割合……「特例基準割合＋年7.3％」
> ② 年7.3％の割合………「特例基準割合＋年1％」

　ここにいう「特例基準割合」とは、

「国内銀行の貸出約定平均金利（基準金利）＋1％」をいいます。

　具体的には、日本銀行が公表する各年の前々年の10月から前年の9月までの各月における短期貸付け平均利率の合計を12で除して計算した割合として、各年の前年の12月15日までに財務大臣が告示する割合に、年1％の割合を加算した割合をいいます（措93②）。

特例基準割合が年7.3％未満 ⇨

14.6％ ⇨	特例基準割合（「貸出約定平均金利＋1％」）＋7.3％
7.3％ ⇨	特例基準割合（「貸出約定平均金利＋1％」）＋1％

〔延滞税の計算〕

（例）申告所得税（確定申告分）……貸出約定平均金利の平均が0.9％の場合

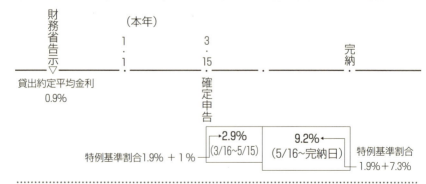

4 延滞税の免除

　延滞税は、国税債務の履行遅滞に対して課されることから、その履行遅滞が納税者につきやむを得ない理由によるものであれば、延滞税を免除することができます（通63）。

(1) 納税の猶予等又は滞納処分の停止をした場合の一般的免除

　国税通則法第46条第1項から第2項までの規定による納税の猶予、国税徴収法第151条の規定による換価の猶予又は同法第153条第1項の規定による滞納処分の執行を停止した場合には、その猶予又は停止をした国税に係る延滞税のうちその猶予又は停止をした期間に対応する部分の金額は、免除します。

　ただし、国税通則法第49条第1項《納税猶予の取消し》又は国税徴収法第152条《換価の猶予の取消し》若しくは同法第154条第1項《滞納処分の停止の取消し》の規定による取消しの基因となるべき事実が生じた場合には、その事実が生じた日以後の期間に対応する部分の金額については、税務署長等は、その免除をしないことができます（通63①）。

　この「猶予又は停止をした期間」とは、猶予の場合には猶予期間の始期から終期までをいい、滞納処分の停止の場合には停止の決議を行ったその日からその取消しの日又は本税額が完納、賦課の取消し、充当等により消滅した日までの期間をいいます。また、「免除する」とは、法律の規定により当然に免除されることをいいます。

(2) 納期限の延長をした場合の免除

　税務署長等は、災害その他やむを得ない理由により、各税法に基づく申告、申請、請求、届出その他書類の提出、納付又は徴収に関する期限までにこれらの行為をすることができないと認めるときは、その理由の止んだ日から2月以内に限り、当該期限を延長することができます（通11）。

　この延長が納期限について適用された場合において、その納期限が法定納期限であるときは、これが延長されるため、延滞税の計算期間の起算日

が延長されることとなり、その延長された期間は、当然延滞税は課されないこととなります。他方、この納期限が法定納期限後の具体的納期限である場合には、この延長がされても、延滞税の計算の起算日の基準となる法定納期限についてはなんら影響をうけないこととなるので、この具体的「納期限」の延長されている期限につき延滞税が課されることとなります。しかしながら、このような延長の期間に対応する部分の延滞税については、(1)の場合と同様法律上当然免除することとされています（通63②）。

(3) 納税の猶予等の場合の特別の免除

　納税の猶予又は国税徴収法第151条第1項の規定による換価の猶予をした場合において、納税者が次のいずれかの場合に該当するときは、(1)によるほか税務署長等は、その猶予をした期間に対応する部分の金額で、その納付が困難と認められるものを限度として、免除することができます（通63③）。

　　イ　納税者の財産の状況が著しく不良で、納期又は弁済期の到来した地方税若しくは公課又は債務について軽減又は免除をしなければ、その事業の継続又は生活の維持が著しく困難になると認められる場合において、その軽減又は免除がされたとき。
　　ロ　納税者の事業又は生活の状況によりその延滞税の納付を困難とするやむを得ない理由があると認められるとき。

(4) 徴収の猶予をした場合の免除

　国税通則法第23条第5項ただし書、その他の国税に関する法律の規定により徴収の猶予をした場合には、その猶予をした期間のうち、延滞税が年14.6%の割合により計算される期間に対応する部分の金額につき、2分の1に軽減免除します（通63④）。

(5) 必要な財産の差押え又は相当の担保の提供を受けた場合の免除

　滞納に係る国税の全額を徴収するために必要な財産につき差押えをし、又は納付すべき税額に相当する担保の提供を受けた場合には、税務署長等は、その差押え又は担保の提供に係る国税を計算の基礎とする延滞税につ

き、その差押え又は担保の提供がされている期間のうち、延滞税が年14.6％の割合により計算される期間に対応する部分の金額につき、2分の1に軽減免除することができます（通63⑤）。

(6) 免除の時期及び手続

　延滞税の免除の時期については、明文の規定はありませんが、原則としてその猶予又は停止をした期間の終了の時と解されます。しかしながら、猶予期間経過前においても、現に免除要件に該当し、かつ、期間経過後、確実に免除することができると認められる場合には、将来生ずべき延滞税を免除することもできると解されます。

　免除は、納税者からの申請を要件としませんが、免除した場合には、原則として書面で納税者に通知することとされています。

延滞税免除と裁量
　税務署長は、国税に関する法律に規定されている場合に限り免除することができるのであって、法律の根拠なくその裁量で免除することはできません（東京地判昭和45.11.30）。

参考 国税通則法第63条の延滞税の免除

第1項	・納期限前の国税に係る災害による納税の猶予（通46①） ・滞納国税に係る災害、病気等による納税の猶予（通46②一・二、類似五） ・滞納処分の停止（徴153）	猶予期間又は停止期間に対応する延滞税（全額）
	・滞納国税に係る事業の休廃止等による納税の猶予（通46②三・四・類似五） ・課税手続等が遅延した場合による納税の猶予（通46③） ・換価の猶予（徴151）	猶予期間に対応し、かつ、年7.3％を超える部分
第2項	・国税通則法第11条による災害等による期限の延長（通11）	延長期間に対応する延滞税（全額）
第3項	・事業体廃止等による納税の猶予（通46②三・四・類似五） ・納税の猶予（通46③） ・換価の猶予（徴151）	やむを得ない期間に対応する延滞税（猶予期間に対応する7.3％部分に延滞税）
第4項	・徴収の猶予	年7.3％を超える部分
第5項	・財産の差押え ・担保の提供があった場合	年7.3％を超える部分
第6項	納付委託の場合	取立期日の翌日から納付があった日までの期間（通46⑥一）
	納税貯蓄組合預金による納付委託	納付委託があった日の翌日から実際に納付があった日までの期間（通46⑥二）
	災害等の場合	天災により納付することができない事由が生じた日から事由が消滅した日以後7日を経過した日までの期間（通46⑥三）
	交付要求の場合	交付要求により、金銭を受領した日から交付を受けた金銭を国税に充てた日までの期間（通令26の2一）
	人為災害等の場合	災害又は事故が生じた日からこれらが消滅の日以後7日を経過した日までの期間（通令26の2二）

（注）特別法による免除
1. 還付加算金の不加算充当に対応する免除（所138④、139④、法78③、79④、消52③、53④等）
2. 移転価格課税に係る免除（措66の4㉑等）
3. 移転価格税制に係る納税の猶予に係る免除（措66の4の2）
4. 非上場株式等についての相続税・贈与税の納税の猶予に係る免除（措70の7の2⑳等）
5. 輸入品に課する内国消費税に係る免除（輸徴18）
6. 会社更生法による免除（会更169①、通基通63－17）

利子税

Q 7-3 相続税の延納が認められた場合、その延納期間においては利子税がかかると聞いていますが、この利子税とはどのようなものですか。

A 一定の条件により延納若しくは物納又は納期限の延長などが認められた国税については、それぞれ延長された期間に応じて、利子税が課されます。例えば相続税の延納の場合、その延納期間において原則として年6.6％などの利子税が課されます。

この利子税とは、いまだ履行遅滞に陥っていない場合に課せられる民事における約定利息に相当するものです。

解説

1 課税要件

延納が認められた国税についてその延納期間に対して「**利子税**」が課されます（通64①、所131①、132①、相38①③）。また、納税申告書の提出期限が延長された国税について、その延長された期間に対しても「利子税」が課されます（法75の2⑥）。

この利子税は、遅延利息たる延滞税とは異なり、いまだ履行遅滞に陥っていない場合に課せられる民事における約定利息に相当するものです。

参考 利子税の課税要件

利子税	所得税	確定申告税額の延納（所131）
		延払条件付譲渡に係る延納（所136）
	法人税	災害等による申告書の提出期限の延長（法75）
		会計監査による申告書の提出期限の延長（法75の2）
	相続税	相続税の延納（相52）
		相続税の物納（相53）
		相続税の物納撤回（相53）
		相続税の納税猶予（措70の6）
	贈与税	贈与税の延納（相52）
		贈与税の納税猶予（措70の4）

2 課税割合

　利子税の課税割合は、法定納期限の翌日から延納中（又は延長期間中）の未納税額に対し、その納付する期間に応じ、原則として、所得税及び法人税については年7.3％、相続税及び贈与税については年6.6％です（所131③、136、法75⑦、75の2⑥、145①、措66の3、相52①、措70の4、70の6）。

☞ **参考** 利子税の割合の特例（措93）242ページ参照

参考　利子税の課税要件と利子税の課税割合（概要）

所得税	確定申告税額の延納（所131）	確定申告書を提出した者は、確定申告期限までにその申告による納付すべき税額の2分の1以上を納付し、「延納届出書」を提出することにより、残余の税額をその年の5月31日まで延納することができます。 ⇒この場合、延納税額につき、確定申告期限の翌日から延納期限までの日数に応じ、年7.3%の割合で利子税が課されます。	年7.3%
	延払条件付譲渡に係る延納（所136）	確定申告書又は死亡の場合の準確定申告書をその提出期限までに提出した者は、その年の所得税額のうちに占める山林所得又は譲渡所得に係る延払条件付譲渡による税額が2分の1以上であり、かつ、その税額が30万円を超えるときは、確定申告期限までに延納申請書を提出して許可を受けて延納することができます。 ⇒この場合、延納税額につき、法定納期限の翌日から延納期限までの日数に応じ、年7.3%の割合で利子税が課されます。	年7.3%
法人税	災害等やむを得ない理由による提出期限の延長（法75）	災害その他やむを得ない理由により決算が確定しないため、法人税の確定申告書又は連結確定申告書を法定申告期限までに提出することができないと認められる場合、事業年度又は連結事業年度終了後45日以内に税務署長に申請して、その提出期限の延長を受けることができます。 ⇒この適用を受けた場合、法定申告期限の翌日から提出期限までの日数に応じ、年7.3%の割合で利子税が課されます。	年7.3%
	会計監査による申告書の提出期限の延長（法75の2等）	会計監査人の監査を受けなければならないことその他これに類する理由により決算が確定しないため当該事業年度又は連結事業年度以後の各事業年度又は連結事業年度の申告書をそれぞれの法定申告期限までに提出することができない常況にあると認められる場合には、当該事業年度又は連結事業年度終了の日までに申請して、原則として1月間（連結確定申告書については2月間）の提出期限の延長を受けることができます。	年7.3% ～ 年12.775%

		⇒この適用を受けた場合、法定申告期限の翌日から提出期限までの日数に応じ、次の割合で利子税が課されます。$$7.3\% + \left(0.73 \times \frac{\begin{pmatrix}\text{法定納期限の日に}\\\text{おける基準割引率}\end{pmatrix} - 5.5\%}{0.25\%}\right)$$ ただし、最低年7.3%、最高年12.775%	
相続税・贈与税	相続税の延納（相38、52、措70の8〜11）	税務署長は、納税申告又は更正若しくは決定により納付すべき相続税額が10万円を超え、かつ、その税額について金銭で納付することを困難とする理由がある場合には、納税者の申請により、その納付を困難とする金額を限度として、担保を提供させ、5年以内の延納を許可することができます。 ⇒相続税の延納の許可を受けた場合、延納期間に応じ、次の割合の利子税が課されます。 イ　原則　年6.0% ロ　相続税額の計算の基礎となった相続財産の価額の合計額のうちに占める不動産等の価額の割合が5割以上の場合　不動産等の価額に対応する部分の税額については年3.6%、その他の部分については年5.4% ハ　相続税額の計算の基礎となった相続財産の価額の合計額のうちに占める不動産等の価額の割合が7.5割以上の場合　不動産等の価額に対応する部分の税額については年3.6% ニ　相続額の計算の基礎となった相続財産の価額の合計額のうちに占める不動産等の価額の割合が5割未満で、かつ、立木の価額の割合が3割を超える場合　立木の価額に対応する部分の税額については年4.8% ホ　相続税額の計算の基礎となった相続財産の価額の合計額のうちに占める不動産等の価額の割合が5割未満で、かつ、相続税額の計算の基礎となった相続財産中に緑地保全地区、歴史的風土特別保存地区等の土地が含まれている場合　これらの土地の価額に対応する税額については年4.2% ヘ　相続税額の計算の基礎となった相続財産の合計額のうちに占める森林施業計画区域内の立木の価額の割合が2割以上の場合　立木の価額に対応する部分の税額については年1.2%	年6.0%等

	なお、納税猶予の適用を受けた相続税のうち、都市計画の決定又は変更等により猶予期限が到来した税額についても5年以内の延納が認められるが、この場合には、延納期間に応じて年6.6％の割合の利子税が課されます。また、相続税の延納の申請が却下された場合は、納期限又は納付すべき日の翌日から却下があった日までの期間に応じ、年7.3％の割合の利子税が課されます（措70の6）。	
贈与税の延納 (相52)	税務署長は、納税申告又は更正若しくは決定により納付すべき贈与税額が10万円を超え、かつ納税者について金銭で一時に納付することを困難とする理由がある場合には、納税者の申請により、その納付を困難とする金額を限度として、担保を提供させ、5年以内の延納を許可することができます。 ⇒贈与税の延納の許可を受けた場合、延納期間に応じ、年6.6％の割合の利子税が課されます。	年6.6％
相続税の物納 (相53)	税務署長は、納税申告又は更正若しくは決定により納付すべき相続税額を延納によっても納付することが困難とする事由がある場合は、納税者の申請により、その納付を困難とする金額を限度として、物納を許可することができます。 ⇒物納の許可を受けた場合、審査事務に要した時間の除き、納期限又は納付すべき日の翌日から物納財産の引渡し、所有権の移転の登記等により納付があったものとされた日までの期間に応じ、年7.3％の割合の利子税が課されます。 　また、物納の撤回の承認を受けた場合、物納の申請の却下があった場合又は物納取消しを受けた場合にも利子税が課されます。	年7.3％
農地等についての相続税の納税猶予 (措70の6)	農業相続人は、農業を営んでいた被相続人から相続又は遺贈により特定市街化区域農地等に該当しない農地、採草放牧地等を取得した場合には、期限内申告書に納税猶予の適用を受ける旨を記載し、かつ、担保を提供することにより、その取得した農地等に係る課税価額中の農業投資価格を超える部分の価額に対応する相続税に	年3.6％ 年6.6％

		つき納税猶予を受けることができます。 　①猶予期限は、(イ)農業相続人(都市営農農地等を有しない者に限る。)の有する市街化区域外の農地又は採草放牧地については、農業相続人の死亡の日とされ、(ロ)市街化区域内の農地又は採草放牧地(都市営農農地等を除く。)については、申告期限から20年を経過する日とその農業相続人の死亡の日とのいずれか早い日(都市営農農地等を有する農業相続人にあってはその農業相続人の死亡の日)とされ、かつ、猶予税額は、その猶予期限の到来時に免除されます。 　②しかしながら、その猶予期限前に農業相続人が農業経営を廃止する等の法定の事由に該当することとなった場合(営農困難時貸付けの特例(措置法70条の6第27項、70条の4第21項)の適用がある場合を除く。)には、当該事由に該当した日から2か月を経過した日が猶予期限とされ、かつ、その猶予期限までに猶予税額を納付しなければなりません。②の場合には、当該猶予税額につき、その申告期限の翌日から納税猶予期限までの期間に応じ(イ)都市営農農地等を有する農業相続人の納税猶予額及び(ロ)前記(イ)の農業相続人以外の農業相続人の納税猶予額のうち市街化区域外の特例農地等に対応する部分は年3.6%とされ、前記(ロ)の者が有する市街化区域内の特例農地等に対応する部分については年6.6%の割合の利子税が課されます。	
	農地等についての贈与税の納税猶予 (措70の4)	農業を営む個人がその者の推定相続人の一人に特定市街化区域農地等に該当しない農地の全部及びその用に供している採草放牧地並びに準農地の3分の2以上の部分を一括して生前に贈与した場合において、その贈与を受けた者が贈与税の期限内申告書に納税猶予の規定の適用を受ける旨記載し、かつ、担保を提供した場合には、その農地等の価額に対応する贈与税は、贈与者の死亡の日まで納税が猶予がされます。 　この場合において、贈与者が死亡したときは贈与税は免除され、これらの農地等は相続により取得したものとみなされますが、贈与者の死亡前に当該農地等の2割を超える部分を譲渡したときその他特定の条件違反があったとき(営	年3.6%

		農困難時貸付けの特例（措置法第70条の4第21項）の適用がある場合を除く。）は、納税猶予の期限が到来し、贈与税を納付しなければなりません。この場合には、申告期限の翌日から譲渡後2か月を経過する日までの期間に応じ、年3.6％の割合で利子税が課されます。	
	非上場株式等についての相続税・贈与税の納税猶予 （措70の7の2、70の7）	経営承継相続人等が、認定承継会社の代表権を有していた一定の個人（被相続人）から相続又は遺贈によりその認定承継会社の非上場株式等の取得をした場合には、一定の要件の下、納税が猶予されます。 　猶予期限は、原則として、その経営承継相続人等の死亡の日までとされているが、この期限が到来する前に、納税猶予期限が繰り上げられ又は納税猶予が打ち切られたことにより、納税猶予分の相続税の全部又は一部の納付を要することとなった場合には、申告期限から納税猶予期限までの期間に応じ年3.6％の利子税が課されます。 　また、経営承継受贈者が、認定贈与承継会社の代表権を有していた一定の個人（贈与者）からその認定贈与承継会社の非上場株式等を贈与により取得した場合には、一定の要件の下、納税が猶予されます。 　猶予期限は、原則として、その贈与者の死亡の日までとされていますが、この期限が到来する前に、納税猶予期限が繰り上げられ又は納税猶予が打ち切られたことにより、納税猶予分の贈与税の全部又は一部の納付を要することとなった場合には、申告期限から納税猶予期限までの期間に応じ年3.6％の利子税が課されます。	年3.6％

（注）上記利子税の割合のうち平成12年1月1日以後、利子税の割合の特例が適用されるものがあります（措93）。

3 計算方法

利子税の計算方法は、延滞税の場合と同様です。

なお、利子税の計算期間については、延滞税は課されません（通64②）。つまり、延滞税は、原則として法定納期限の翌日からその計算の基礎となる国税の完納の日までの期間がその課税期間とされますが、その課税期間が利子税の課税期間を含む時は、国税通則法第64条により、利子税の計算期間は、延滞税の計算期間に算入しないこととされています。

4 利子税の免除

利子税においても、延滞税の免除と同様、次のように利子税が免除される場合があります（通64③、63②、⑥）。

災害等による期限の延長措置（通11）により延納期限又は法人税法第75条の規定により指定された確定申告期限が延長された場合	延長前の延納期限又は指定された提出期限の翌日から延長された期限までの期間に対応する利子税が免除
納付委託の場合、災害の場合等、国税通則法第63条第6項に規定する延滞税の免除事由に該当する場合	延滞税の免除に準じて利子税が免除

参考 延滞税と利子税

	延 滞 税	利 子 税
課税要件	次の各号に掲げる国税で、それぞれの事実に該当するときに課されます（通60）。 1　申告納税方式による国税 (1)　期限内申告書を提出した場合に、その納付すべき国税を法定納期限までに完納しないとき。 (2)　期限後申告書、修正申告書を提出し、又は更正、決定により、納付すべき国税があるとき。 2　賦課課税方式による国税 　納税の告知による納付すべき国税を、その法定納期限までに完納しないとき。 3　予定納税による所得税 　予定納税による所得税を、その法定納期限までに完納しないとき。 4　源泉徴収などによる国税 　源泉徴収などによる国税を、その法定納期限までに完納しないとき。	延納が認められた国税又は納税申告書の提出期限が延長された国税について、延納期間又は延長した期間に対して課されます（通64①、所131、136、相52、③、法75，75の2）。
課税割合	法定納期限の翌日から、その国税を完納する日までの期間に応じ、未納税額に対し年14.6％の割合で計算します。 ただし、納期限までの期間及びその翌日から起算して2月を経過する日までの期間については、この割合は年7.3％になります（通60②）。	法定納期限の翌日から延納又は延長期間中の未納税額に対し納付する期間に応じ、原則として、所得税、法人税については年7.3％（所131、136、法75、75の2）、相続税、贈与税については年6.6％の割合で計算します（相52）。
計算方法	$$\frac{本税の額 \times 年14.6\% \times 計算期間}{365}$$ （注）納期限の翌日から2月を経過する日までは、上記算式上、「年14.6％」は「年7.3％」となります。	左記に同様。 ただし、相続税、贈与税については、相続税法第52条の計算方法により行います。
その他	1　本税のみについて課され、いわゆる複利計算はしません（通60②）。 2　計算の基礎となる国税の税目として本税と併せて納付します（通60③、④）。	左記1〜2は同じ（通64①、③）。 なお、利子税の計算期間については、延滞税は課されません（通64②）。

（注）　上記利子税等の割合については、特例制度があります（参考 利子税の割合の特例（措93）参照）。

参考 利子税の割合の特例（措93）

1 利子税の割合の特例（措93①）

〔対象となる利子税〕

対象となる利子税	（本則の割合）
所得税の確定申告税額の延納に係る利子税（所131、166）	年7.3%
延払条件付譲渡に係る所得税額の延納に係る利子税（所136、166）	年7.3%
災害等により決算が確定しない場合における法人税の確定申告期限の延長に係る利子税（法75、81の23、145）	年7.3%
会計監査法人の監査を受けなければならないこと等により決算が確定しない場合における法人税の確定申告期限の延長の特例に係る利子税（法75の2、81の24、145）	年7.3%、ただし、基準割引率が年5.5%を超える期間については、年7.3%の割合を基準割引率に連動させて引き上げた割合（最高12.775%）
相続税の連帯納付義務者が連帯納付義務を履行する場合において延滞税に代えて納付する利子税（相51の2）	年7.3%
相続税若しくは贈与税の延納の申請の却下があった場合又は延納の申請を取り下げたものとみなされる場合に係る利子税（相52）	年7.3%
相続税の物納に係る以下の利子税（相53） ① 物納の許可を受けた場合 ② 物納の撤回により金銭で一時に納付すべき税額がある場合 ③ 物納の撤回に係る延納の許可を受けた場合（延納の許可を受けた日までの部分） ④ 物納の申請の却下又は物納の申請を取り下げたものとみなされる場合 ⑤ 物納の許可の取消しを受けた場合	年7.3%

〔利子税の割合の特例〕

　利子税の年7.3%の割合は、各年の特例基準割合が年7.3%の割合に満たない場合には、その年中においては、当該特例基準割合になります（措93①）。

ここにいう「特例基準割合」とは、「国内銀行の貸出約定平均金利＋1％」をいいます。

具体的には、日本銀行が公表する各年の前々年の10月から前年の9月までの各月における短期貸付け平均利率の合計を12で除して計算した割合として各年の前年の12月15日までに財務大臣が告示する割合に、年1％の割合を加算した割合をいいます（措93②）。

特例基準割合が …… 7.3% ⇨ 特例基準割合（「貸出約定平均金利＋1％」）
年7.3%未満

〔利子税の額の計算〕

これらの利子税の額は、その延納税額等の納付に際して、利子税の額の計算基準期間について、その期間に対応する年（延払条件付譲渡に係る所得税の延納のようにその期間が2年以上の年にまたがる場合はそれぞれの年）の特例基準割合によって特例の適用の有無を判定し、この特例が適用される期間については特例割合（特例基準割合）により、計算します。

(例)申告所得税の延納分に係る利子税(所131)の計算──貸出約定平均金利が0.9%の場合

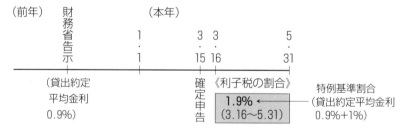

〔法人税の利子税の特例との関係〕

法人税の確定申告期限の延長の特例に係る利子税（法75の2⑥）については、この利子税の割合の特例と法人税の確定申告期限の延長の特例に係る利子税の特例（措66の3）のいずれの要件にも該当する場合があります。

つまり、この利子税の割合の特例は、特例割合を暦年に適用するものであり、一方、法人税の利子税の特例は、法人税の法定申告期限における基準割引率を基準として計算した割合を法定申告期限の延長期間に適用するものであることから、基準

割引率が急上昇すれば、両方の特例の要件に該当することも考えられます。この場合に、個別税目に係る特例を優先的適用するという観点から、法人税の利子税の特例を優先的に適用することとされています（措66の3）。

2　相続税及び贈与税の延納利子税の割合の特例（措93③）

〔対象となる利子税〕

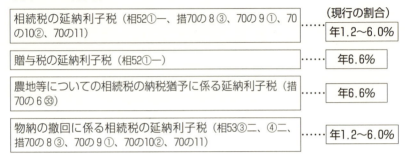

〔利子税の割合の特例〕

　相続税及び贈与税の延納利子税の割合は、各分納期間の延納特例基準割合が年7.3％に満たない場合には、その分納期間においては、これらの利子税の割合にその延納特例基準割合が年7.3％に占める割合を乗じて計算した割合とすることとされています（措93③）。

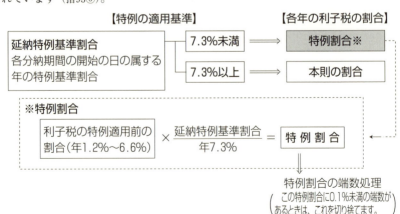

〔延納利子税の計算〕

　各分納期間に係る利子税の額は、その分納期間の分納税額の納付に際して、その分納期間の延納特例基準割合によってこの特例の適用の有無を判定し、この特例が適用される場合には特例割合により計算します。

（例）　相続税の延納分に係る利子税（相52①）の計算－貸出約定平均金利が0.9%の場合

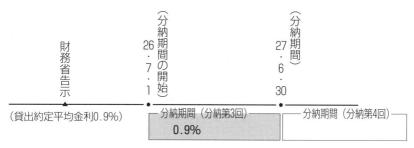

○特例割合の計算（上記の場合）

$$\underset{\text{(現行の利子税の割合)}}{3.6\%} \times \frac{\underset{\text{(延納特例基準割合)}}{(0.9\% + 1.0\%)}}{\text{年}7.3\%} = 0.93 \Rightarrow 0.9\%$$

平成26年中に開始する分納期間に適用される延納利子税の特例割合

区　　　分			延納期間（最高）	延納利子税割合（年割合）	特例割合
相続税	不動産等の割合が75%以上の場合	①動産等に係る延納相続税額	10年	5.4%	1.4%
		②不動産等に係る延納相続税額（③を除きます。）	20年	3.6%	0.9%
		③計画伐採立木の割合が20%以上の場合の計画伐採立木に係る延納相続税額	20年	1.2%	0.3%
	不動産等の割合が50%以上75%未満の場合	④動産等に係る延納相続税額	10年	5.4%	1.4%
		⑤不動産等に係る延納相続税額（⑥を除きます。）	15年	3.6%	0.9%
		⑥計画伐採立木の割合が20%以上の場合の計画伐採立木に係る延納相続税額	20年	1.2%	0.3%

不動産等の割合が50%未満の場合	⑦一般の延納相続税額（⑧、⑨及び⑩を除きます。）	5年	6.0%	1.5%
	⑧立木の割合が30%を超える場合の立木に係る延納相続税額（⑩を除きます。）	5年	4.8%	1.2%
	⑨特別緑地保全地区等内の土地に係る延納相続税額	5年	4.2%	1.0%
	⑩計画伐採立木の割合が20%以上の場合の計画伐採立木に係る延納相続税額	5年	1.2%	0.3%
贈与税	延納贈与税額	5年	6.6%	1.7%

（注）上記の「特例割合」は、貸出約定平均金利が0.9%の場合の割合を示しています。

3 相続税及び贈与税の納税猶予等に係る利子税の割合の特例（措93⑤）

〔対象となる利子税〕

農地等についての相続税及び贈与税の納税猶予（措70の4、70の6）
山林についての相続税の納税猶予（措70の6の4）
非上場株式等についての相続税及び贈与税の納税猶予（措70の7、70の7の2、70の7の4）

〔利子税の割合の特例〕

　上記の相続税及び贈与税の納税猶予に係る利子税の割合は、各年の特例基準割合が年7.3%に満たない場合には、その年中においては、これらの利子税の割合にその特例基準割合が年7.3%に占める割合を乗じて計算した割合とすることとされています（措93⑤）。

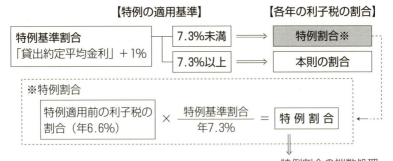

〔利子税の計算〕

　これらの利子税の額は、その相続税又は贈与税の納付に際して、これらの利子税の額の計算基礎期間について、その期間に対応する年（その期間が2以上の年にまたがる場合にはそれぞれの年）の特例基準割合によってこの特例の適用の有無を判定し、この特例が適用される期間については特例割合により、それぞれ計算します。

（例）　相続税の納税猶予に係る利子税の計算──貸出約定平均金利が0.9％の場合

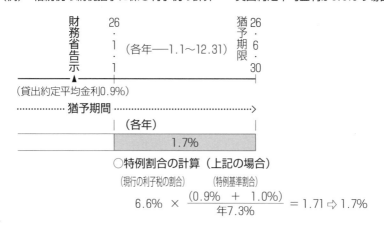

加算税の種類

Q 7-4 加算税は、どのような場合に課されますか。また、どのような種類がありますか。

A 加算税は、法定申告期限又は法定納期限までに適正な申告、納付がない場合に課されます。また、その種類としては、過少申告加算税、無申告加算税、不納付加算税及び重加算税があります。

解説

1 加算税の概要等

申告納税方式による国税は、納税者の行う申告により確定することを原則とします。この申告の意義は重要であり、適正な申告を行わない者に対しては、一定の制裁を加え、その申告秩序を維持することが要請されます。国税通則法第65条から69条まで、この行政上の制裁の一環としての加算税について規定しています。

(1) 加算税の種類等

加算税は、賦課課税方式により確定する税の1つですが、申告納税方式による国税及び源泉徴収等による国税が、法定申告期限又は法定納期限までに適正な申告又は納付がされない場合に課されます。

この加算税は、法定申告期限又は法定納期限を経過した時に成立し(通15②)賦課決定による確定手続により確定します。

また、この加算税は、過少申告加算税、無申告加算税、重加算税と源泉徴収などを対象とした不納付加算税の4種類に区分されます。

加算税の種類
・申告納税方式による国税……過少申告加算税、無申告加算税、重加算税
・源泉徴収による国税…………不納付加算税

(2) 加算税の性格

　加算税は、納税者の行うべき申告及び納付義務の履行について、国税に関する法律の適正な執行を妨げる行為又は事実に対する防止及び制裁措置、一種の行政制裁的な性格を有するものです。

2　加算税と延滞税

　行政罰に対してさらに遅延利子を付加することを避けるという考慮及び負担過重を避けるという考慮から各種加算税には延滞税は課されません。

> **参考　加算税の性質**
>
> 　申告納税方式による国税に係る過少申告加算税と重加算税は、ともに申告義務違背に対する制裁という点では、同性質を有し（最高判昭和39.2.18）、無申告加算税を課すべきであるのに過少申告加算税を課しても、その処分は重大なかしがあるとはいえず、納税者の不利益を受けるものではない（最高判昭和39.2.18、最高判昭和40.2.5）とされています。

> **参考　加算税の法的性質について判断を示した裁判例**
>
> 　所得税法は、いわゆる申告納税主義を採用し、納税者自らが課税標準を決定し、これに自らの計算に基づいて税率を適用して税額を算出し、これを申告して第一次的に納付すべき税額を確定させるという体系をとっています。
>
> 　こうした申告納税主義のもとでは、適正な申告をしない者に対し、一定の制裁を加えて、申告秩序の維持をはかることが要請されますが、このような行政上の制裁の一環として、過少申告の場合について規定されたのが過少申告加算税（通65）です（神戸地判昭和58.8.29・税資133号521頁参照）。
>
> 　このほかにも、同じような判断を示したものに東京地裁昭和48年1月30日判決（税資69号193頁）などがあります。

各種加算税の課税要件及び課税割合等

種類	課税要件	課税割合 （増差税額に対する）	不適用又は課税割合の軽減 要件	不適用又は軽減割合
過少申告加算税（通65）	① 申告期限内に提出された納税申告書に記載した金額が過少で修正申告又は更正する場合 ② 還付請求申告書に記載した金額が過大で修正申告又は更正する場合	10% ただし、期限内申告税額相当額又は50万円のいずれか多い金額を超える部分の税額（加重対象税額）は、上記10%のほか、更に5%	修正申告又は更正前の税計算の修正原因に正当な理由がある場合	不適用
			更正がされることを予知しないで修正申告をした場合	
無申告加算税（通66）	① 申告期限までに納税申告書を提出しないで、期限後申告又は決定する場合 ② 期限後申告又は決定があった後に、修正申告又は更正する場合	15% ただし、納付すべき税額が50万円を超えるときは、その超える部分については、上記15%のほか、更に5%	① 期限内申告書の提出できなかったことについて、正当な理由がある場合 ② 期限後申告書の提出が、調査があったことにより、決定を予知してされたものでなく、法定申告期限内に申告する意思があったと認められる一定の場合で、かつ、当該申告書の提出が法定申告期限から2週間を経過する日までに行われている場合	不適用
			決定又は更正がされることを予知しないで期限後申告又は修正申告をした場合	5%
不納付加算税（通67）	源泉徴収により納付すべき税額を法定納期限までに納付しないで、法定納期限後に納付又は納税の告知をする場合	10%	① 法定納期限までに納付できなかったことについて、正当な理由がある場合 ② 納税の告知を受けることなく、その法定納期限後に納付された場合で、法定納期限前に納付する意思があったと認められる一定の場合で、かつ、当該国税が法定納期限から1月を経過する日までに納付されたものである場合	不適用
			納税の告知がされることを予知しないで法定納期限後に納付した場合	5%
重加算税（通68）	過少申告加算税が課される場合に、国税の計算の基礎となる事実を隠ぺい仮装したところに基づき納税申告書を提出した場合（同1項）	35%		
	無申告加算税が課される場合に上記の隠ぺい仮装の事実がある場合（同2項）	40%		
	不納付加算税が課される場合に上記の隠ぺい仮装の事実がある場合（同3項）	35%		

過少申告加算税

Q 7-5 修正申告書を提出したところ、後日、過少申告加算税の通知が届きました。この過少申告加算税とはどのようなものですか。

A 申告期限内に提出された納税申告書に記載した金額が過少で、後に修正申告又は更正した場合、その増差税額に課するものが過少申告加算税です。

解説

1 課税要件

課税要件と課税割合

申告納税方式による国税に関し、次に掲げる場合において修正申告書の提出又は更正があったときは、当該納税者に対し、その修正申告又は更正に基づき新たに納付すべき税額に10％の割合を乗じて計算した金額に相当する**過少申告加算税**が課されます。

① 期限内申告書が提出された場合

② 還付請求申告書が提出された場合

③ 期限後申告書が提出されたときで国税通則法第66条第1項ただし書の適用がある場合又は法定申告期限内に申告する意思があったと認められる場合

課　税　要　件	課税割合（増差税額に対する）	不適用の要件
① 申告期限内に提出された納税申告書に記載した金額が過少で修正申告又は更正した場合 ② 還付請求申告書に記載した金額が過大で修正申告又は更正した場合	10％ 　ただし、期限内申告税額相当額又は50万円のいずれか多い金額を超える部分の税額（加重対象税額）は、上記10％のほか、更に5％	修正申告又は更正前の税額計算の修正原因に正当な理由がある場合
		更正がされることを予知しないで修正申告をした場合

2 過少申告加算税の計算

○ 通常の場合の過少申告加算税

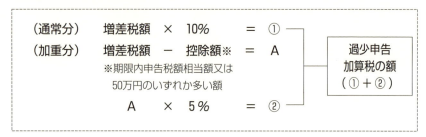

○ 過少申告加算税の加重

　過少申告加算税の額は、修正申告又は更正に基づき新たに納付すべき税額（当該修正申告又は更正の前に修正申告又は更正があるときは、累積増差税額※1を加算した金額）が、期限内申告税額※2相当額又は50万円のいずれか多い金額を超えるときは、その超える部分の税額に係る過少申告加算税は、通常の過少申告加算税の額にさらにその超える部分の税額に5％を乗じて得た金額を加算した金額となります（通65）。

(注)　※1 「累積増差税額」とは

　　「累積増差税額」とは、過少申告加算税を計算しようとする修正申告又は更正の前に修正申告又は更正があるときにおけるその修正申告等により納付すべき税額の合計額をいいます（通65③）。ただし、次に掲げる①、②又は③の事由があるときは、それに相当する部分の金額は、その合計額から控除されます。
①　修正申告又は更正により納付すべき税額を減額させる更正
②　不服申立て又は訴えについての決定・裁決又は判決による更正の全部又は一部の取消し
③　納付すべき税額のうちに、期限内申告の基礎とされなかったことについて正当な事由があると認められるものがあるとき

※2 「**期限内申告税額**」とは

「期限内申告税額」とは、期限内申告書又は期限内申告書が提出されないことについて正当な理由がある場合の期限後申告書の提出により納付すべき税額若しくは法定申告期限内に申告する意思があったと認められる場合の期限後申告書の提出により納付すべき税額とし、所得税、法人税、相続税又は消費税について次に掲げる金額があるときは、その金額を加算した金額とし、所得税、法人税、相続税又は消費税に係るこれらの申告書に記載された還付金があるときは、その金額を控除した金額とされます（通65③二）。
  ・所得税……源泉徴収税額、外国税額控除、予納税額、災害減免額
  ・法人税……源泉徴収税額、外国税額控除、中間納付額
  ・相続税・贈与税……外国税額控除、相続時精算課税に係る贈与税相当額
  ・消費税……中間納付額

参考 過少申告加算税の加重の意義

過少申告加算税は、修正申告又は更正により新たに納付すべき税額の10％とされています。その結果、加重しなければ、本来申告すべき税額のほとんどについて期限内に申告している場合も、逆に、ほんの一部を期限内に申告したのみでほとんどが申告漏れとなっている場合でも一率に10％になるという問題が生じます。

他方、無申告の場合には、15％の無申告加算税とされているところから、そのほとんどの部分が申告漏れとなっているときと、無申告のときとで、加算税は10％と15％という大きな差が生じる結果となります。そこで、このような較差をなくすために、過少申告の場合に、その申告漏れの割合により加算税の実質負担に差をつけ、申告漏れ割合が大きくなるに従って、過少申告加算税の実効割合が無申告加算税に近づくようにすることにより、その申告水準を向上させようとするものです。

参考 国外財産調書制度と過少申告加算税

平成24年に国外財産調書制度が創設され、①国外財産調書を提出した場合には、記載された国外財産に関して所得税・相続税の申告漏れが生じたときであっても、過少申告加算税を5％減額する一方、②国外財産調書の提出がない場合又は提出された国外財産調書に国外財産についての記載がない場合（重要な事項の記載が不十分であると認められる場合を含みます。）に所得税の申告漏れが生じたときは、過少申告加算税を5％加重する特例が設けられています（国外送金6）。

参考 過少申告加算税額（通65）の具体的算定方法

○ 通常の場合

増差税額 × 10％ ＝ 納付すべき加算税の額
（1万円未満端数切捨て）　（100円未満端数切捨て／全額5,000円未満切捨て）

○ 加重分がある場合（通65②）

（通常分）　増差税額 × 10％ ＝ 加算税の額……①
　　　　　（1万円未満端数切捨て）

（加重分）　増差税額 － 控除額 ＝ A
　　　　　（端数切捨て前）（期限内申告税額相当額か50万円のいずれか多い額）

　　　　　A × 5％ ＝ 加算税の額………②
　　　（1万円未満端数切捨て）

　　　　　① ＋ ② ＝ 納付すべき加算税の額
　　　　　　　　　　　（100円未満端数切捨て／全額5,000円未満切捨て）

《設例》

・期限内申告税額　　100万円
・修正申告による年税額　250万円（修正申告により新たに納付すべき税額　150万円）

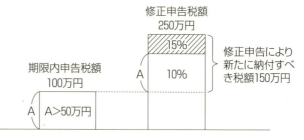

《過少申告加算税》
150万円 × 10％ ＝ 15万円……①
（150万円－100万円）× 5％ ＝ 2万5千円……②
① ＋ ② ＝ 17万5千円

第7章 附帯税

《設例》 加重される過少申告加算税の計算の例示（通65②）

（例1） 期限内申告税額　　　40万円
　　　　更正による年税額　　　50万円（更正により新たに納付すべき税額　10万円）
　　　　再更正による年税額　100万円（再更正により新たに納付すべき税額　50万円）

加算税の計算

○ 更正のとき──通常の過少申告加算税　10,000円（10万円×10％）

> 国税通則法65条1項に規定する納付すべき税額10万円は、期限内申告税額（40万円）又は50万円のいずれか多い額を超えないので、国税通則法65条2項の適用はない。

○ 再更正のとき┬通常の過少申告加算税　　　50,000円（50万円×10％）
　　　　　　　└加重される過少申告加算税　 5,000円（10万円×5％）※
　　　　　　　　　　　　　　合計　55,000円

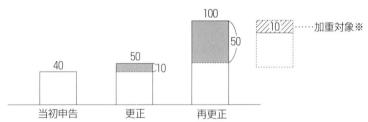

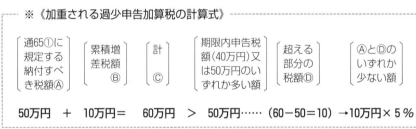

※《加重される過少申告加算税の計算式》

| 通65①に規定する納付すべき税額Ⓐ | 累積増差税額Ⓑ | 計Ⓒ | 期限内申告税額（40万円）又は50万円のいずれか多い額 | 超える部分の税額Ⓓ | ⒶとⒹのいずれか少ない額 |

50万円 ＋ 10万円＝ 60万円 ＞ 50万円……（60−50＝10）→10万円×5％

(例2) 期限内申告税額　　　　　　120万円
　　　更正による年税額　　　　　300万円（更正により新たに納付すべき税額180万円）

[加算税の計算]
　　○　通常の過少申告加算税　　180,000円（180万円×10％）
　　○　加重される過少申告加算税　30,000円（60万円×5％）※
　　　　　合　計　210,000円

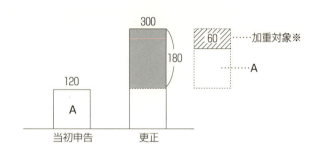

※《加重される過少申告加算税の計算式》

通65①に規定する納付すべき税額Ⓐ		期限内申告税額（120万円）又は50万円のいずれか多い額		超える部分の税額Ⓑ		ⒶとⒷのいずれか少ない額
180万円	＞	120万円	…………	(180－120＝60)	→	60万円×5％

《設例》 重加算税と加重される過少申告加算税の計算の例示（通令27の2）

期限内申告税額　　60万円
更正による年税額　300万円（更正により新たに納付すべき税額　240万円）
　　　　　　　　　上記のうち、重加算税対象額　100万円

加算税の計算

- 通常の過少申告加算税　　140,000円（140万円×10％）
- 加重される過少申告加算税　40,000円（80万円×5％）※
- 重加算税　　　　　　　　350,000円（100万円×35％）

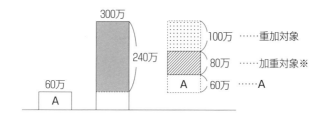

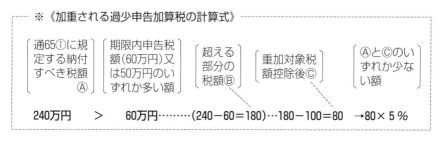

3 過少申告加算税が課されない場合

過少申告加算税が課されない場合 ─┬─ 正当な理由がある場合
　　　　　　　　　　　　　　　　└─ 更正を予知しないで修正申告した場合

(1) 正当な理由がある場合

　過少申告加算税は、修正申告又は更正に基づき新たに納付すべき税額（還付金の額に相当する税額を含みます。）の計算の基礎となった事実のうちにその修正申告又は更正前の税額の計算の基礎とされていなかったことについて「**正当な理由がある場合**」には、その部分については、過少申告加算税が課されません（通65④）。

　なお、国税通則法第65条第2項の規定により加重される場合においても、正当な理由がある場合には、その部分の金額は、修正申告又は更正により納付すべき税額から控除されます。

　この「正当な理由がある場合」とは、真に納税者の責めに帰することのできない客観的な事情があり、過少申告加算税の趣旨に照らしても、なお、納税者に過少申告加算税を賦課することが不当又は酷になる場合をいいます（最高判平成18.4.20民集60巻4号1611頁）。

　例えば、申告所得税についていえば、税法の解釈に関して、申告当時に公表されていた見解が、その後改変されたことに伴い、修正申告をし、又は更正を受けるに至った場合などをいいます。

　また、「正当な理由がある」と認められる事実が、修正申告又は更正により納付すべき税額の計算の基礎となった事実の一部であるときは、その納付すべき税額から正当な理由があると認められる事実のみに基づいて修正申告又は更正があったものとした場合におけるその申告又は更正により納付すべき税額を控除した残余につき過少申告加算税が課されます（通65④、通令27）。

第7章　附帯税

> **参考**　裁判における正当な理由に当たるか否かについての判断
>
> ○　正当な理由に当たるとされた例
>   執行官の職にある者が当初の申告に際し、その年に支給された旅費、宿泊料が記載されている帳簿、資料を提示して税務職員の助言を受け、これらの旅費、宿泊料を事業所得の収入金額としなかったところ、その後これらを収入金額とする更正がされた例（札幌地判昭和50.6.24・税資82号238頁）（なお、札幌高判昭和51.9.19・税資90号227頁及び最高判昭和52.6.14・税資94号687頁は、この事実認定を否定し、税務署の申告指導に応ぜず自己の誤った見解を固執して申告したものであって、正当な事由は存しないとした。）
> ○　正当な理由に当たらないとされた例
>   ①　会社の経理担当役員で代表取締役である者が会社の金銭を横領し、その横領に当たって計上した仮装経費が損金に算入されている例（最高判昭和43.10.17・税資53号659頁）
>   ②　納税者が法律を誤解して過少申告をしていた例（東京高判昭和51.5.24・税資88号841頁、東京高判昭和48.8.31・税資70号967頁）

(2)　更正を予知しないでした修正申告の場合

　過少申告加算税は、修正申告又は更正があった場合に課されますが、このうち、修正申告があった場合において、その申告に係る国税について調査があったことにより当該国税について更正があるべきことを「**予知してされたもの**」でないときは、過少申告加算税を課されないこととされています（通65⑤）。

　なお、国税通則法第65条第2項の規定により加重される場合には、更正を予知しないでした修正申告により納付すべき税額は、累積増差税額の計算上加算されないこととなります。

　この「更正があるべきことを予知して」された申告に当たるか否かについての主張、立証責任は、納税者側にあると考えられます（東京高判昭和61.6.23・税資152号419頁参照）。

ところで、「予知してされたもの」とは、納税者に対する当該国税に関する実地又は呼出等の具体的調査がされた後にされた修正申告をいいます。

> **参考** 更正があるべきことを予知して
>
> ○ 税務職員がその申告に係る国税についての調査に着手して、その申告が不適正であることを発見するに足りるかあるいはその端緒となる資料を発見し、これによりその後調査が進行し更正に至るであろうということが、客観的に相当程度の確実性をもって認められる段階に達した後に、納税者がやがて更正に至るべきことを認識したうえで提出された修正申告書は、「更正があるべきことを予知して」された申告にあたります（東京高判昭和61.6.23・税資152号419頁）。
>
> ○ 国税査察官による調査も、ここにいう調査に含まれます（国税不服審判所昭和46.8.9裁決）。
>
> ○ 税務当局の調査担当者が電話で調査日時の取決めをした後修正申告書の提出があり、さらに2日を経過した後に調査があった場合は、「更正があるべきことを予知して」された申告ではありません（国税不服審判所昭和57.3.26裁決）。

無申告加算税

申告期限を過ぎてから申告書を提出した場合に、加算税が課されると聞いていますが、この加算税とはどのようなものですか。

A　申告納税方式による国税に関し、①期限後申告書の提出又は決定があった場合、②期限後申告書の提出又は決定があった後に修正申告書の提出又は更正があった場合に、申告、更正又は決定に基づき追徴される税額に無申告加算税が課されます。

解説

1　課税要件と課税割合

申告納税方式による国税に関し、次に掲げるような場合、申告、更正又は決定に基づき追徴される税額に15％の割合を乗じて計算した金額に相当する**無申告加算税**が課されます（通66）。

①　期限後申告書の提出又は決定があった場合
②　期限後申告書の提出又は決定があった後に、修正申告書の提出又は更正があった場合

課税要件	課税割合	不適用又は課税割合の軽減	
		要件	不適用又は軽減割合
①　申告期限までに納税申告書を提出しないで、期限後申告又は決定した場合	15％ただし、納付すべき税額が50万円を超えるときは、その超える部分については、上記15％のほか、更に5％	①　期限内申告書の提出できなかったことについて、正当な理由がある場合 ②　期限後申告書の提出が、調査があったことにより、決定を予知してされたものでなく、法	不適用

② 期限後申告又は決定があった後に、修正申告又は更正した場合	定申告期限内に申告する意思があったと認められる一定の場合で、かつ、当該申告書の提出が法定申告期限から２週間を経過する日までに行われている場合	
	決定又は更正がされることを予知しないで期限後申告又は修正申告をした場合	5％

2　無申告加算税の計算

○　通常の場合の無申告加算税

期限後申告等の税額※　×　15％　=　無申告加算税の額

※「期限後申告等の税額」とは、国税通則法第66条第１項に規定する期限後申告又は決定その後の修正申告又は更正に基づき新たに納付すべき税額をいいます。

○　無申告加算税の加重

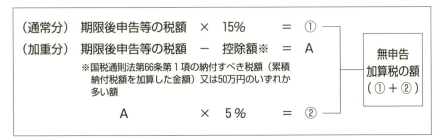

　無申告加算税の額は、通常の場合は、期限後申告又は決定、その後の修正申告又は更正に基づき新たに納付すべき税額をその額の計算の基礎とし、これに対し15％の割合を乗じて計算します（通66①）。

　また、無申告加算税の加重として、国税通則法第66条第１項の規定により無申告加算税が課される場合において、期限後申告又は決定、その後の修正申告又は更正に基づき納付すべき税額（期限後申告又は決定後に修正

申告書の提出又は更正があったときは、その国税に係る累積納付税額を加算した金額）が50万円を超えるときは、その超える部分の税額に係る無申告加算税は、通常の無申告加算税の額にさらにその超える部分の税額に5％を乗じて得た金額を加算した金額となります（通66②③）。

(注)「**累積納付税額**」とは
「累積納付税額」とは、無申告加算税を計算しようとする期限後申告又は決定後の修正申告書の提出又は更正の前にされた国税についての次に掲げる納付すべき税額の合計額をいいます（通66③）。ただし、その国税の納付すべき税額を減額させる更正等により減少した部分の税額等に相当する部分の金額は、その合計額から控除されます。
① 期限後申告書の提出又は決定に基づき納付すべき税額
② 修正申告書の提出又は更正に基づき納付すべき税額

参考 国外財産調書制度と無申告加算税

平成24年に国外財産調書制度が創設され、①国外財産調書を提出した場合には、記載された国外財産に関して所得税・相続税の申告漏れが生じたときであっても、無申告加算税を5％減額する一方、②国外財産調書の提出がない場合又は提出された国外財産調書に国外財産についての記載がない場合（重要な事項の記載が不十分であると認められる場合を含みます。）に所得税の申告漏れが生じたときは、無申告加算税を5％加重する特例が設けられています（国外送金6）。

3 無申告加算税が課されない場合等

無申告加算税が課されない場合	正当な理由がある場合
無申告加算税の軽減	決定等を予知しないで申告した場合
無申告加算税の不適用	法定申告期限内に申告する意思があったと認められる場合

(1) 正当な理由がある場合

無申告加算税は、期限内申告書の提出がなかったことについて正当な理

由があると認められる場合には課されません（通66①ただし書）。

　すなわち、期限内申告書を提出しなかったことにつき正当な理由があるときは、その無申告としての行政制裁の対象たり得ないので、無申告加算税が課されないのは当然です。なお、その後に修正申告又は更正があった場合には、国税通則法第65条の規定により別途過少申告加算税が課されます。

(2)　更正又は決定を予知しないで申告した場合

　無申告加算税が課される場合において、その課税の基因となる期限後申告又は修正申告には、納税者の自発的申告によるものとそうでないものとがありますが、自発的申告のときには、過少申告加算税にあっては、これを課さないこととする特例を認めている（通65⑤）ことと同様の趣旨の下に、無申告加算税についても自発的申告を基因として課される場合には特例が設けられています。

　すなわち、期限後申告書又は修正申告書の提出があった場合において、その提出が、その申告に係る国税についての調査があったことにより当該国税について更正又は決定があるべきことを予知してされたものでないときは、その申告に基づく追徴税額に係る無申告加算税の額は、その追徴税額に５％の割合を乗じて計算した金額とされ、通常の場合よりも軽減されます（通66⑤）。

(注)　国税通則法第66条第１項及び第２項の規定により15％及び20％の割合で課される無申告加算税は、自発的な申告以外の場合に適正な申告を担保するために課されるものであり、更正又は決定を予知しないでした期限後申告等により納付すべき税額は、累積納付税額の計算上加算されないこととなります。

(3)　法定申告期限内に申告する意思があったと認められる場合

　期限後申告書の提出があった場合において、その提出が、その申告に係る国税についての調査があったことによりその国税について決定があるべきことを予知してされたものでなく、期限内申告書を提出する意思があったと認められる一定の場合に該当してされたものであり、かつ、その期限

第7章　附帯税

後申告書の提出が法定申告期限から2週間を経過する日までに行われたものであるときは、無申告加算税は課されません（通66⑥）。

○　期限内申告書を提出する意思があったと認められる一定の場合とは

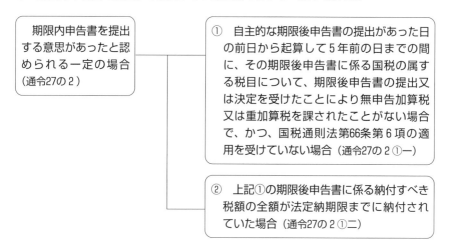

（例）期限後申告書の提出があった日の前日から起算して5年前の日

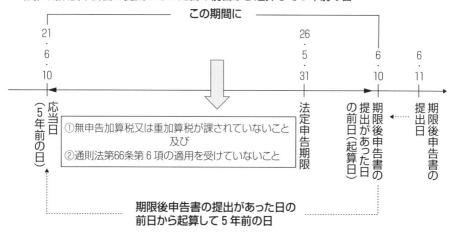

不納付加算税

源泉徴収による国税を納期限までに完納しなかった場合、不納付加算税が課されると聞いていますが、この不納付加算税とはどのようなものですか。

A 源泉徴収による国税がその法定納期限までに完納されなかった場合、当該納税者すなわち源泉徴収義務者から、納税の告知に係る税額又はその法定納期限後に、当該告知を受けることなく納付された税額に課されるものが不納付加算税です。

解説

1 課税要件と課税割合

源泉徴収による国税がその法定納期限までに完納されなかった場合、当該納税者である源泉徴収義務者から、納税の告知に係る税額又はその法定納期限後に、当該告知を受けることなく納付された税額に10%を乗じて計算した金額に相当する**不納付加算税**が徴収されます。

課税要件	課税割合	不適用又は課税割合の軽減	
		要件	不適用又は軽減割合
源泉徴収などにより納付すべき税額を法定納期限までに完納されないで、法定納期限後に納付又は納税の告知された場合	10%	① 法定納期限までに納付できなかったことについて、正当な理由がある場合 ② 納税の告知を受けることなく、その法定納期限後に納付された場合で、法定納期限前に納付する意思があったと認められる一定の場合で、かつ、当該国税が法定納期限から1月を経過する日までに納付されたものである場合	不適用
		納税の告知がされることを予知しないで法定納期限後に納付した場合	5%

266

参考 不納付加算税における「徴収する」とは

不納付加算税においては、過少申告加算税や無申告加算税の「課する」という規定とは異なり、「徴収する」と規定されています。これは、過少申告加算税等が、国税通則法第35条第3項の規定により自主納付することとされているのに対し、不納付加算税が、納税の告知により徴収されることを明らかにしています。

2 不納付加算税が徴収されない場合

不納付加算税が徴収されない場合	正当な理由がある場合
不納付加算税の軽減	納税の告知を予知しないで納付した場合
不納付加算税の不適用	法定納期限内に納付する意思があったと認められる場合

(1) 正当な理由がある場合

不納付加算税は、納税の告知又は納付に係る国税を法定納期限まで納付しなかったことについて正当な理由があると認められる場合には、無申告加算税の場合と同様、徴収されません（通67①ただし書）。

参考 源泉所得税の不納付について「正当な理由」が争われた事例

源泉所得税の不納付につき、国税通則法第67条第1項ただし書にいう「正当な理由」があると主張した原告に対して、裁判所は次のとおり判断を示しました。すなわち、「国税通則法67条1項ただし書にいう「正当な理由」とは、同条に規定する不納付加算税が適正な源泉徴収による国税の確保のため課せられる税法上の義務の不履行に対する一種の行政上の制裁であることにかんがみ、このような制裁を課すことが不当あるいは過酷とされるような事情をいい、法定納期限までの不納付の事実が単に納税義務者の法律の不知あるいは錯誤に基づくというのみでは、これにあたらないというべきであるが、必ずしも納税義務者のまったくの無過失までをも要するものではなく、諸般の事情を考慮して過失があったとしてもその者のみに不納付の責を帰することが妥当でないような場合を含むものと解するのが相当である。」（東京地判昭和51.7.20・税資89号340頁）

(2) 納税の告知を予知しないで納付した場合

　源泉徴収による国税が納税の告知を受けることなくその法定納期限後に納付された場合において、その納付が、当該国税について納税の告知があるべきことを予知してされたものでないときは、その納付された税額に係る不納付加算税の額は、その納付税額に5％の割合を乗じて計算した金額に軽減されます（通67②）。

(3) 法定納期限内に納付する意思があったと認められる場合

　源泉徴収による国税が納税の告知を受けることなくその法定納期限後に納付され、その納付が、その国税について納税の告知があるべきことを予知してされた場合において、その納付が法定納期限までに納付する意思があったと認められる一定の場合に該当してされたものであり、かつ、その納付に係る源泉徴収による国税が法定納期限から1月を経過する日までに納付されたものであるときは、適用しません（通67③）。

法定納期限までに納付する意思があったと認められる一定の場合(通令27の2②)	その納付に係る法定納期限の属する月の前月の末日から起算して1年前の日までの間に法定納期限が到来する源泉徴収に係る国税で、次のいずれにも該当する場合をいいます。 ① 納税の告知を受けたことがない場合 ② 納税の告知を受けることなく法定納期限後に納付された事実がない場合

○源泉所得税の納付に係る法定納期限の属する月の前月の末日から起算して1年前の日

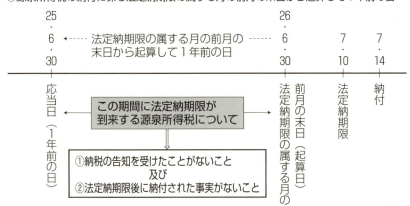

重加算税

Q 7-8 重加算税の通知が届きましたが、かなり高い割合の加算税になっていました。この重加算税は、どのような場合に課されますか。

A 納税者がその国税の課税標準等又は税額等の計算の基礎となるべき事実の全部又は一部を隠ぺいし、又は仮装し、その隠ぺいし、又は仮装したところに基づき納税申告書を提出していたときは、当該納税者に対し、過少申告加算税の額の計算の基礎となるべき税額に係る過少申告加算税に代え、当該基礎となるべき税額に35％の割合を乗じて計算した金額に相当する**重加算税**が課されます。

なお、上記過少申告加算税のほか、無申告加算税又は不納付加算税に代えて課される場合もあります。

解説

1 課税要件及び課税割合

重加算税は、次の区分により課されます。

```
重加算税 ─┬─ 申告納税方式による国税の場合の重加算税
          │    ① 過少申告加算税が課される場合
          │    ② 無申告加算税が課される場合
          │
          └─ 源泉徴収による国税の場合の重加算税
               ③ 不納付加算税が課される場合
```

課税要件	課税割合
① 過少申告加算税が課される場合に、国税の計算の基礎となる事実を隠ぺいし又は仮装したところに基づき納税申告書を提出した場合（通68①）	35%
② 無申告加算税が課される場合に、上記の隠ぺいし又は仮装したところに基づき納税申告書を提出しない場合（通68②）	40%
③ 不納付加算税が課される場合に、上記の隠ぺいし又は仮装したところに基づき法定納期限まで納付しなかった場合（通68③）	35%

(1) 申告納税方式による国税の場合の重加算税

イ 過少申告加算税に代えて課される場合

　過少申告加算税が課される場合において、納税者がその国税の課税標準等又は税額等の計算の基礎となるべき事実の全部又は一部を隠ぺいし、又は仮装し、その隠ぺいし、又は仮装したところに基づき納税申告書を提出していたときは、当該納税者に対し、過少申告加算税の額の計算の基礎となるべき税額に係る過少申告加算税に代え、当該基礎となるべき税額に35％の割合を乗じて計算した金額に相当する重加算税が課されます（通68①）。

　ただし、その税額の計算の基礎となるべき税額に、その税額の計算の基礎となる事実で隠ぺいし、又は仮装されていないものに基づくことが明らかであるものがあるときは、当該税額から、当該隠ぺいし、又は仮装されていない事実のみに基づいて修正申告又は更正があったものとした場合におけるその申告又は更正に基づき納付すべき税額が控除されます。

　なお、国税通則法第65条第2項により加重された過少申告加算税が課される場合において重加算税が課されるときは、重加算税は、加重された過少申告加算税に代えて課されるものとされています（通令27の3①）。この関係を具体例で図示すれば、次のようになります。

《設例》期限内申告税額　2,000万円
　　　　増　差　税　額　6,000万円（内重加対象税額　1,000万円）

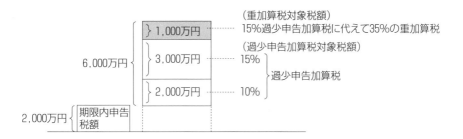

ロ　無申告加算税に代えて課される場合

　無申告加算税が課される場合（更正又は決定を予知しないでした申告があった場合を除きます。）において、納税者がその国税の課税標準等又は税額等の計算の基礎となるべき事実の全部又は一部を隠ぺいし、又は仮装し、その隠ぺいし、又は仮装したところに基づき法定申告期限までに納税申告書を提出せず、又は法定申告期限後に納税申告書を提出していたときは、当該納税者に対し、無申告加算税の額の計算の基礎となるべき税額に係る無申告加算税に代え、当該基礎となるべき税額に40％の割合を乗じて計算した金額に相当する重加算税が課されます（通68②）。この基礎となるべき税額からは上記イと同様の控除があります。

　なお、国税通則法第66条第2項により加重された無申告加算税が課される場合において重加算税が課されるときは、重加算税は、加重された無申告加算税に代えて課されるものとされています（通令27の3②）。この関係を具体例で図示すれば、次のようになります。

《設例》期限後申告税額　5,000万円
　　　　内重加対象税額　1,000万円

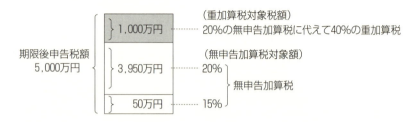

(2) 源泉徴収による国税の場合の重加算税～不納付加算税に代えて課される場合

　不納付加算税が課される場合（強制徴収を予知しないでした納付の場合を除きます。）において、納税者（徴収義務者）が上記(1)の□に準じてその源泉徴収による国税を法定納期限までに納付しなかったときは、税務署長は、当該納税者から、不納付加算税の額の計算の基礎となるべき税額に係る不納付加算税に代え、当該基礎となるべき税額に35％の割合を乗じて計算した金額に相当する重加算税を徴収します（通68③）。この場合にも、基礎となるべき税額から上記(1)の□に準ずる控除があります。

参考　重加算税と過少申告加算税との関係

　重加算税と過少申告加算税との関係等については、「国税通則法（以下「法」という。）65条の規定による過少申告加算税と法68条１項の規定による重加算税とは、ともに申告納税方式による国税について過少な申告を行った納税者に対する行政上の制裁として賦課されるものであって、同一の修正申告又は更正に係るものである限り、その賦課及び税額計算の基礎を同じくし、ただ、後者の重加算税は、前者の過少申告加算税の賦課要件に該当することに加えて、当該納税者がその国税の課税標準等又は税額等の計算の基礎となるべき事実の全部又は一部を隠ぺいし、又は仮装し、その隠ぺいし、又は仮装したところに基づき納税申告書を提出するという不

正手段を用いたとの特別の事由が存する場合に、当該基礎となる税額に対し、過少申告加算税におけるよりも重い一定比率を乗じて得られる金額の制裁を課することとしたものと考えられるから、両者は相互に無関係な別個独立の処分ではなく、重加算税の賦課は、過少申告加算税として賦課されるべき一定の税額に前記加重税に当たる一定の金額を加えた額の税を賦課する処分として、右過少申告加算税の賦課に相当する部分をその中に含んでいるものと解するのが相当である。」(最一判昭和58.10.27・訟月30巻4号739頁) とされています。

2 隠ぺい、仮装

　重加算税は、「事実の全部又は一部を隠ぺいし、又は仮装」したところに基づき課されますが、この事実の隠ぺいとは、二重帳簿の作成、売上除外、架空仕入れ若しくは架空経費の計上、たな卸資産の一部除外等をいいます。また事実の仮装とは、取引上の他人名義の使用、虚偽答弁等をいいます。

　事実の隠ぺい、及び事実の仮装という行為が客観的にみて隠ぺい又は仮装と判断されるものであればたり、納税者の故意の立証まで要求しているものではありません。この点において、罰則規定における「偽りその他不正の行為」(例えば、所得税法第238条1項)と異なり、重加算税の賦課に際して、税務署長の判断基準をより外形的、客観的ならしめようとする趣旨です。

参考 『事実の隠ぺい、仮装』に当たるとされた事例

① 架空名義を用いて商品取引をして、その清算差益を架空名義の預金としていた場合（東京高判昭和51.9.13・税資89号643頁）
② 譲渡所得に対する課税を免れるため日付をさかのぼらせた売買契約書、取締役会議事録等を作成した場合（大阪地判昭和49.10.23・税資77号181頁）
③ 譲渡所得について、他人名義を用いて譲渡代金の一部を隠ぺい仮装し、また、不当な原価配分により過大な取得費を計上していた場合（東京高判昭和53.7.5・税資102号1頁）
④ 勤務先会社の行った土地買収に関与した者が、取引の相手方たる不動産会社の役員と結託して同不動産会社をして勤務先会社に対して土地代金の水増し請求をさせ、真実の売買代金との差額を着服し、所得税の申告をしなかった場合（東京高判昭和57.3.18・税資122号620頁）
⑤ 居住用財産の譲渡所得の特別控除を受けるため、当該譲渡に係る建物の所在地に住民登録をしてあたかも生活の本拠たる居住用財産であったかのように仮装し、その仮装したところに基づいて確定申告書を提出した場合（大阪地判昭和63.2.26・税資163号600頁）
⑥ 譲渡益が生じていることを認識しながらこれを申告しなかった場合（原告の代表取締役が税務知識を相当有していたことが窺われ、のみならず、原告の確定申告書等の作成の依頼を受けていた者から譲渡益が生じる旨の指摘を受けていたにもかかわらず、赤字経営が続いていたのでことさら当該譲渡益を申告する必要がないと判断したと推認された事例）（最高判昭和63.10.27・税資166号370頁）
⑦ 前事業年度以前における架空仕入れの計上に係る繰越欠損金を本事業年度の損金に算入して申告した場合（長野地判昭和62.7.16・税資159号172頁）

3 間接税に対する重加算税の不適用

重加算税は、国税通則法第2条第3号に規定する消費税等に関しては、国内取引に係る消費税についてのみ適用され、他の消費税等については適用されません（したがって、消費税のうち輸入取引に係るものは不適用）。

参考 重加算税の二重処罰性

重加算税は、課税要件や負担の重さから、実質的に刑罰的色彩が強く、罰則との関係上二重処罰の疑いがあるのではないかという議論がありますが、この点について最高裁は、要旨を次のように判示しています。

重加算税は、「申告納税を怠った者に対する制裁的意義を有することは否定し得ないが、脱税者の不正行為の反社会性ないし反道徳性に着目し、これに対する制裁として科される罰金とは、その性質を異にすると解すべきである。」それは、「これによって過少申告、不申告による納税義務違反の発生を防止し、もって納税の実をあげんとする趣旨に出た行政上の措置である。」したがって、憲法39条の規定に違反していない（最高判昭和33.4.30）。

過怠税

Q 7-9 過怠税とは、どのような場合に課されるのですか。

A 過怠税は、印紙を貼り付けて印紙税を納付すべき課税文書に、印紙を貼り付けなかった場合又は課税文書に貼り付けた印紙を消さなかった（不消印）場合に課されるものです。

解説

1 過怠税の性格

印紙税は、税印による納付の特例を受ける場合（印9）などを除き、収入印紙を貼り付ける方法によって納付することを原則としています。

すなわち、課税文書の作成者は、作成した課税文書に課されるべき印紙税に相当する金額の印紙を、当該課税文書の作成の時までに、当該課税文書に貼り付ける方法により印紙税を納付しなければならないこととされています（印8）。

このように印紙を貼り付ける方法により印紙税を納付することとされている課税文書について、その納付すべき印紙税を当該課税文書の作成の時までに納付しなかった場合には、当該課税文書の作成者に対して、国税通則法の規定による附帯税（延滞税又は加算税）と同様の一種の行政的制裁の性格を有する**過怠税**が課されます（印20）。

> **参考** 過怠税の性格
>
> 所得税、法人税等の国税について納付不足等があった場合には、更正等によりその未納に係る税額を徴収することとされていますが、印紙税については、その1件当たりの税額が僅少であるため、本税としての印紙税のみの追徴を行わず、行政的

制裁金としての金額と合わせて徴収することとされています。

　すなわち、印紙を貼り付ける方法により印紙税を納付すべき課税文書に印紙を貼り付けなかった行為や貼り付けた印紙を消さなかった行為は、故意又は過失を問わず、いずれも納税秩序を維持すべき義務に違反した行為ですから、他の国税についてこのような義務違反に対する行政的制裁としての各種の附帯税を課しているのと同様の趣旨で、印紙を貼り付けなかった者又は消さなかった者から一定の金額の制裁金を徴収することとされています。

（注）　過怠税制度は、昭和42年の印紙税の全面改正において創設されました。また、過怠税は、国税通則法上の附帯税ではありません。

2　過怠税の種類

　過怠税は、印紙を貼り付けて印紙税を納付すべき課税文書に、印紙を貼り付けなかった場合又は課税文書に貼り付けた印紙を消さなかった（不消印）場合に課されるものですが、この過怠税については次の2つがあります。

(1)　印紙不貼付過怠税

　印紙税を納付すべき課税文書に印紙を全く貼り付けず、又は貼り付けはしたが、その貼り付けた印紙の額面金額が当該課税文書に課されるべき印紙税額に満たない場合に課されます。

(2)　印紙不消印過怠税

　課税文書に印紙を貼り付けたが、その印紙を印紙税法第8条第2項（印紙の消印）に定める方法により消さなかった（不消印）場合に課されます。

3　罰則との併課

　課税文書の作成者が印紙を貼り付けるべき課税文書に印紙税額に相当する印紙を「故意」に貼り付けなかった場合又は貼り付けた印紙を消さなかった場合には、行政処分としての過怠税が課されるほか、印紙不貼付犯又は印紙不消印犯に処せられます（印22等）。

第8章
国税の更正、決定、徴収、還付等の期間制限

期間制限の概要

Q 8-1 国税の賦課、徴収においても、民法上の時効のようなものがありますか。

A 国税の法律関係において、国が行使し得る権利をいつまでも無制限に認めていては、納税者の法的安定性が得られないばかりでなく、国税の画一的な執行も期し難くなることから、国税の賦課権及び徴収権などに関して、一定の「**期間制限**」を設けています。

解説

1 期間制限の趣旨

国税の法律関係において、国の行使し得る賦課及び徴収の権利をいつまでも無制限に認めていては、納税者の法的安定性が得られないばかりでなく、国税の画一的執行も期し難くなるので、これに対処するため、賦課権及び徴収権などに関して一定の「期間制限」を国税通則法第7章に規定しています。

この国税に関する期間制限については、①国税の賦課及び徴収の手続の大量性、反復性などの特殊な性格に基づき、画一的かつ速やかに処理する必要性から、また、②国の一般の課徴金の時効が5年であること（会30）などから、次のような期間が設けられています。

　　　　賦課権……………3年、5年、7年、9年（通70）
　　　　徴収権……………5年（通72①）
　　　　還付請求権………5年（通74①）

2 期間制限の区分

国税の期間制限には、更正、決定及び賦課決定などの賦課権の「**除斥期間**」と徴収権及び還付請求権の「**消滅時効**」があります。

国税の期間制限 ─┬─ 賦課権（更正、決定、賦課決定）　⇨　除斥期間
　　　　　　　　└─ 徴収権、還付請求権　　　　　　　　⇨　消滅時効

(1) 賦課権の期間制限

賦課権とは、税務署長等が行う租税債権を確定させる処分、すなわち、更正、決定及び賦課決定を行うことができる権利です。

この賦課権の一般的な期間制限については、納付すべき税額を確定するため特別の手続きを要する国税（申告納税方式による国税及び賦課課税方式による国税）について税務署長等が行う更正、決定及び賦課決定に関する期間制限としての「除斥期間」を国税通則法に包括的に定めています。この除斥期間は、法律上賦課権を行使しうる期間を意味します。

> **参考　除斥期間の主な特徴**
>
> ① 時効の中断がない。
> ② 権利の存続期間があらかじめ予定されていて、その期間の経過によって権利が絶対的に消滅し、当事者の援用を要しない。
> ③ 除斥期間による権利の消滅は、遡及効がなく、将来に向かって消滅する。

(2) 徴収権及び還付請求権の期間制限

徴収権とは、既に確定した租税債務の履行として納付された税額を収納し、ないしはその履行を請求し、収納を図ることができる権利です。

この徴収権は、一般の私債権と類似した性格を持つことから、私債権に

おけると同様な時効制度を適用することができますが、民事の場合に比し、特別なものとして更正・決定、納税の告知、督促、交付要求等の場合の時効の中断、また納税の猶予等の場合に時効の停止、時効による権利の消滅が絶対的なものとされるなど、国税通則法特有なものが認められています。

更正決定等の期間制限

更正決定に係る期間制限に関して、平成23年度税制改正において、大幅な改正がなされたと聞いていますが、どのようなものですか。

A　納税者が申告した税額の減額変更を求めることができる「更正の請求」の期間（改正前：1年）が5年に延長されることに併せて、税務署長等がする増額更正の期間制限（改正前3年のもの。）についても、5年に延長することとされました。

また、法人税の欠損金の繰越期間が9年（改正前：7年）に延長されることとされました。

解説

1　増額更正の期間制限の延長

平成23年度税制改正において、納税者が申告した税額の減額変更を求めることができる「更正の請求」の期間（改正前：1年）が5年に延長されることに併せて、税務署長等がする増額更正の期間制限（改正前3年のもの。）についても、5年に延長することとされました（通70①一）。

これにより「納税者による税額の増額・減額」と「課税庁による税額の増額・減額」の更正期間が基本的に一致することになり、制度が簡素化されるとともに、適正課税を維持しながら、より一層の納税者の救済が図られることになるものと考えられます。

また、更正の請求がされた場合には、税務署長等は、その内容について調査をした上で、更正をし、又は更正をすべき理由がない旨を通知する必要がありますが（通23④）、今回、更正の請求期間と増額・減額更正期間が一致することに伴い、請求期間の終了間際になされた更正の請求に対して税務署長等が適切に対応できるようにするため、請求期間の終了する日前

6月以内に更正の請求があった場合には、税務署長等は、その更正の請求があった日から6月を経過する日まで更正をすることができることとされました（通70③）。

(注) 国税の徴収権の消滅時効（消滅時効の期間は5年）の起算日については、一般的に「法定納期限の翌日」とされていますが（通72）、裁決等に伴う更正決定等の期間制限の特例（通71①一）の適用がある場合における更正決定等により納付すべき国税等については、「その裁決等又は更正があった日」とする例外的な取扱いが規定されているところです。

今回、上記のとおり、更正の請求期間の終了間際に更正の請求がなされた場合には、「法定納期限から5年間」を経過した後に更正が行われることがあることから、これと併せ、徴収権の消滅時効の起算点についても、「その更正があった日」とする例外規定が整備されています（通72①）。

2 法人税の純損失等の金額に係る更正の期間制限

平成23年度の改正において、法人税の欠損金の繰越期間が9年（改正前：7年）に延長されたことに伴い、適正公平な課税を確保するためには、繰越期間内の欠損金額が正しいかどうかを過去に遡って検証し、誤りがあれば更正できるようにする必要があることから、法人税の純損失等の金額に係る更正の期間制限についても、この繰越期間に合せて9年（改正前：7年）に延長することとされました（通70②）。

さらに、各税法において、贈与税及び移転価格税制に係る法人税に係る繰越の請求期間については6年（改正前1年）に（相36①、措66の4⑰）それぞれ延長されています。

3 更正決定等の期間制限（除斥期間）

国税債権に係る更正・決定を行うことができる期間制限（除斥期間）は、国税通則法第70条に定められています。期間制限（除斥期間）経過後すなわち一定の期間を経過した後の賦課権の行使はできません。

更正決定等の期間制限について、税額確定別、税目別に示すと次のようになります。

更正決定等の期間制限（税額確定方式別）

区　分			通常の過少申告・無申告の場合	脱税の場合
更　正			5年（通70①一）（注）	7年（通70④）
決　定			5年（通70①一）（注）	
純損失等の金額に係る更正			5年（法人税については9年）（通70①一、二）	
増額賦課決定	課税標準申告書の提出を要するもの	提出した場合	3年（通70①）	
		不提出の場合	5年（通70①二）	
	課税標準申告書の提出を要しないもの		5年（通70①三）	
減額賦課決定			5年（通70①、二、三）	

（注）移転価格税制に係る法人税の更正・決定等及び贈与税の更正・決定等については6年（措66の4⑰、相36①）することができます。

　また、更正の除斥期間終了の6月以内になされた更正の請求に係る更正又はその更正に伴って行われる加算税の賦課決定については、当該更正の請求があった日から6月を経過する日まですることができます（通70③）。

更正決定等の期間制限（税目別）

対象税目		更正の期間制限
申告所得税		5年（通70①一）
	純損失等の金額に係る更正	5年（通70①一）
法人税		5年（通70①一）
	純損失等の金額に係る更正	9年（通70②）（注2）
	移転価格税制に係る更正	6年（措66の4⑰）
相続税		5年（通70①一）
贈与税		6年（相36①）
消費税及び地方消費税		5年（通70①一）
酒税		5年（通70①一）
上記以外のもの（注1）		5年（通70①一）

(注1) 揮発油税及び地方揮発油税、石油石炭税、石油ガス税、たばこ税及びたばこ特別税、電源開発促進税、航空機燃料税、印紙税（印11、12に掲げるもの）、地価税をいいます。
(注2) 平成20年4月1日以後に終了した事業年度又は連結事業年度において生じた純損失等の金額から適用されます。

4 更正決定等の期間制限の特例

国税通則法第70条が一般的な賦課権の期間制限を規定しているのに対し、国税通則法第71条は、次のとおり賦課権の期間制限の特例を定めています。

更正決定等の期間制限の特例	特殊な除斥期間
● 争訟等に伴う場合 　更正決定等に係る不服申立て若しくは訴えについての裁決、決定若しくは判決（以下本表において「裁決等」といいます。）による原処分の異動又は更正の請求に基づく更正に伴って課税標準等又は税額等に異動を生ずべき国税で当該裁決等又は更正を受けた者に係るものについての更正決定等（注）	当該裁決等又は更正があった日から6月間（通71①一）
● 経済的成果の消滅等に伴う場合 　申告納税方式に係る国税につき、その課税標準の計算の基礎となった事実のうちに含まれていた無効な行為により生じた経済的成果がその行為の無効であることを基因として失われたこと、当該事実のうちに含まれていた取り消しうべき行為が取り消されたこと等の理由に基づいてする更正又は当該更正に伴い当該国税に係る加算税についてする賦課決定	当該理由が生じた日から3年間（通71①二）
● 災害による期限延長等の場合 　更正の請求をすることができる期限について、国税通則法第10条第2項（期間の計算及び期限の特例）又は同法第11条（災害等による期限の延長）の規定の適用がある場合における当該更正の請求に係る更正又は当該更正に伴って行われることとなる加算税についてする賦課決定	当該更正の請求があった日から6月間（通71①三）

(注)「当該裁決等又は更正を受けた者」には、当該受けた者が分割法人等である場合には当該分割等に係る分割承継法人等を含み、当該受けた者が分割等に係る分割承継法人等である場合には当該分割等に係る分割法人等を含み、当該受けた者が連結親法人である場合には当該連結親法人に係る連結子法人を含み、当該受けた者が連結子法人である場合には当該連結子法人に係る連結親法人を含みます(通71②)。

徴収権の消滅時効

国税の徴収権についても時効がありますか。この時効について説明してください。

A　国税の徴収権の消滅時効、時効の中断及び停止については、国税通則法第7章第2節に定められていますが、この節に別段の定めがあるものを除き、民法の規定を準用します。

なお、国税の徴収権については、原則、5年で時効となります。

解説

徴収権とは、すでに確定した国税債務の履行として納付された税額を収納し、又はその履行を請求し、収納をはかることのできる権利をいいます。

この国税の徴収権における消滅時効、時効の中断及び停止については、国税通則法第7章第2節の第72条及び第73条に定められています。また、この節に別段の定めがあるものを除き、民法の規定を準用します。

1 時効期間

一般の私債権の消滅時効の期間は10年（民167①）ですが、国税の徴収権の消滅時効の期間は5年です（通72①）。

(注) 徴収権の消滅時効の5年は、会計法の定めるところと同様で（会30）、地方税も同様です（地方税法18）。

2 時効の起算日

一般の私債権の消滅時効の起算日は、時効に係る権利を行使することができる時（民166）ですが、国税の徴収権の消滅時効の起算日は、法定納期限の翌日（法定納期限の定めのない国税については、その国税の徴収権を行使することができる日等の翌日）となります（通72①）。

3　時効の絶対的効力

　国税の徴収権は、消滅時効の完成により絶対的に消滅します。

　一般の私債権における消滅時効については、その援用が必要とされ（民145）、時効完成後その利益を放棄できます（民146）。これに対し、国税の徴収権の時効については、その援用を要せず、また、時効完成後における利益の放棄はできません（通72②）。

　つまり、税務署長等は、時効完成後においては納税者が時効を採用するかどうかを問わず、徴収手続をとることはできません。また、納税者は、時効の利益を放棄することができないことから、国税の納付がなされた場合においても、過誤納金として還付しなければなりません。

4　時効の中断

(1)　民法の準用

　時効の中断は、停止とともに時効完成を阻止する制度であり、中断事由が生じると継続した時効期間は効力を失い、再び新たな時効時間が進行します。国税の徴収権の時効の中断については、国税通則法第73条のほか民法の規定が準用されます。民法の中断事由には次のようなものがあります。

　　イ　請求

　　この請求は、裁判上の請求（民149）、支払督促（民150）、和解及び調停の申立て（民151、民訴275）、破産手続参加（民152）及び催告（民153）ですが、国税の場合、支払督促、和解及び調停の申立ては該当がありません。

　　なお、課税処分の取消訴訟に対する税務署長の応訴行為も裁判上の請求の一態様で、時効の中断の効力があります（最判昭和43.6.27・民集1379頁）

　　ロ　差押え、仮差押及び仮処分

　　差押えによる中断の効力は、差押手続が終了するまで継続し、差押え

が取り消されたときは、その中断の効力は生じません（民154）。

　また、差押えのため捜索処分を実施したが、差し押さえるべき財産がなく差押えができなかった場合でも、その捜索に着手した時に時効の中断の効力が生じます（名古屋地判昭和42.1.31・訟月13巻4号491頁）。

　ハ　承認

　　国税の場合、所得税等の期限後申告、修正申告、税金の一部納付（通基通73－4）、納期限後の納税の猶予の申請、延納条件変更の申請等がこれに該当します。

　　また、納付しょうよう等は催告として時効中断の効力を有し、しょうようをした時に中断しますが、6月以内に差押え又は交付要求をしなければなりません（民153、通基通73－1）。

(2)　国税についての時効の中断の特例

　　国税の徴収権の時効は、次に掲げる処分に係る部分の国税については、その処分の効力が生じた時に中断し、次に掲げる期間を経過した時から更に進行します（通73①）。

処分	期間
更正又は決定	その更正又は決定により納付すべき国税の国税通則法第35条第2項第2号の規定による納期限までの期間
過少申告加算税、無申告加算税又は重加算税に係る賦課決定	その賦課決定により納付すべきこれらの国税の国税通則法第35条第3項の規定による納期限までの期間
納税に関する告知	その告知に指定された納付に関する期限までの期間
督促	督促状又は督促のための納付催告書を発した日から起算して10日を経過した日までの期間
交付要求	その交付要求がされている期間

5 脱税の場合の時効の不進行

国税の徴収権で、偽りその他不正の行為によりその全部若しくは一部の税額を免れ、又はその全部若しくは一部の税額の還付を受けた国税に係るものの時効については、当該国税の法定納期限から２年間は、進行しません。

ただし、当該法定納期限の翌日から同日以後２年を経過する日までの期間内に次に掲げる行為又は処分があった場合においては、その行為又は処分の区分の国税ごとに、当該行為又は処分のあった日（当該法定納期限までに当該行為又は処分があった場合においては法定納期限）の翌日から進行します（通73③）。

行為又は処分	当該行為又は処分があった日
更正決定等	当該更正・決定等に係る更正通知書若しくは決定通知書又は賦課決定通知書が発せられた日
納税に関する告知	当該告知に係る納税告知書が発せられた日（当該告知が当該告知書の送達に代え、口頭でされた場合には、口頭による告知がされた日）
納税の告知を受けることなくされた源泉徴収等による国税の納付	当該納付の日

6 時効の停止

民法では、時効の完成時に事故があり権利者が中断措置をすることができなかったときは、時効の完成が猶予されます。この規定は、国税の徴収権の時効についても準用されます。したがって、民法により時効の完成が猶予される期間については、国税の徴収権についても時効の完成が猶予されます。

ところで国税の徴収権の時効については、延納、納税の猶予、換価の猶

予、徴収の猶予、滞納処分に関する猶予期間中は進行しません（通73④）。これらの期間中は、徴収権を行使しないことから、時効が停止することとなります。

なお、時効の中断は中断事由が終了したときは新たに時効が進行するのに対し、時効の停止は単に時効の完成を一定期間だけ猶予するものです。

(注) 租税特別措置法の規定により、相続税又は贈与税の納税猶予がなされた場合にも、時効が停止することとされています（措70の4、70の6）。

参考　徴収権の時効の停止期間

延納、納税の猶予、徴収の猶予及び換価の猶予をした国税については、その延納又は猶予がされている期間（通73④）

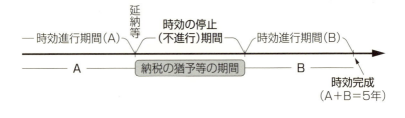

還付請求権の消滅時効

国税の還付金についても時効というものがありますか。それは何年になりますか。

還付金等に係る国に対する還付請求権は、その請求ができる日から5年間行使しないことによって、時効により消滅します。

１　還付請求権の消滅時効

還付金等（過誤納金及び各税法に規定する国税の還付金）の還付請求権は、その請求をすることができる日から5年を経過したときは、時効により絶対的に消滅します（通74①）。

還付請求権の消滅時効の起算日　⇒　過誤納金の発生した日
　　　　　　　　　　　　　　　　　還付金の還付請求ができる日

２　時効の中断と停止

時効の中断と停止は、ともに時効の完成を阻止する制度ですが、還付金等の請求権の時効における時効の中断と停止についても民法の規定が準用されます（通74②）。

なお、納税者が行う還付を受けるための納税申告、還付請求書の提出は、催告（民153）としての効力があります。

また、税務署長から支払通知書などが還付請求者に送達された時に、承認としての時効が中断します。

時　効　の　中　断	時効の停止
① 請　求 　　還付請求は、民法第147条第1号（請求）の規定により、時効中断の効力があります。 　　この請求は、債権者から行うものであるから、第三者納付に係る国税につき過誤納が生じた場合において、第三者が請求しても、なんら時効中断の効力を有しません。 ② 承　認 　　債務者である国の支払義務の承認行為は、民法第147条第3号（承認）の規定により、時効の中断の効力があります。 　　請求権者に対する国庫金振込通知、一部充当通知、支払通知等が相手方に到達したときに時効は中断されます。	民法の規定が準用（実際の実例が少ない。）

時効の中断と停止

時効の中断事由
・還付請求申告書又は還付請求書等の提出
・還付通知書、一部充当通知書又は支払通知書の送達等

時効の停止事由
民法の規定の準用（通74②）

3　時効の絶対的効力

　還付金等の請求権の時効については、国税の徴収権の時効と同様、援用を要せず、時効の完成後における利益の放棄はできません（通74②）。これは国税の徴収権における時効と同様です。

参考　徴収権及び還付請求権と私債権との消滅時効

私債権の消滅時効	徴収権及び還付請求権の消滅時効
○　当事者は、時効の援用を要します（民145）。 ○　時効完成後において時効の利益を放棄することができます（民146）。	○　当事者は、時効の援用を要せず、また、その利益を放棄することができません（通72②、74②）。 ⇩ ・・・・・・・消滅時効の絶対的効力・・・・・・・ 国税の徴収権、還付請求権は、時効の完成によって絶対的に消滅します。 ○　国税の徴収権の消滅時効には、特別の中断事由等があります（通73）。 ※　特別の中断事由（通73①） 　　更正、決定、加算税に係る賦課決定、督促、交付要求 ※　特別の停止事由（通73④） 　　延納、納税の猶予等 ※　偽りその他不正の行為によりその全部若しくは一部の税額を免れ、又はその全部若しくは一部の税額の還付を受けた国税に係るものの時効は、原則として当該国税の法定納期限から２年間は進行しません（通73③）。

第9章
国税の調査(税務調査手続)

税務調査手続の概要

Q 9-1 税務調査手続について大幅な改正がなされたと聞いておりますが、その概要はどのようなものですか。

A 平成23年度の税制改正において、国税通則法第7章の2（国税の調査）に税務調査の手続に関する規定が新設され、調査の事前通知や調査の終了の際の手続に関する新たな規定、また、これまで各税法に規定されていた質問検査権に関する規定が、同章に集約して横断的に整備されるなど、税務調査に関する一連の手続が設けられました。

解説

1 税務調査手続等に関する根拠規定

国税通則法の「第7章の2 国税の調査」では、国税の税務調査に関して次に掲げるような規定を設けています。

条文	調査手続等	調査手続等の主な内容
第74条の2～6	質問検査等	各税法の調査に関する質問検査権について規定
第74条の7	提出物件の留置き	調査における提出物件の留置き
第74条の8	権限の解釈	質問検査権の規定による当該職員の権限
第74条の9	調査の事前通知	質問検査等を行う場合の納税義務者等への通知
第74条の10	事前通知を要しない場合	一定の事由による事前通知を要しない場合
第74条の11	調査終了の際の手続	実地調査を行った結果の通知等
第74条の12	団体に対する諮問等	事業を行う者の組織する団体への諮問
第74条の13	身分証明書の携帯等	質問、検査等の際の身分証明書の携帯等

(1) 質問検査権の規定

国税通則法第74条の2から第74条の8までの規定は、各税法の質問検査権について定めています。

税務職員の質問検査権

・所得税、法人税、消費税に関する調査に係る質問検査権（通74の2）
・相続税、贈与税、地価税に関する調査等に係る質問検査権（通74の3）
・酒税に関する調査等に係る質問検査権（通74の4）
・たばこ税、揮発油税、地方揮発油税、石油ガス税、石油石炭税、印紙税に関する調査に係る質問検査権（通74の5）
・航空機燃料税、電源開発促進税に関する調査に係る質問検査権（通74の6）
・提出物件の留置き（通74の7）
・権限の解釈（通74の8）

(2) 事前通知等の規定

国税通則法第74条の9から第74条の13までの規定は、調査の開始に当たりあらかじめ実施する「事前通知」や調査結果説明等の「調査終了の際の手続」等について定めています。

イ 事前通知

税務調査を行う場合、あらかじめ納税義務者に事前通知をすることとされています（通74の9）。

しかしながら、納税義務者の申告又は過去の調査結果の内容等に鑑みて、違法又は不当な行為を容易にし、正確な課税標準等又は税額等の把握を困難とするおそれその他国税に関する調査の適正な遂行に支障を及ぼすおそれがあると税務署長等が認める場合には、事前通知を要しません（通74の10）。

ロ 税務調査の終了の際の手続

○ 更正決定等をすべきと認められない場合

税務署長等は、国税に関する実地の調査を行った結果、更正決定等をすべきと認められない場合には、納税義務者に対し、「その時点において更

正決定等をすべきと認められない」旨を書面により通知します（通74の11①）。

○ 更正決定等をすべきと認める場合における調査結果の説明等

調査を行った結果、更正決定等をすべきと認める場合には、当該職員は、納税義務者に対し、調査結果の内容を説明することとなります（通74の11②）。

その説明の際、当該職員は、納税義務者に対し、修正申告又は期限後申告を勧奨することができますが、この場合、「その調査の結果に関しその納税義務者が納税申告書を提出した場合には、不服申立てをすることはできないが更正の請求をすることはできる」旨の説明と、その旨を記載した書面を交付しなければならないとされています（通74の11③）。

2 税務調査手続の一連の流れ

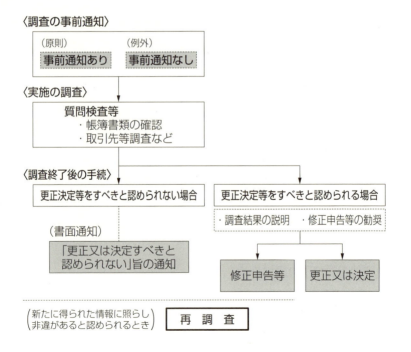

税務調査の事前通知

税務調査における事前通知とは、どのようなものですか。
また、すべての税務調査の際に行われるのですか。

調査手続の透明性・納税者の予見可能性を高める観点から、税務調査に先立ち、課税庁が原則として事前通知を行うこととしています。

解説

1 税務調査の事前通知

(1) 税務調査における事前通知

税務調査の事前通知については、調査手続の透明性・納税者の予見可能性を高める観点から、税務調査に先立ち、課税庁が原則として事前通知を行うこととしています（通74の9）。また、悪質な納税者の課税逃れを助長するなど調査の適正な遂行に支障を及ぼすことのないよう、課税の公平確保の観点を踏まえ、一定の場合には事前通知を行わないことについても法律上明確化されました（通74の10）。

> **参考** 改正前の税務調査の概要
>
> 従来から、税務調査に際しては、課税庁は実務上、原則として納税者に対し調査日時を事前通知することとされ、例外的に、事前通知を行うことが適当でないと認められる次のような場合には事前通知を行わないこととされていました。
>
> なお、納税者に事前通知する場合において、その者の税務代理権限を有する旨の書面（税理士法30）を提出している税理士があるときは、あわせて当該税理士に対し事前通知をすることとされています（税理士法34）。

① 業種・業態、資料情報及び過去の調査状況等からみて、帳簿書類等による申告内容等の適否の確認が困難であると想定されるため、在りのままの事業実態等を確認しなければ、申告内容等に係る事実の把握が困難であると想定される場合
② 調査に対する忌避・妨害、あるいは帳簿書類等の破棄・隠ぺい等が予想される場合

> **参考** 質問検査の範囲等の具体的な手続について
>
> 　質問検査の範囲等の具体的な手続については、「所得税法234条第1項の規定は、国税庁、国税局又は税務署の調査権限を有する職員において、当該調査の目的、調査すべき事項、申請、申告の体裁内容、帳簿等の記入保存状況、相手方の事業の形態等諸般の具体的事情にかんがみ、客観的な必要性があると判断される場合には、前記職権調査の一方法として、同条1項各号規定の者に対し質問し、またはその事業に関する帳簿、書類その他当該調査事項に関連性を有する物件の検査を行う権限を認めた趣旨であって、この場合の質問検査の範囲、程度、時期、場所等実定法上特段の定めのない実施の細目については、右にいう質問検査の必要があり、かつ、これと相手方との衡量において社会通念上相当な限度にとどまるかぎり、権限ある税務職員の合理的な選択に委ねられているものと解す」べきであり、「実施の日時場所の事前通知、調査の理由および必要性の個別的、具体的な告知のごときも、質問検査を行う上の法律上一律の要件とされているものではない。」（最判昭和48.7.10）とされてきたところです。

(2) 税務調査における事前通知の具体的内容

　国税庁等の当該職員は、税務調査を行う場合には、原則として、あらかじめ納税義務者に事前に通知を行うこととしています（通74の9①）。

　この税務調査の事前通知についての具体的内容は、次のとおりです。

①事前通知の対象者	事前通知の対象者は、納税義務者とされています。また、当該納税義務者に税務代理人がある場合、当該税務代理人も対象となります。 （注1） 平成26年度税制改正―調査の事前通知の整備 　納税義務者について税務代理人がある場合において、当該納税義務者の同意がある一定の場合に該当する時は、当該納税義務者への調査の事前通知は、当該税理代理人に対してすれば足りることとされました（通74の9⑤）。この納税義務者の同意がある一定の場合とは、税務代理権限証書に、当該納税義務者への調査の事前通知は代理人に対してすれば足りる旨の記載がある場合とされています（通規11の2）。 　なお、上記改正は、平成26年7月1日以降にされる事前通知について適用されます。 （注2）「納税義務者」とは、所得税法や法人税法等で定める納税義務がある者、納税義務があると認められる者等をいいます（通74の9①③)また、「税務代理人」とは、納税者の税務代理権限を有することを証する書面（税理士法30、48の16）を提出している「税理士」若しくは「税理士法人」又は税理士業務を行う旨の通知（税理士法51①③）をした「弁護士」若しくは「弁護士法人」をいいます（通74の9③二）。
②対象となる調査の範囲	事前通知の対象となる「調査」は「実地の調査」とされます（通74の9①）。具体的には、<u>納税義務者の事業所や事務所等に臨場して行う調査</u>が、この「実地の調査」に該当することとなります。
③事前通知の内容	事前通知については、あらかじめ、実地の調査において質問検査等を行う旨及び次に掲げる事項を通知することとされています（通74の9①、通令30の4①）。 イ　質問検査等を行う実地の調査（以下「調査」といいます。）を開始する日時 ロ　調査を行う場所 ハ　調査の目的 　（注）具体的な通知内容としては、納税申告書の記載内容の確認、納税申告書の提出がない場合における納税義務の有無の確認、その他これらに類するものとされています（通令30の4②）。 ニ　調査の対象となる税目 ホ　調査の対象となる期間

ヘ　調査の対象となる帳簿書類その他の物件
　　　（注）当該物件が国税に関する法令の規定により備付け又は保存をしなければならないこととされているものである場合には、その旨を併せて通知することとされています（通令30の4②）。
　ト　調査の相手方である納税義務者の氏名及び住所又は居所
　　　（注）上記の「納税義務者」が法人である場合には、「名称」及び「所在地」となります（通令10①一、会社4）。
　チ　調査を行う職員（当該職員が複数であるときは、当該職員を代表する者）の氏名及び所属官署
　リ　納税義務者は、合理的な理由を付して「調査開始日時」（上記イ）又は「調査開始場所」（上記ロ）について変更するよう求めることができ、その場合には、税務当局はこれについて協議するよう努める旨
　ヌ　税務職員は、「通知事項以外の事項」について非違が疑われる場合には、当該事項に関して質問検査等を行うことができる旨
　　　（注）上記の「質問検査等」とは、国税通則法74条の2から74条の6までの規定による納税義務者に対する「質問」又は帳簿書類等の物件の「検査」若しくは「提示・提出の要求」をいいます（通74の9①）。

> **参考** 国税通則法における「調査」の意義
>
> 　国税通則法における「調査」の意義については、明文の定義規定はおかれていませんが、この点については、従来から、「通則法24条にいう調査とは、課税標準等または税額等を認定するに至る一連の判断過程の一切を意味すると解せられ、課税庁の証拠資料の収集、証拠の評価あるいは経験則を通じての要件事実の認定、租税法その他の法令の解釈適用を経て更正処分に至るまでの思考、判断を含むきわめて包括的な概念である。」（広島地判平成4.10.29。同上告審の最判平成9.2.13同旨）

2　調査の「開始日時」又は「開始場所」の変更の協議

　納税義務者から合理的な理由を付して調査の「調査開始日時」又は「調査開始場所」について変更したい旨の要請があった場合には、税務署長等

は協議するよう努めることとしています（通74の9②）。

事前通知の際に設定された調査開始日時等については、通常は、納税義務者の都合等をも勘案されたものであることから、この「調査開始日時等の変更の要請」に当たっては、適正公平な課税の観点から、調査の適切かつ円滑な実施に支障を及ぼすことのないように「合理的な理由を付して」行うこととされています。

3 通知事項以外の事項について非違が疑われる場合の質問検査等

いったん調査の事前通知が行われた場合であっても、調査着手後に上記**1**(2)③ハからへまでの通知事項以外の事項（通知した調査対象期間以外の期間や、通知した調査対象物件以外の物件等が該当します。）について非違が疑われることとなった場合には、当該事項に関して税務職員が質問検査等を行うことを妨げるものではないこととされました（通74の9④前段）。

これは、通知した事項以外の事項に関して税務職員が調査を行うことは一切認められないということではなく、調査着手後に非違が疑われる場合には当該事項についても質問検査等を行うことができることについて、確認的に規定がされたものです。

また、こうした「通知事項以外の事項」に関して質問検査等を行う際には、改めて事前通知を行う必要はないこととされています（通74の9④後段）。

4 事前通知を要しない場合（事前通知の例外事由）

税務調査に際しては、上記**1**(1)のとおり事前通知を行うことが原則ですが、調査の適正な遂行に支障を及ぼすことのないよう、課税の公平確保の観点を踏まえ、「違法又は不当な行為を容易にし、正確な課税標準等又は税額等の把握を困難にするおそれその他国税に関する調査の適正な遂行に支障を及ぼすおそれがある」と税務署長等が認める場合には、「事前通知」を要しないことが法律上明確化されました（通74の10）。

この「事前通知をしない場合」に当たるかどうかは、税務署長等が、調査の相手方である納税義務者の申告若しくは過去の調査結果の内容又はその営む事業内容に関する情報その他国税庁等若しくは税関が保有する情報に鑑み、判断することとされています。
☞参考資料1・調査手続通達4−8
　参考資料2・調査手続運営指針第2章の「2　事前通知に関する手続」の(3)参照

税務職員の質問検査権等

税務調査における「税務職員の質問検査権」とは、どのようなものですか。

A　平成23年度の税制改正においては、税務調査手続について、「事前通知」や「調査終了時の手続」などの取扱いが国税通則法第7章の2（国税の調査）において明確化されましたが、これらの前提となる「質問検査権」についても、国税通則法において、一連の手続として、各税法から集約して横断的に整備することとされました。

税務職員の質問検査権

- 所得税等に関する調査に係る質問検査権（通74の2）
- 相続税等に関する調査に係る質問検査権（通74の3）
- 酒税に関する調査に係る質問検査権（通74の4）
- たばこ税等に関する調査に係る質問検査権（通74の5）
- 航空機燃料税等に関する調査に係る質問検査権（通74の6）

解説

1　税務職員の質問検査権の整備

平成23年度の税制改正においては、税務調査手続について、「事前通知」や「調査終了時の手続」などの取扱いが国税通則法において明確化されました。

これらの手続の前提となる「質問検査権」についても、国税通則法において、一連の手続として、各税法から集約して横断的に整備することとされました（通74の2～74の6）。

その際、質問検査権については、税務調査の事前通知の内容に「調査の対象となる帳簿書類その他の物件」を含めることとされたことと併せ、適

正公平な課税の確保の観点から、税務当局が質問検査権行使の一環として、納税義務者等に対し帳簿書類等の物件の「提示」「提出」を求めることができることを法律上明確化されました（通74の2①、74の3①、74の4①、74の5各号、74の6①）。

　また、その質問検査権を担保する罰則についても、納税者が税務職員の物件の提示又は提供の要求に対し、正当な理由なくこれに応じず、又は偽りの記載若しくは記録をした帳簿書類その他の物件（その写しを含みます。）を提示し、若しくは提出する行為について、1年以下の懲役又は50万円以下の罰金に処することが明確化されました（通127三）。

> **参考　質問検査権の法的性格**
>
> 　質問検査権に関しては、従来から、「質問検査に対しては相手方はこれを受忍すべき義務を一般的に負い、その履行を間接的心理的に強制されているものであって、ただ、相手方においてあえて質問検査を受忍しない場合にはそれ以上直接的物理的に右義務の履行を強制しえないという関係を称して一般に「任意調査」と表現されている」（最判昭和48.7.10）とされています。

2　質問検査権に係る内容

　各税目の質問検査権に係る内容の概要については、以下のとおりです。

税　目	内　容　等
①所得税、法人税及び消費税の質問検査権（通74の2）	国税庁、国税局若しくは税務署（以下「国税庁等」といいます。）又は税関の職員（税関の職員にあっては、消費税の調査を行う場合に限ります。）は、所得税、法人税又は消費税に関する調査について必要があるときは、納税義務者等に質問し、帳簿書類等の物件を検査し、又は当該物件（その写しを含みます。本表②から⑤までにおいて同様。）の提示若しくは提出を求めることができることとされています（従前の所得税法234条1項、法人税法153条から155条まで及び消費税法62条1項から4項までを集約して規定）。

②相続税及び贈与税の質問検査権（通74の3）	国税庁等の職員は、相続税、贈与税又は地価税に関する調査等について必要があるときは、納税義務者等に質問し、財産若しくは土地等若しくは帳簿書類等の物件を検査し、又は当該物件の提示若しくは提出を求めることができることとされています（従前の相続税法60条1項及び2項並びに地価税法36条1項から3項までを集約して規定）。
③酒税の質問検査権（通74の4）	国税庁等又は税関の職員は、酒税に関する調査について必要があるときは、酒類製造者等に対して質問し、帳簿書類等の物件を検査し、又は当該物件の提示若しくは提出を求めること等ができることとされています（従前の酒税法53条のとおり規定）。
④たばこ税、揮発油税、地方揮発油税、石油ガス税、石油石炭税及び印紙税の質問検査権（通74の5）	国税庁等又は税関の職員は、たばこ税、揮発油税、地方揮発油税、石油ガス税、石油石炭税又は印紙税に関する調査について必要があるときは、製造業者等に対して質問し、帳簿書類等の物件を検査し、又は当該物件の提示若しくは提出を求めること等ができることとされています（従前のたばこ税法27条1項、揮発油税法26条1項、地方揮発油税法14条の21項、石油ガス税法26条1項、石油石炭税法23条1項及び印紙税法21条1項を集約して規定）。
⑤航空燃料税及び電源開発促進税の質問検査権（通74の6）	国税庁等の職員は、航空機燃料税又は電源開発促進税に関する調査について必要があるときは、一定の航空機所有者や電気事業者等に質問し、帳簿書類等の物件を検査し、又は当該物件の提示若しくは提出を求めることができることとされています（従前の航空機燃料税法19条1項から3項まで及び電源開発促進税法12条1項から3項までを集約して規定）。

☞ 参考資料1・調査手続通達1-1、1-2参照

> **参考**
>
> 　質問検査権限の国税通則法への集約化に関しては、昭和36年7月、税制調査会の「国税通則法の制定に関する答申」において、「質問、検査及び諮問の対象となる者の範囲については、基本的には現行規定を維持するものとするが、各税法において若干の不統一がみられるので、所要の整備を図ったうえ、これをできるだけ統一的に国税通則法に規定するものとする」とされていたところです。今回の見直しに当たっては、各税目間の質問検査の主体、要件、対象物件、客体が異なるものの、可能な限り類似のものをグループ化して、規定の整備がなされています。

3　税務調査において提出された物件の留置き

　国税庁等の当該職員は、国税の調査について必要があるときは、当該調査において提出された物件を留め置くことができます（通74の7）。

　従来、税務調査の過程における「納税者等から提出された物件」の税務職員による留置き（預かり）については、納税者等の承諾を得て「預り証」を交付した上で預り、その後「預り証」と引き換えに返還することが運用上行われてきたところです。

　平成23年度の税制改正においては、こうした「物件の留置き（預かり）」等の手続について、調査手続の透明性を図る観点から、法令上明確化されたものです。

　具体的には、当該職員が物件を留め置く場合には、「当該物件の名称又は種類及びその数量、当該物件の提出年月日並びに当該物件を提出した者の氏名及び住所又は居所その他当該物件の留置きに関し必要な事項を記載した書面を作成し、当該物件を提出した者にこれを交付しなければならない」とされています（通令30の3①）。また、当該職員は、留め置いた物件を善良な管理者の注意をもって管理することとされ、調査が終了した場合など留め置く必要がなくなった場合には、これを遅滞なく返還することとされています（通令30の3②③）。

☞参考資料1・調査手続通達2-1参照

4 質問検査権限の解釈

上記**2**及び**3**の質問検査権等の当該職員の権限は、「犯罪捜査のために認められたものと解してはならない」とされています（通74の8）。

> **参考** 改正前の質問検査権の概要
>
> 税務職員の質問検査権については、所得税法や法人税法等において、税務職員は、それぞれの税目に関する調査について必要があるときは、納税義務者等に質問し、又は帳簿書類等の物件を検査すること等ができることとされていました（旧所234、旧法153～155、旧相60等）。
>
> また、質問検査権については、調査の実効性を確保するため罰則により担保されており、当該職員の質問検査権の行使に対して、不答弁若しくは虚偽答弁若しくは検査忌避等をした者、又は虚偽の記載等をした帳簿書類を提示した者に対しては罰則（1年以下の懲役又は50万円以下の罰金）が設けられています（旧所242九・十等）。

税務調査終了の際の手続

Q 9-4 税務調査手続が終了した場合、その後のどのような対応がなされますか。

A 税務調査が終了した場合、税務署長等の納税者に対する説明責任を強化する観点から、更正決定等をすべきと認められない場合のその旨の通知、認められる場合における調査結果の内容説明等、また、修正申告又は期限後申告の勧奨等の手続が定められています。

解説

1 調査終了の際の手続

税務調査手続が終了した場合のその後の対応としては、次のようなものがあります。

① 更正決定等をすべきと認められない場合のその旨の通知（通74の11①）
② 更正決定等をすべきと認められる場合における調査結果の内容説明等（通74の11②）
③ 修正申告又は期限後申告の勧奨等（通74の11③）
④ 調査終了後の再調査の手続（通74の11⑥）

調査終了後の手続

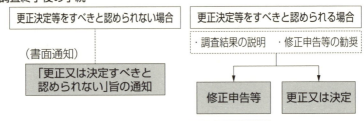

第9章　国税の調査（税務調査手続）

2　更正決定等をすべきと認められない場合

　税務署長等は、実地の調査を行った結果、更正決定等をすべきと認められない場合には、納税義務者であって当該調査において質問検査等の相手方となった者に対し、「その時点において更正決定等をすべきと認められない」旨を書面により通知します（通74の11①）。

☞参考資料2・調査手続運営指針第2章の「4　調査終了の際の手続」参照

3　更正決定等をすべきと認める場合

(1)　調査結果の内容の説明等

　調査を行った結果、更正決定等をすべきと認める場合には、税務職員は、納税義務者に対し、その調査結果の内容（更正決定等をすべきと認めた額及びその理由を含みます。）を説明することとされました（通74の11②）。

　また、上記の説明をする際、当該職員は、納税義務者に対し、修正申告又は期限後申告を勧奨することができることとされました。ただし、この勧奨をする場合には、「その調査の結果に関しその納税義務者が納税申告書を提出した場合には、不服申立てをすることはできないが更正の請求をすることはできる」旨を説明するとともに、その旨を記載した書面を交付することとされています（通74の11③）。

(2) 修正申告等の勧奨

調査を行った結果………更正決定等をすべきと認める場合

```
┌─────────┐    ┌──────────────────────┐    ┌─────────┐
│ 税務職員 │ ⇨ │ ① 調査結果の内容を説明 │ ⇨ │納税義務者│
└─────────┘    └──────────────────────┘    └─────────┘
                        │
                更正決定等をすべきと
                認めた額その理由

                       And

               ② 修正申告又は期限後申告の勧奨
                その調査の結果に対し、修正申告書等を
                提出した場合は、不服申し立てはできな
                いが、更正の請求をすることができる旨
                の説明・書面
```

参考 調査手続運営指針第2章「4 調査終了の際の手続」

(3) 修正申告等の勧奨

　納税義務者に対し、更正決定等をすべきと認められる非違の内容を説明した場合には、原則として修正申告又は期限後申告(以下「修正申告等」という。)を勧奨することとする。

　なお、修正申告等を勧奨する場合には、当該調査の結果について修正申告書又は期限後申告書(以下「修正申告書等」という。)を提出した場合には不服申立てをすることはできないが更正の請求をすることはできる旨を確実に説明(以下「修正申告等の法的効果の教示」という。)するとともに、その旨を記載した書面(以下「教示文」という。)を交付する。

(注) 1　教示文は、国税に関する法律の規定に基づき交付する書面であることから、教示文を対面で交付する場合は、納税義務者に対し交付送達の手続としての署名・押印を求めることに留意する。
　　　2　書面を送付することにより調査結果の内容の説明を行う場合に、書面により修正申告等を勧奨するときは、教示文を同封することに留意する。
　　　　なお、この場合、交付送達に該当しないことから、教示文の受領に関して納税義務者に署名・押印を求める必要はないことに留意する。」

(3) 調査結果の内容説明後の調査の再開及び再度の説明

　国税に関する調査の結果、国税通則法第74条の11第2項の規定に基づき調査結果の内容の説明を行った後、当該調査について納税義務者から修正申告書若しくは期限後申告書の提出若しくは源泉徴収に係る所得税の納付がなされるまでの間又は更正決定等を行うまでの間において、当該説明の前提となった事実が異なることが明らかとなり当該説明の根拠が失われた場合など当該職員が当該説明に係る内容の全部又は一部を修正する必要があると認めた場合には、必要に応じ調査を再開した上で、その結果に基づき、再度、調査結果の内容の説明を行うことができます（調査手続通達5－4）。

(4) 納税義務者の同意がある場合の連結親法人又は税務代理人への通知等

　上記**2**の「更正決定等をすべきと認められない旨の通知」及び上記(1)の「調査結果の内容の説明等」については、納税義務者が「連結子法人である場合」又は「税務代理人がある場合」には、当該納税義務者への通知等に代えて、それぞれ次の者に行うことができることとされています（通74の11④⑤）。

　　イ　連結子法人である場合

　　　　連結子法人（納税義務者）及び連結親法人の同意がある場合には、その連結親法人

　　ロ　納税義務者に税務代理人がある場合

　　　　納税義務者の同意がある場合には、その税務代理人

4 調査終了の手続に係る書面の交付

　調査の終了の際に係る書面の交付に係る手続については、国税通則法第12条第4項《書類の送達》及び国税通則法施行規則第1条第1項《交付送達の手続》の各規定が適用されます（調査手続通達5－5）。

・書面の交付

| 実地の調査の結果、更正決定等をすべきと認められない場合 | ⇨ | 「その時点において更正決定等をすべきと認められない旨」の通知書（通74の11①） |

（調査結果の内容説明の際）

| 調査の結果、更正決定等をすべきと認める場合 | ⇨ | 「当該調査の結果に関し、納税申告書を提出した場合には不服申立てをすることはできないが更正の請求をすることができる旨」の通知書（通74の11③） |

・書面の交付を行った場合、交付送達を行った旨を記載した書面に受領者の署名・押印を求める必要があります（通規１①、調査手続通達５－５）。

5　再調査～更正決定等をすべきと認められない旨の通知又は修正申告書の提出等の後における再調査

　上記**2**の更正決定等をすべきと認められない旨の通知をした後又は上記**3**の(1)の調査の結果につき納税義務者から修正申告書若しくは期限後申告書の提出若しくは源泉徴収による所得税の納付があった後若しくは更正決定等をした後においても、税務職員は、新たに得られた情報に照らし非違があると認める場合には、当該通知を受け、又は修正申告書若しくは期限後申告書の提出若しくは源泉徴収による所得税の納付をし、若しくは更正決定等を受けた納税義務者に対し、質問検査等（再調査）を行うことができることとされました（通74の11⑥）。

　現行、税務署長等は更正決定をした後、その更正決定をした課税標準等又は税額等が過大又は過少であることを知ったときは、その調査により再更正をすることができることとされているところですが（通26）、本規定は、その前提となる再調査のあり方について、現行の運用上の取扱いを踏まえ、納税者の負担の軽減を図りつつ、適正公平な課税を図る観点から、いったんある納税者について調査が行われ、その後、更正決定等をすべきと認められない旨の通知や修正申告書等の提出、更正決定等があった後においては、税務職員は、新たに得られた情報から非違があると認められる場合に

再び質問検査等を行うことができることとされたものです。

☞参考資料1・調査手続通達5-6等参照

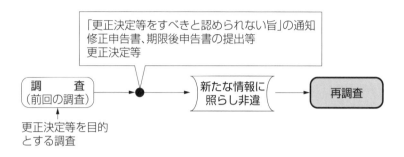

> **参考** 改正前の制度の概要

　従来から、税務調査終了時に税務当局が行う手続については、実務上、①調査の結果、非違がない場合、②調査の結果、非違がある場合に応じ、例えば次のようになされていました。

(1) **調査の結果、非違がない場合**

　実地調査の結果において非違がない場合には、

① 申告内容に誤りが認められなかった旨及び税務調査が終了した旨を通知。

② 適正な申告と認められる旨の書面を送付。

③ 上記①及び②と併せ、「上記①の通知は、それまでの調査結果を通知するものであって、爾後の再調査を禁止するものではなく、保存期間内の帳簿書類は引き続き保存が必要となること」を説明。

(2) **調査の結果、非違がある場合**

　実地調査の結果において非違がある場合には、

① 非違内容及び金額を説明。

② 修正申告又は期限後申告をしょうよう（勧奨）。

③ その際、書面を交付して、修正申告等をした場合に不服申立てができないこと等を説明。

第10章
不服審査と訴訟

行政争訟制度

Q10-1 税務署長等が行った更正処分、加算税の賦課決定や滞納処分などに不服があるときは、どのような対応を行うことができますか。

A 納税者は、税務署長等が行った更正、決定や加算税の賦課決定などの課税処分、差押えなどの滞納処分、その他税務上の各種の申請に対する処分について、不服がある場合には、その処分の取消しや変更を求める不服申立てを行うことができます。

解説

1 行政争訟制度

 国が行った処分に対して、不服がある場合にその救済を求める手続として行政争訟制度があります。
 この行政争訟制度には、行政庁に救済を求める「**不服審査（行政救済）**」と、裁判によって救済を求める「**訴訟（司法救済）**」があります。
 つまり、行政庁の違法又は不当な処分により自己の権利利益を侵害された者は、法律の定めるところにより、行政庁に対し不服申立てを行い、権利利益の救済を求めることができます。
 この不服申立制度は、行政庁の違法又は不当な処分その他公権力の行使に当たる行為に関し、国民に対して広く行政庁に対する不服申立てのみちを開くことによって、簡易迅速な手続による国民の権利利益の救済を図るとともに、行政の適正な運営を確保することを目的とするものであり、不服申立てについては、他の法律に特別の定めがある場合を除くほか、行政不服審査法の定めるところによることとされています（行審1）。
 そして、国税に関する法律に基づく処分に対する不服申立てについては、国税通則法第8章第1節に特別の定めが設けられており、納税者は、国税

に関する法律に基づく処分について不服がある場合、税務署長等に対する**「異議申立て」**及び国税不服審判所長に対する**「審査請求」**という行政上の救済制度としての不服申立制度によりその不服を申し立てることができます。更に、裁判所に対して「訴訟」を提起して処分の是正を求める司法上の救済制度により、その不服を申し立てることもできます。

(注) 平成26年6月、行政不服審査法関連三法が成立し、国税に関する不服申立制度についても見直しが行われましたが、その改正は、「行政不服審査法」の施行日（公布日から起算して2年を超えない範囲内において政令で定める日）から施行されることとなっています。
このため、本書は、改正事項の適用前の現行の不服申立制度を前提に説明しています。
☞「行政不服審査法の改正に伴う国税通則法の改正」Q1－1 4ページ参照

2 国税の不服申立て

税務署長等が国税に関する法律に基づき行った更正・決定や加算税の賦課決定などの課税処分、督促、差押えや公売などの滞納処分、その他税務上の各種の申請に対する処分について、納税者がこれらの処分について不服がある場合には、その処分の取消しや変更を求める不服を申し立てることができます。

3 異議申立てと審査請求

国税に関する法律に基づく処分に対する不服申立てについて、納税者は、原則として、まず、これらの処分を行った税務署長等に対して不服の申立てを行うことができます。この税務署長等に対する不服の申立てを**「異議申立て」**といいます。

また、この税務署長等の不服申立ての判断に対して、なお不服がある場合には、国税不服審判所長に対して不服の申立てを行うことができます。この国税不服審判所長に対する不服の申立てを**「審査請求」**といいます。このように不服申立てには、税務署長等に対する「異議申立て」と国税不

服審判所長に対する「審査請求」の二段階の手続があります。
　ところで、国税不服審判所に審査請求を行うには、青色申告に係る更正等の場合を除き原則として、まず異議申立てを行いその決定を経た後でなければ行うことができません。これを「**異議申立前置**」といいます。このような制度を採っている理由としては、次のように考えられています。
(1)　国税の賦課、徴収に係る処分は、大量的、回帰的に発生することから、不服申立ても多数発生することが予想されます。そこで、まず異議申立てを行うことによって、税務署長等に再審理、再考慮の機会を与え、その結果においてもなお納税者において不服がある場合に、国税不服審判所長の判断を受けさせることとし、ある程度、審査請求の段階における負担を軽減することにより、簡易迅速に納税者の権利救済が図られます。
(2)　国税に係る不服申立ての多くが課税処分に関するものであり、かつ、処分の基礎となる要件事実の認定に関して争うものであることから、事案を熟知し事実関係の究明に便利な地位にある税務署長等に対して異議申立てを行うことは、審理の迅速、適正の面から望ましく、納税者の便宜にも適するといえます。

異議申立前置を採用している趣旨
　国税の賦課に関する処分が大量かつ回帰的なものであり、当初の処分が必ずしも十分な資料と調査に基づいてされえない場合があることにかんがみ、まず、事案を熟知し、事実関係の究明に便利な地位にある原処分庁に対する不服申立手続によってこれに再審理の機会を与え、処分を受ける者に簡易かつ迅速な救済を受ける道を開き、その結果なお原処分に不服がある場合に審査裁決庁の裁決を受けさせることとし、一面において審査裁決庁の負担の軽減を図るとともに、他面において納税者の権利救済につき特別の考慮を払う目的に出たものであり、租税行政の特殊性を考慮し、その合理的対策としてとられた制度です（最高判昭和49.7.19判例時報752号22頁）。

4 訴訟

　納税者は、審査請求における国税不服審判所の判断になお不服がある場合には、裁判所に訴えを提起することができます。このように納税者が税務署長等に対して行う不服申立ての方法としては、異議申立て及び審査請求手続があり、原則としてこの二段階の不服申立手続を経た後でなければ原処分の取消訴訟を提起することができません（通75①、77①、115①）。

　その趣旨は、事案を熟知し、事実関係の究明に便利な地位にある原処分庁（税務署長等）に対する不服申立手続によって原処分につき再審理の機会を与え、その結果になお不服がある場合に審査庁（国税不服審判所長）の裁決を受けさせることとし、一面において審査庁の負担の軽減を図るとともに、他面において納税者の権利救済につき特別の配慮を払う目的によるものです。

　このようなことから、不服申立制度は、訴訟の前置的なあるいは補充的な救済手続として設けられています。

参考 不服申立先

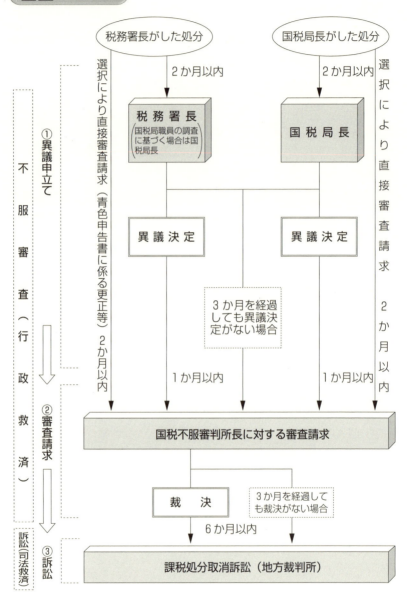

第10章 不服審査と訴訟

参考 平成26年6月改正 不服申立制度の見直し

Ⅰ 不服申立て— 総則

1 不服申立ての構造

　国税に関する処分に不服がある者は、すべての処分につき、直接国税不服審判所長に対して審査請求をすることができます。
（改正前は、原則原処分庁に対する「異議申立て」と国税不服審判所長に対する「審査請求」の2段階の不服申立前置でした）。
　また、「異議申立て」は「再調査の請求」に改めるとともに、請求人の選択により、審査請求の前にこの再調査の請求をすることができます。

2 不服申立期間の延長

　不服申立期間を処分があったことを知った日の翌日から起算して3か月以内（改正前は、2か月以内）に延長されます。

3 標準審理期間の設定

　国税庁長官、国税不服審判所長、国税局長、税務署長又は税関長は、不服申立てがその事務所に到達してから当該不服申立てについての決定又は裁決をするまでに通常要すべき標準的な期間を定めるよう努めるとともに、これを定めたときは、その事務所における備付けその他の適当な方法により公にしておかなければなりません。

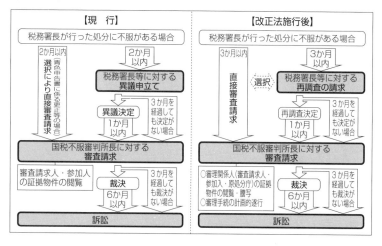

Ⅱ 再調査の請求
1 口頭意見陳述の整備
　口頭意見陳述について、再調査審理庁は期日及び場所を指定し、再調査の請求人及び参加人を招集してさせることとするとともに、その陳述が相当でない場合には、これを制限することができます。
2 請求人・参加人からの証拠書類等の提出
　再調査の請求人又は参加人は、証拠書類又は証拠物を再調査審理庁に提出することができることとし、再調査審理庁がそれを提出すべき相当の期間を定めたときは、その期間内に提出しなければなりません。

Ⅲ 国税不服審判所における審査請求
1 審理手続の計画的進行
　審理関係人（審査請求人、参加人、原処分庁）及び担当審判官は、簡易・迅速かつ公正な審理の実現のため、審理において、相互に協力するとともに、審理手続の計画的な進行を図らなければなりません。
2 担当審判官等の指定
　国税不服審判所長が指定する担当審判官等は、審査請求に係る処分又は当該処分に係る再調査の請求についての決定に関与している者等以外の一定のものでなければなりません。
3 請求人・参加人からの反論書・参加人意見書の提出
　審査請求人が提出する反論書に加え、参加人においても審査請求に係る事件に関する意見を記載した書面（参加人意見書）を提出することができます。
4 口頭意見陳述の整備
　口頭意見陳述について、担当審判官は、期日及び場所を指定し、全ての審理関係人を招集してさせることとされ、申立人は、担当審判官の許可を得て、処分の内容及び理由に関し、原処分庁に対して質問を発することができます。
5 審理手続の計画的遂行
　担当審判官は、審査請求に係る事件について、審理すべき事項が多数であり、又は錯綜しているなど事件が複雑であることその他の事情により、迅速かつ公正な審理を行うため、審理手続を計画的に遂行する必要があると認める場合には、

期日及び場所を指定して、審理関係人を召集し、あらかじめ、これらの審理手続の申立てに関する意見の聴取を行うことができます。

6　審理関係人による物件の閲覧等

審理関係人は、担当審判官の職権収集資料（担当審判官の提出要求に応じて提出された物件）を含め物件の閲覧又はその写し等の交付を求めることができます。（改正前は、審査請求人及び参加人の原処分庁提出資料のみ閲覧が可能でした。）

7　審理手続の終結

担当審判官は、必要な審理を終えたとき、又は次に掲げる場合に該当する時は、審理手続を終結することができます。

(1) 相当の期間内に、答弁書、反論書、参加人意見書、証拠書類等又は帳簿書類その他の物件の提出を求めたにもかかわらず、その提出期間内に当該物件が提出されなかったとき。

(2) 口頭意見陳述の申立てをした審査請求人又は参加人が、正当な理由がなく、口頭意見陳述に出頭しないとき

Ⅳ　適用関係

上記改正は、改正行政不服審査法の施行の日（公布の日：平成26年6月13日）から起算して2年を超えない範囲内において政令で定める日）から適用されます。

不服申立ての対象となる処分

不服申立ての対象となる処分は、「国税に関する法律に基づく処分」とありますが、ここにいう「処分」とは、具体的にはどのような処分をいいますか。

A 「国税に関する法律に基づく処分」について不服のある者は、不服申立てを行うことができますが、この「処分」とは、例えば、国税の更正・決定、滞納処分、税法上の各種申請を拒否する行為等がこれにあたります。

解説

不服申立ての対象となるのは、「国税に関する法律に基づく処分」です。

1 国税に関する法律

不服申立てがなされた場合、その不服申立ての適法要件を具備するか否かを審査する必要がありますが、その適法要件の1つに、不服申立ての対象となる「処分」であることがあります。つまり、その処分が「国税に関する法律に基づく処分」に当たるか否かにあります。

ところで、この「国税に関する法律」とは、国税通則法、国税徴収法、所得税法、租税特別措置法等、これら国税について、課税標準、税率、納付すべき税額の確定、納付、徴収、還付等、国と納税者との間の権利義務に関する事項を規定している法律をいいます。

よって、関税法、地方税法、会計法規である国税収納金整理資金に関する法律、税理士法、酒類の保全及び酒類業組合等に関する法律は含まれません。

2 処分

「処分」とは、行政庁のなす行為の中で、行政庁がその行政権の発動と

して優越的立場で行政法規を具体的に適用又は執行することにより、国民に対して権利の設定、業務の下命等の法律上の効果を発生させる行為をいいます。

国税通則法第75条により国税に関する処分についての不服申立てを行うことができる典型的なものとしては、国税の更正・決定、滞納処分、税法上の各種申請を拒否する行為等があります。

なお、具体的な行政庁の行為がこの「処分」に該当するか否かは、次のような基準が考えられます（不基通（異）75－1）。

(1) 処分とは、行政庁の公権力の行使に当たる行為であることを要することから、例えば国税の賦課徴収に関する事務を行う税務官庁における不用物品の売払行為はこれに当たりません。

(2) 処分とは、行政庁の公権力の行使に当たる行為が外部に対してされることを要することから、例えば国税庁長官の国税局長及び税務署長に対する訓令、通達又は指示はこれに当たりません。

(3) 処分とは、行政庁の公権力の行使によって直接国民の権利義務に影響を及ぼす法律上の効果を生ずるものであることを要することから、例えば公売予告通知又は国税徴収法第55条《質権者等に対する差押の通知》の規定による質権者等に対する通知はこれに当たりません。

(注) 1 国税に関する法律に基づく処分には、行政不服審査法第2条第1項《処分の定義》に規定する事実行為は含まれません。
　　2 国税に関する法律に基づく処分に関しては、国税通則法第76条《不服申立てができない処分》及び同法第80条第2項を参照。

3　国税に関する法律に基づく処分

国税に関する法律に基づく処分とは、次に掲げるようなものがあります。

(1) **税務署長等によるもの**
　イ　課税標準等又は税額等に関する更正処分（通24）又は決定処分（通25）
　ロ　更正の請求に対しその一部を認める更正処分又はその理由がないと

した更正をすべき理由がない旨の通知処分（通23④）
　ハ　国税の徴収に関する各種の処分、例えば納税告知（通36）、差押処分（徴47）
　ニ　減価償却期間の短縮申請を拒否する行為等、法律上の各種の申請を拒否する行為
(2) **税務署長等以外によるもの**
　イ　登録免許税法の規定による登記機関がなす課税標準等の認定処分（登26①）
　ロ　自動車重量税法の規定による国土交通大臣等がなす課税標準等の認定処分（自12①）

> **参考**　「国税に関する法律に基づく処分」の例示

1　更正、決定
　申告納税方式をとる国税において、更正（通24）、決定（通25）及び再更正（通26）は、いずれも税額を確定させる処分です。
2　更正の請求に対する更正すべき理由がない旨の通知処分
　更正の請求（通23）は、納税者が税務署長に対して減額更正を求める行為です。これに対し税務署長においては、その請求自体が不適法である場合やその実体的な理由がないとする場合に、拒否処分としての更正すべき理由がない旨の通知処分を行います。また、その更正の請求に関し、税務署長がその請求の一部を容認する場合は、減額の更正処分がなされ、その通知に更正の請求の一部について更正すべき理由がない旨の文言は記載されませんが、その減額更正通知には、更正すべき理由がない旨の通知処分が包含されると考えられることから、同通知に含まれる更正すべき理由がない旨の通知処分について不服申立てを行うことができます。
3　加算税の賦課決定処分
　過少申告加算税（通65）、無申告加算税（通66）、不納付加算税（通67）及び重加算税（通68）のいずれも賦課課税方式の国税で、その賦課決定は、税額の確定の効力を有しており、納税者にとっては不利益な処分に当たります。

4 青色申告承認取消処分

青色申告承認取消処分（所150、法127）は、その取消しの起因となった事実が生じた年分に遡って納税者の青色申告書提出の資格を喪失させる処分で、その処分自体によって納付すべき税額を確定させるものではありませんが、その取消処分の効力が生じた年分以降の税額計算においては影響を生じることから、納税者にとっては不利益な処分に当たります。

5 徴収に関する処分

(1) 督促

督促は、滞納処分の前提となるものであり、督促を受けたときは、納税者は、一定の日までに督促に係る国税を完納しなければ滞納処分を受ける地位に立たされることになるから、「処分」に当たります（最高判平成5.10.8・判例時報1512号20頁）。

(2) 充当

充当は、税務署長等が所定の場合に一方的に行うべきものとされ、その結果、充当された還付金等に相当する額の国税の納付があったものとみなされます（通57②）。また、税務署長等は、充当をしたときは、その旨を相手方に通知するものとされています。近時の最高裁判決では「充当」は、公権力行使の主体である税務署長等が一方的に行う行為であって、それによって国民の法律上の地位に直接影響を及ぼすものというべきであることを理由にして、充当の処分性を認めています（最高判平成5.10.8・判例時報1512号20頁、最高判平成6.4.19・判例時報1513号94頁）。

(3) 差押処分

税務署長が滞納者の財産を差し押えるという差押処分（徴47等）が行われると、滞納者はその財産の処分を禁止されることから、滞納者にとっては不利益な処分に当たります。

(4) 公売公告・売却決定

公売における最高価申込者の決定は、公売手続の最終段階の行為であり、それを受ける者にその財産の売却決定を受ける法的地位を付与するものであるから、「処分」に当たります（東京地判平成6.2.28・訟月41巻6号1517頁）。

4 不服申立てができない処分

　国税に関する法律に基づく処分については、一般的にすべて不服申立てを行うことができることとされています。しかしながら、次に掲げる処分については、国税に関する処分に含まれないことから、不服申立てをすることができません（通76）。
　(1)　不服申立てについての決定・裁決その他不服申立てについて国税不服審判所長、税務署長その他の税務行政機関がした処分
　(2)　国税犯則取締法の規定に基づき税務署長、収納官吏等が行う処分

5 不服申立てができる者

　税務署長等の処分に不服がある者が不服申立てを行うことができますが、「不服がある者」とは、行政庁の違法又は不当な処分により直接自己の権利又は法律上の利益を侵害された者です（東京地判昭和35.11.5）。
　したがって、権利又は法律上の利益を侵害された者である限り、処分の相手方に限定されず、納税義務者以外の第三者（差押処分のあった財産に担保を有する者など）でも不服を申し立てることができます。

異議申立て

税務署長の行った処分について不服がある場合、異議申立てができると聞いていますが、この「異議申立て」とは、どのようなものですか。

A 異議申立ては、国税の更正・決定や滞納処分等に不服がある者がその処分の取消しや変更を求めて、処分行政庁に対して不服を申し立てることをいいます。

つまり、異議申立ては、国税に関する処分に不服がある場合、原則として、その処分を行った税務署長等に対して、処分の通知を受けた日等から2か月以内に、不服申立ての趣旨及び理由等を記載した「異議申立書」を提出して行います。

解説

1 異議申立て

「異議申立て」とは、国税に関する処分に不服がある場合、原則として、その処分を行った税務署長等に対して、処分があったことを知った日（処分に係る通知を受けた場合には、その受けた日）の翌日から起算して2月以内（通77①）に、不服申立ての趣旨及び理由等を記載した**「異議申立書」**を提出して不服を申し立てることをいいます。

異議申立書を受理した税務署長等は、その異議申立てが法定の異議申立期間経過後になされたとき、その他不適法であるときは、その異議申立てを**「却下」**します。

また、異議申立書の記載内容に不備があり、その不備が補正可能な場合には、その補正を求めます。なお、その不備が軽微な場合には、異議審理庁（異議申立てがされている税務署長その他の行政機関の長をいいます。）が職権で補正（職権補正）することができます（通81②）。

異議審理庁から補正を求められた場合、その異議申立人は、異議審理庁に出頭して口頭で補正（口頭補正）すべき事項を陳述し、税務職員がその内容を録取した書面に押印することによっても補正することができます（通81③）。

2 異議審理庁での調査・審理

適法な異議申立てについて、異議審理庁は、調査及び審理を行います。また、異議申立人は、口頭で異議審理庁に意見を述べることができます（通84）。

異議申立ての審理手続としては、次のようなものがあります。

(1) 口頭による意見の陳述
(2) 補佐人の帯同
(3) 職員による意見の聴取
(4) 異議申立人からの証拠物等の提出
(5) 異議審理庁の職権による証拠収集

3 異議決定

異議審理庁で調査及び審理を行った結果、その申立てに理由があると認められる場合には、**決定**（**異議決定**）で、当該異議申立てに係る処分の全部又は一部を取り消し、また、その申立てに理由がないと認める場合にはこれを棄却します（通83）。

異議申立てについての決定は、異議審理庁が異議申立人に異議決定書の謄本を送達して行い（通84③）、その異議決定書には、決定の理由を附記します（通84④）。また、この異議申立てについての決定で当該異議申立てに係る処分の全部又は一部を維持する場合における理由においては、その維持される処分を正当とする理由を明らかにしなければなりません（通84⑤）。

なお、異議申立て後3か月を経過しても異議申立てについての異議決定がされない場合には、異議申立人は、異議決定を経ないで国税不服審判所長に対して審査請求を行うことができます（通75⑤）。

第10章　不服審査と訴訟

【異議申立書】

異議申立書（処分用） (初葉)

※整理欄	通信日付印年月日 平成　年　月　日　確認印	整理簿	連絡せん

①平成　　年　　月　　日

② ＿＿＿＿＿＿＿＿＿＿　税務署長　殿
　　　　　　　　　　　　国税局長　殿

異議申立人	③ 住所又は所在地（納税地）		郵便番号 —
	④ （フリガナ）氏名又は名称	（　　　　　）　　印	電話番号（　　）
	⑤は総代表者又は代理人 住所又は居所		郵便番号 —
	（フリガナ）氏名	（　　　　　）　　印	電話番号（　　）
⑥代理人	住所又は居所		郵便番号 —
	（フリガナ）氏名	（　　　　　）　　印	電話番号（　　）

下記の処分について不服があるので、異議申立てをします。

異議申立てに係る処分〈原処分〉	⑦ 原処分庁	（　　　）税務署長・（　　　）国税局長・その他（　　　）		
	⑧ 原処分日等	原処分（下記⑨）の通知書に記載された年月日	平成　年　月　日付	
		原処分（下記⑨）の通知書を受けた年月日	平成　年　月　日	
	⑨ 原処分名等（「税目」欄及び「原処分名」欄の該当番号をそれぞれ○で囲み、「対象年分等」欄は、「原処分名」ごとに記載した上で「税目」欄において○で囲んだ異議申立てに係る処分の税目の番号を括弧書で記載してください。）	税目	原処分名	対象年分等
		1 申告所得税　2 復興特別所得税　3 法人税　4 復興特別法人税　5 消費税及び地方消費税　6 相続税　7 贈与税　8 （　　　）	1 更正	
			2 決定	
			3 加算税　a 過少申告加算税の賦課決定	
			b 無申告　加算税の賦課決定	
			c 重　加算税の賦課決定	
			4 更正の請求に対する更正すべき理由がない旨の通知	
			5 青色申告の承認の取消し	以後
			6 その他（　　　　　）	
		9 源泉所得税　10 復興特別所得税	7 納税の告知	
			8 加算税　a 不納付加算税の賦課決定	
			b 重　加算税の賦課決定	

※整理欄は、記載しないでください。

(異1)

(次葉)

異議申立人の氏名又は名称 _____

⑩ 異議申立ての趣旨

★ 原処分の取消し又は変更を求める範囲等について、該当する番号を○で囲んでください。

1：全部取消し ……… 初葉記載の原処分の全部の取消しを求める。
2：一部取消し ……… 初葉記載の原処分のうち、次の部分の取消しを求める。
3：変　　更 ……… 初葉記載の原処分について、次のとおりの変更を求める。

★ 上記番号2の「一部取消し」又は3の「変更」を求める場合には、その範囲等を記載してください。

⑪ 異議申立ての理由

★ 取消し等を求める理由をできるだけ具体的に記載してください。
なお、この用紙に書ききれない場合には、適宜の用紙に記載して添付してください。

⑫ 添付書類等（★該当番号を○で囲んでください。）	⑬ 原処分があったとき以後に納税地の異動があった場合
1：委任状（代理人の権限を証する書類） 2：総代選任書 3：異議申立ての趣旨及び理由を計数的に説明する資料 4：その他（　　　　　　　　　　　　）	1：原処分をした税務署長又は国税局長 　⇒（　　　　　）税務署長・（　　　　　）国税局長 2：原処分の際の納税地 　⇒

(異1)

審査請求

国税不服審判所に対して行う審査請求とは、どのようなものですか。

A　審査請求とは、処分行政庁以外の行政庁に対して不服を申立てることをいいます。

つまり、国税に関する法律に基づく処分についての審査請求は、異議審理庁が行った異議決定後においても、なお不服がある場合に、その異議決定後1月以内（第一審としての審査請求の場合は、処分の通知を受けた日等から2月以内）に、国税不服審判所長に対して「審査請求書」を提出して不服を申し立てます。

解説

1　審査請求

「審査請求」とは、異議申立てにおける異議審理庁が行った異議決定後においても、なお不服がある場合に、その異議決定後1月以内（第一審としての審査請求の場合は、処分の通知を受けた日等から2月以内）（通77①、②）に、国税不服審判所長に対して「**審査請求書**」を提出して不服を申し立てることをいいます。

審査請求人は、その審査請求書において、処分の取消し変更を求める範囲を明らかにするとともに、書面で通知された処分の理由に対応する審査請求人の主張を明らかにしなければなりません（通87）。また、審査請求の趣旨及び理由を計数的に説明する資料を添付するよう努めなければなりません（通令32）。これらは、国税不服審判所が審査請求人と原処分庁（審査請求の目的となった処分に係る行政機関の長をいいます。）との間に立って、第三者的に審理、裁決するという趣旨によるものです。

なお、審査請求人が行ったその審査請求が不適法な場合の却下、請求に不備がある場合の補正及び審査請求人の口頭による意見陳述については、異議申立ての場合と同様です（通91、92、101）。

2 審査請求手続

(1) 審査請求書の提出

審査請求は、次に掲げる事項を記載した「審査請求書」を提出して行います（通87）。

① 審査請求に係る処分
② 審査請求に係る処分があったことを知った年月日
③ 審査請求の趣旨及び理由
④ 審査請求の年月日

(2) 国税不服審判所の審理

審査請求がなされた場合、国税不服審判所において、次のような審査がなされています。

イ 答弁書と反論書

国税不服審判所長は、審査請求書を受理した場合には、原処分庁に対し「**答弁書**」の提出を求め、その答弁書の副本は、審査請求人にも送付されます（通93）。なお、この答弁書には、審査請求の趣旨及び理由に対応して、原処分庁の主張を記載しなければなりません。

また、審査請求人は、この答弁書に対して「**反論書**」又は証拠書類等を提出することができます（通95）。

ロ 担当審判官の調査、審理

適法な審査請求については、答弁書が提出された段階で、国税不服審判所長は、審査請求に係る事件の調査及び審理を行わせるため、事件ごとに、担当審判官1人及び参加審判官2人以上を指定します（通94）。

審査請求に係る事件は、担当審判官が中心となり、国税副審判官、国税審査官等を補助者として職権で調査及び審理を行います。この場合、

審査請求人及び原処分庁が任意に提出する証拠等により、事実関係等が明らかになることが望ましいのですが、こうした証拠等のみで十分でないときは、担当審判官等は、職権又は審査請求人の申立てにより、必要な質問、帳簿書類の提出要求又は検査等を行います（通97）。

3 裁決

担当審判官等による調査及び審理が行われ、審査請求について議決をするに熟したときは、担当審判官及び参加審判官は、その過半数の意見により**議決**を行います。この議決に基づいて国税不服審判所長が「**裁決**」を行います（通98）。

つまり、国税不服審判所長は、審査請求が理由がないときは、裁決で当該審査請求に対する**棄却**を行い、その審査請求が理由があるときは、裁決で、当該審査請求に係る処分の**全部若しくは一部を取り消し**、又はこれを**変更**します（通98①、②）。

4 国税審議会への諮問

国税不服審判所長は、国税庁長官の法令解釈と異なる解釈等による裁決をするときは、あらかじめその意見を国税庁長官に通知しなければなりません。

国税庁長官は、国税不服審判所長の意見を相当と認める場合を除き、国税不服審判所長と共同して当該意思について国税審議会に諮問しなければなりません。国税不服審判所長は、その議決に基づいて裁決しなければなりません（通99）。

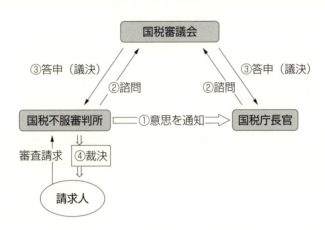

第10章 不服審査と訴訟

参考 審査請求における審理手続

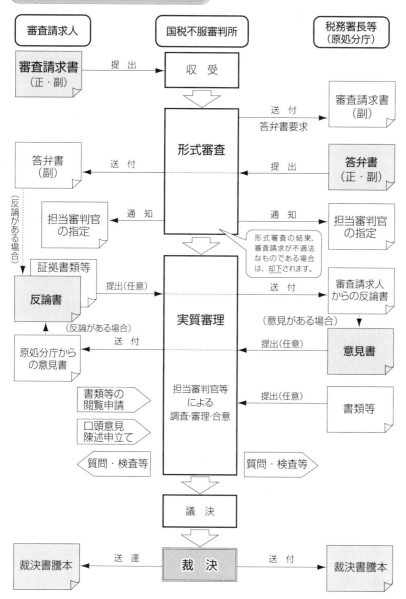

【審査請求書】

審査請求書（初葉）

正本　収受日付印

(注)　必ず次葉とともに、正副2通を所轄の国税不服審判所に提出してください。

※審判所処理事項　｜　通信日付　｜　確認印　｜　整理簿記入

国税不服審判所長　殿

① 請求年月日　平成　　年　　月　　日

	審査請求人		
②	住所・所在地（納税地）	〒	
③	（ふりがな）氏名・名称	（　　　　　）㊞	電話番号　－　－

法人の代表者又は総代

住所・所在地	〒	総代が互選されている場合は総代選任届出書を必ず添付してください。
④ （ふりがな）氏名・名称	（　　　　）㊞	電話番号　－　－

⑤ 代理人

住所・所在地	〒	委任状（代理人の選任届出書）を必ず添付してください。
（ふりがな）氏名・名称	（　　　　）㊞	電話番号　－　－

⑥ 原処分庁	（　　　　）税務署長・（　　　　）国税局長・その他（　　　　）
⑦ 処分日等	原処分（下記⑧）の通知書に記載された年月日：平成　　年　　月　　日／原処分（下記⑧）の通知を受けた年月日：平成　　年　　月　　日　　※更正・決定・加算税の賦課決定などの処分に係る日付であり、異議決定に係る日付とは異なりますからご注意ください。

審査請求に係る処分（原処分）

⑧処分名等（該当する番号を○で囲み、対象年分等は該当処分名ごとに記入する。）

税目等	処分名	対象年分等
1 申告所得税 2 復興特別所得税 3 法人税 4 復興特別法人税	1 更正 2 決定 3 青色申告の承認の取消し 4 更正の請求に対する更正すべき理由がない旨の通知 5 更正の請求に対する更正 6 過少申告加算税の賦課決定 7 無申告加算税の賦課決定 8 重加算税の賦課決定 9 その他〔　　　〕	
5 消費税・地方消費税 6 相続税 7 贈与税 8 地価税	1 更正 2 決定 3 更正の請求に対する更正すべき理由がない旨の通知 4 更正の請求に対する更正 5 過少申告加算税の賦課決定 6 無申告加算税の賦課決定 7 重加算税の賦課決定 8 その他〔　　　〕	
9 源泉所得税 10 復興特別所得税	1 納税の告知 2 不納付加算税の賦課決定 3 重加算税の賦課決定	
11 滞納処分等	1 督促〔督促に係る国税の税目：　　　　〕 2 差押え〔差押えの対象となった財産：　　　　〕 3 公売等〔a 公売公告、b 最高価申込者の決定、c 売却決定、d 配当、e その他（　　）〕 4 相続税の延納又は物納〔a 延納の許可の取消し、b 物納申請の却下、c その他（　　）〕 5 充当 6 その他〔　　　〕	
12 その他〔　　〕		

※印欄には記入しないでください。

付表1号様式（初葉）

審査請求書（次葉）

	審査請求人氏名（名称）	

原処分に係る異議申立ての状況	⑨異議申立てをした場合（該当する番号を○で囲む。）	異議申立年月日　：　平成＿＿＿年＿＿＿月＿＿＿日 1　異議決定あり…………異議決定書謄本の送達を受けた年月日　：　平成＿＿年＿＿月＿＿日 2　異議決定なし
	⑩異議申立てをしていない場合（該当する番号を○で囲む。）	1　所得税若しくは法人税の青色申告書又は連結確定申告書等に係る更正であるので、審査請求を選択する。 2　原処分の通知書が国税局長名（国税局長がした処分）であるので、審査請求を選択する。 3　原処分の通知書に異議申立てをすることができるという教示がないので、審査請求を選択する。 4　その他

⑪審査請求の趣旨（処分の取消し又は変更を求める範囲）	◎該当する番号を○で囲み、必要な事項を記入してください。 1　全部取消し………初葉記載の原処分（異議決定を経ている場合にあっては、当該決定後の処分）の全部の取消しを求める。 2　一部取消し………初葉記載の＿＿の取消しを求める。 3　その他………

⑫審査請求の理由	◎取消し等を求める理由をできるだけ具体的に、かつ、明確に記載してください。 なお、この用紙に書ききれないときは、適宜の用紙に記載して添付してください。

⑬添付書類の確認（該当する番号を○で囲む。）	1　委任状（代理人の選任届出書） 2　総代選任届出書 3　審査請求の趣旨及び理由を計数的に説明する資料 4　その他

○審査請求書の記載に当たっては、別紙「審査請求書の書き方」を参照してください。　　　　付表1号様式（次葉）

不服申立てと国税の徴収との関係

不服申立てが行われた場合、税務署長は、その国税について差押えを行うことができますか。また、差し押さえている場合その後の公売などの処分は続行されますか。

不服申立ては、その目的となった処分の効力、処分の執行又は手続の続行を妨げません。

解説

1 処分の続行

　国税に関する法律に基づく処分に対する不服申立ては、その目的となった処分の効力、処分の執行又は手続きの続行を妨げません。ただし、その国税の徴収のため差し押えた財産の滞納処分による換価は、その財産の価額が著しく減少するおそれがあるとき、又は不服申立人から別段の申し出があるときを除き、その不服申立てについての決定又は裁決があるまで、することができません（通105①）。

2 異議申立てにおける徴収の猶予及び差押の猶予等

(1) 徴収の猶予等

　異議審理庁は、必要があると認めるときは、異議申立人の申立てにより、又は職権で、異議申立ての目的となった処分に係る国税の全部又は一部の徴収を猶予し、若しくは滞納処分の続行を停止し、又はこれらを命ずることができます（通105②）。

(2) 差押えの猶予等

　異議審理庁は、異議申立人が、担保を提供して、異議申立ての目的となった処分に係る国税につき、滞納処分による差押えをしないこと又は既

にされている滞納処分による差押えを解除することを求めた場合において、相当と認めるときは、その差押えをせず、若しくはその差押えを解除し、又はこれらを命ずることができます（通105③）。

3 審査請求における徴収の猶予及び差押の猶予等

(1) 徴収の猶予等

国税不服審判所長は、必要があると認めるときは、審査請求人の申立てにより、又は職権で、審査請求の目的となった処分に係る国税につき、国税通則法第43条及び第44条の規定により徴収の権限を有する国税局長、税務署長又は税関長（以下「徴収の所轄庁」といいます。）の意見を聞いたうえ、当該国税の全部又は一部の徴収を猶予し、又は滞納処分の続行を停止することを徴収の所轄庁に求めることができます（通105④）。

(2) 差押えの猶予等

国税不服審判所長は、審査請求人が、徴収の所轄庁に担保を提供して、審査請求の目的となった処分に係る国税につき、滞納処分による差押えをしないこと又は既にされている滞納処分による差押えを解除することを求めた場合において、相当と認めるときは、徴収の所轄庁に対し、その差押えをしないこと又はその差押えを解除することを求めることができます（通105⑤）。

(3) 徴収の所轄庁の対応

徴収の所轄庁は、国税不服審判所長から上記(1)及び(2)の徴収の猶予等、差押えの解除等を求められたときは、審査請求の目的となった処分に係る国税の全部若しくは一部の徴収を猶予し、若しくは滞納処分の続行を停止し、又はその差押えをせず、若しくはその差押を解除しなければなりません（通105⑥）。

訴訟

Q 10−6 審査請求において「棄却」の裁決がなされましたが、なお不服がある場合、訴訟を提起することができますか。

A 国税不服審判所の裁決があった後の処分になお不服がある場合には、その通知を受けた日から6月以内に裁判所に対して訴えを提起することができます。

解説

1 訴訟の提起

国税不服審判所の判断になお不服がある場合には、納税者は裁判所に訴えを提起することができます。

このように納税者が税務署長等に対して行う不服申立ての方法としては、異議申立て及び審査請求手続があり、原則としてこの二段階の不服申立手続を経た後でなければ原処分の取消訴訟を提起することができません（通115①）。

2 出訴期間

審査請求人は、国税不服審判所長の裁決の結果、なお不服がある場合には、正当な理由がある場合を除き、裁決があったことを知った日から6か月以内に裁判所に取消しを求める訴えを提起することができます（行訴14①）。

また、審査請求がされた日の翌日から起算して3か月を経過しても国税不服審判所長の裁決がないときは、その裁決を経ないで訴えを提起することができます（通115①一）。この場合、訴訟とは別に、引き続き国税不服

審判所長の裁決を求めることもできます。

> **参考** 行政事件訴訟法に定める処分の取消しの訴えにおける訴えの利益について
>
> 　行政事件訴訟法に定める処分の取消しの訴えは、その処分によって違法に自己の権利又は法律上保護されている利益の侵害を受けた者がその処分の取消しによってその法益を回復することを目的とするものであるところ、その処分によって原告に生じうる不利益が解消されたと認められるに至ったときは、原告には、もはや取消しを求める訴えの利益は存しないというべきである（最高判昭和57.9.9・民集36巻9号1679ページ）。

3　裁決後の税務署長等からの訴訟の提起の可否

　納税者は、国税不服審判所長の裁決に不服があれば裁判所で争うことができますが、税務署長等は、裁決に不服があっても、訴訟を提起することはできません。つまり国税不服審判所の裁決は、行政部内での最終的判断であることから、税務署長等が仮にこれに不服があっても訴えを提起することはできません。

　国税通則法第102条においては、「裁決は、関係行政庁を拘束する。」と規定されています。

裁決等を経ない直接訴訟の可否

Q 10-7 国税に関する処分について不服があるので、異議申立て又は審査請求を行わないで直接訴訟を提起することはできますか。

A 国税に関する処分の取消しを求める訴訟を提起するには、原則として不服申立てについての決定又は裁決を経なければ、直接訴訟を提起することはできません。

解説

1 不服申立前置主義と直接訴訟

国税に関する法律に基づく処分の取消しを求める訴訟を提起するには、原則として、不服申立てについての決定又は裁決を経なければなりません（**不服申立前置主義**）。したがって、**直接訴訟**を提起することはできません。

しかしながら、次の場合には、例外的に不服申立てについての決定又は裁決を経なくても訴訟を提起することができます（通115）。

(1) 国税庁長官に対する異議申立て又は審査請求がなされた日の翌日から起算して3か月を経過しても決定又は裁決がないとき

(2) 更正決定等の取消しを求める訴えを提起した者が、その訴訟の係属している間に当該更正決定等に係る国税の課税標準等又は税額等についてされた他の更正決定等の取消しを求めようとするとき

(3) 異議申立てについての決定又は審査請求についての裁決を経ることにより生ずる著しい損害を避けるため緊急の必要があるとき、その他その決定又は裁決を経ないことにつき正当な理由があるとき

2 不服申立前置主義を採用している理由

税務署長等の処分に不服がある場合、最初から裁判所に訴訟を提起して

争うという方法も理論上考えられます。しかしながら、①訴訟はその手続が慎重であるだけに迅速な処理を期待しがたい面があります。また、②不服の実態を見た場合には、訴訟によるよりも簡易な手続によって救済を図った方が適当と認められる事件が数多く存在します。更に、③訴訟とは別個に行政機関によって権利救済を図ることは、行政の統一的運用にも資することができます。

　このようなことから、不服申立制度は、訴訟の前置的なあるいは補充的な救済手続として設けられています。

訴訟手続

Q 10-8 租税訴訟において、訴えの提起がなされた後、その判決までの訴訟の流れはどのようになっていますか。

A 原告から訴状が裁判所に提出されたのち、裁判所において、口頭弁論、争点及び証拠の整理を行い、証拠調べを行った後、判決が言い渡されます。

解説

租税訴訟において、訴えの提起がなされ、その判決に至るまでの訴訟の手続は、次のようになります。

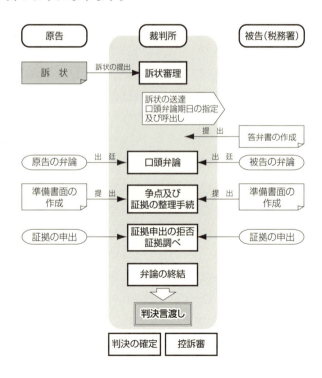

第11章
行政手続法との関係

行政手続法と国税通則法の関係

行政手続法と国税通則法とは、どのような関係にありますか。また、行政手続法の規定は、国税の分野で全て適用されるのですか。

A 行政分野にわたる行政手続に関する一般的な通則法としての「行政手続法」及び「行政手続法の施行に伴う関係法律の整備に関する法律」があります。

行政はその内容が極めて多岐にわたっていることから、行政手続法の規定を全ての分野に一律に適用すると、かえって不都合な場合も生じてきます。そこで、例えば刑事事件に関する法令に基づき検察官等が行う行政処分など、本来の行政権の行使とみられないものなど、適用除外を設けています。

国税通則法など関係法律についても、行政手続法の制定に伴い、「行政手続法の施行に伴う関係法律の整備に関する法律」により所要の整備が図られ、そのうち、国税関係で最も関係があるのは**「適用除外措置」**です。これは、国税通則法など国税に関する法律に基づいて行われる処分については、すでに独自の手続体系が定められており、それによることが適当と認められることから、国税通則法第74条の2で行政手続法の適用除外を規定しています。

▶解説

国税通則法第7章の2に定める規定は、平成5年の行政手続法の制度に伴い、行政手続法の施行に伴う関係法律の整備に関する法律により新設されたものであり、行政手続法と国税通則法との適用関係について規定しています。

(注) 上記「第7章の2」は、平成23年度税制改正に伴い、平成25年1月1日施行後は「第7章の3」となります。

1 行政手続法

　行政分野にわたる行政手続に関する一般的な通則法としての「行政手続法」及び「行政手続法の施行に伴う関係法律の整備に関する法律」があります。

　この行政手続法の目的は、行政庁の「処分、行政指導及び届出に関する手続並びに命令等を定める手続に関し、共通する事項を定めることによって、行政運営における公正の確保と透明性の向上を図り、もって国民の権利利益の保護に資すること」(行手1①) としています。

　なお、処分、行政指導及び届出に関する手続に関し、この法律に規定する事項について、他の法律に特別の定めがある場合には、その定めるところによることとされています (行手1②)。

2 行政手続法の主な内容

(1) **申請に対する処分**

　行政庁は、申請に対する処分については、その迅速かつ透明な処理を確保するという観点から、次のような処理を行うこととしています。

イ　申請に関する審査基準の制定及びそれらの基準の公開 (行手5)。
ロ　申請処理に通常要すべき標準処理期間の制定とその公開 (行手6)。
ハ　申請到着後において遅滞なく審査を開始 (行手7)。
ニ　申請により求められた許認可等を拒否する場合の理由開示及びその際の第三者の利益考慮が要件とされているものに係る意見聴取努力義務 (行手8、10)。

(2) **不利益処分**

　不利益処分については、行政運営における公正の確保を図るとともに、処分の相手方の権利利益の保護を図るため、次のような処理を行うこととしています。

イ　不利益処分をするか否かの判断基準の制定及びそれらの基準の公開

(行手12)。
ロ　不利益処分をしようとする場合の聴聞手続及び弁明の機会の付与（行手13）。
ハ　不利益処分をする場合のその理由の開示（行手14）。

(3) **行政指導**

行政指導についても、その透明性及び明確性を確保する観点から、次のような基本原則及び方式等が明記されています。

イ　行政指導の限界と不利益取扱いの禁止（行手32）。
ロ　行政指導の趣旨及び内容並びに責任者の明示と原則書面交付義務（行手35）。
ハ　複数の者を対象とする行政指導をしようとする場合の共通指針の制定とその原則公表（行手36）。

(4) **意見公募手続**

政省令などの命令等を定める機関（命令等制定機関）は、命令等を定めようとする場合には、当該命令等の案及びこれに関連する資料をあらかじめ公示し、意見の提出及び意見のための期間を定め広く一般の意見を求めなければなりません（行手39～43）。

命令等制定機関は、**意見公募手続**（パブリック・コメント）として、次のような内容を義務付けられています。

イ　命令等の案や関連資料を事前に公表すること。
ロ　30日以上の意見提出期間を置き、広く一般の意見や情報の公募を行うこと。
ハ　意見や情報を考慮すること。
ニ　意見や情報の内容、これらの考慮の結果などを公示すること。

（注）意見公募手続は、平成17年の改正で、政省令などの命令等を広く一般の意見や情報を求める手続等を定めることにより、行政運営の更なる公正の確保と透明性の向上を図る観点から設けられました。

3 行政手続法の適用除外

　行政はその内容が極めて多岐にわたっていることから、行政手続法の規定を全ての分野に一律に適用すると、かえって不都合な場合も生じてきます。そこで、次のような適用除外を設けています。

(1) 行政手続法の適用除外

　行政手続法では、次のような分野については適用除外とする措置を講じています（行手3①各号、4）。

イ　刑事事件に関する法令に基づき検察官等が行う行政処分など、本来の行政権の行使とみられないもの

ロ　刑務所において受刑者に対して行われる処分などのように、特別の法律で律せられる関係が認められるもの

ハ　学術上の試験などのように、処分の性質上行政手続法の諸規定の適用になじまないもの

ニ　国税に関する次のような処分及び行政指導

　(イ)　国税犯則取締法に基づいて行われる処分及び行政指導

　(ロ)　質問検査権の行使等のように情報の収集を直接の目的としてなされる処分及び行政指導

　(ハ)　異議申立て及び審査請求に対する決定及び裁決

　(ニ)　不服申立ての審査手続において法令に基づいてなされる処分及び行政指導

　(ホ)　官公庁に対する協力要請等国の機関、地方公共団体等に対する行政指導

(2) 国税通則法による適用除外

　行政手続法の制定に伴い、国税通則法など関係法律についても、「行政手続法の施行に伴う関係法律の整備に関する法律」により所要の整備が図られました。

　そのうち、国税関係で最も関係があるのは「適用除外措置」です。これ

は、国税通則法など国税に関する法律に基づいて行われる処分については、すでに独自の手続体系が定められており、それによることが適当と認められたからです。

　ちなみに、国税通則法第74条の14で行政手続法の適用除外とされている分野は、次のような分野です。

【適用除外処分】

<table>
<tr><td rowspan="3">国税通則法による適用除外</td><td>① 国税に関する法律に基づいて行われる処分（ただし、酒税法上の免許関係のものを除きます。）</td><td>行政手続法第2章（申請に対する処分）（第8条（理由の提示）を除きます。）、第3章（不利益処分）（第14条（不利益処分の理由の提示）を除きます。）</td></tr>
<tr><td>② 国税に関する法律に基づく納税義務の適正な実現を図るために行われる行政指導（ただし、酒税法上の免許関係及び酒税の保全及び酒類業組合等に関する法律に係るものを除きます。）</td><td>・行政指導に係る書面の交付（行手35②）
・複数の者を対象とする行政指導（行手36）</td></tr>
<tr><td>③ 国税に関する法律に基づき、国の機関以外の者が提出先とされている届出</td><td>税法の定めるところにより届出の有無が判断される</td></tr>
</table>

（注）上記①の処分における平成25年1月1日以後の処分については、Q11－2参照

　このようなことから、酒類の製造免許及び酒類の販売業などを除く税務行政の分野については、基本的に行政手続法の適用はなく、これまでどおり、国税通則法の規定が適用されることとなります。

第11章 行政手続法との関係

> **参考** 国税に関する法律に基づく処分（通74の14①）

「国税に関する法律に基づき行われる部分（酒税法上の免許関係のものを除く。）」については、次のこと等を勘案して、既に国税通則法及び各税法において必要な範囲の手続が整備されていることから、申請に対する処分（行政手続法第8条（理由の提示）を除きます。）及び不利益処分（行政手続法第14条（不利益処分の理由の提示）を除きます。）に係る行政手続法の諸規定は適用されないこととされています。

① 金銭に関する処分であり、処分内容をまず確定し、その適否については、むしろ事後的な手続で処理することが適切であること。
② 主として申告納税制度の下で、各年又は各月毎に反復して大量に行われる処分であること等特殊性を有していること。
③ 限られた人員をもって適正に執行し、公平な課税が実現されなければならないものであること。

参考 行政手続法と税務行政との関係

類　型	行政庁に課される義務等	税務行政への適用
1　申請に対する処分（2章） （許可、認可、免許等の請求をした者を名あて人として行われる処分（行手2三）） 例：酒類の販売等免許申請に対する処分	① 審査基準の公表（行手5） ② 標準処理期間の公表（行手6） ③ 審査、応答義務（行手7） ・遅滞なく審査開始 ・補正要求又は拒否処分の必要 ④ 拒否処分の理由提示（行手8） ⑤ 申請者への情報の提供（行手9） ⑥ 公聴会の開催等（行手10） ⑦ 複数の行政庁が関与する場合の審査の処理促進（行手11）	適用除外 酒税法第2章の規定に基づくものを除きます（通74の14①）。 原則適用 （通74の14①）
2　不利益処分（3章） （特定の者を名あて人として、これに義務を課し、又は権利を制限する処分（行手2四）） 例：酒類の販売等免許の取消処分	① 処分基準の設定・公表（行手12） ② 処分に先立つ意見陳述の機会（行手13） ・聴聞・弁明 ③ 不利益処分の理由提示（行手14）	
3　行政指導（4章） （一定の行政目的を実現するため特定の者に一定の作為又は不作為を求める行為で処分に該当しないもの（行手2六）） 例：指導、勧告、助言、依頼、要求、要請等で処分に該当しないもの	① 一般原則の遵守（行手32〜34） ・所掌事務の範囲内（行手32①） ・任意協力による実現（行手32①） ・不利益取扱い等の禁止（行手32②、33、34） ② 趣旨、内容、責任者の明示（行手35①） 〔口頭でも文書でも可〕 ③ 文書交付義務（行手35②） （上記②を口頭で行った場合、要求により文書交付） ④ 複数者に対する行政指導時の内容の設定・公表（行手36）	原則適用 次に該当する場合は適用除外 行手3六（犯則事件） 行手3①十四（情報収集） 行手3①十五、十六（不服申立て関係） 行手4①（官公庁への協力要請） 適用除外 酒税法第2章等に定める事項に関するものを除きます（通74の14②）。
4　届出（5章） （法令による）行政庁への一定事項の通知（行手2七） 例：確定申告書の提出 　　非課税貯蓄申告書の提出 　　支払調書の提出	到達により義務履行済とする。（行手37）	原則適用 国税通則法第74条の14③に該当する場合は適用除外

（注）上記1及び2の処分における平成25年1月1日以後の処分については、Q11－2参照

処分の理由附記

「処分の理由附記」とは、どのようなものですか。

A　国税に関する法律に基づく申請により求められた許認可等を拒否する処分又は不利益処分については、処分の適正化と納税者の予見可能性の確保の観点から、行政手続法の規定に基づき理由附記を実施することとなりました

解説

国税に関する法律に基づく申請により求められた許認可等を拒否する処分又は不利益処分については、処分の適正化と納税者の予見可能性の確保等の観点から、行政手続法の規定（行手8、14）に基づき理由附記を行います（通74の14①）。

この改正は、平成25年1月1日以後の処分について適用されます。

このように、今般の改正において、国税に関する処分に関して、行政手続法を適用しない原則は変えずに、行政手続法第8条と第14条の「理由の提示」に関してのみ行政手続法を適用することとしました。

1　理由附記の趣旨

処分の理由を提示（理由附記）する趣旨は、行政庁の判断の慎重・合理性を担保してその恣意を抑制するとともに、処分の理由を相手方に知らせて不服申立てに便宜を与えることにあるとされています。

2　理由附記の程度

処分する場合に、どの程度の理由を提示しなければならないかは、その処分の性質やその根拠法規の趣旨・目的に照らして決せられるべきものと

されており、処分ごとに理由附記の程度は異なります。

なお、理由附記の不備は、処分の取消事由になるとされています。

3 平成23年度税制改正とその経緯

平成23年度税制改正前においては、改正前国税通則法第74条の2（行政手続法の適用除外）第1項の規定により、行政手続法第3条第1項（適用除外）に定めるもののほか、国税に関する法律に基づく処分（酒税法第2章（酒類の製造免許及び酒類の販売業免許等）の規定に基づくものを除きます。以下同じ。）については、行政手続法第2章（申請に対する処分）及び第3章（不利益処分）の規定を適用しないこととされていました。

しかしながら、平成23年度税制改正により、行政手続法第2章のうち第8条（理由の提示）及び第3章のうち第14条（不利益処分の理由の提示）の規定が適用されることとなったため（改正後国税通則法第74条の14（行政手続法の適用除外）第1項）、平成25年1月1日以後に行う国税に関する法律に基づく処分については、行政手続法第3条第1項に定めるもののほか、他の国税に関する法律に別段の定めがない限り、申請により求められた許認可等を拒否する処分及び不利益処分の全てに理由を提示（理由附記）することとなりました。

参考 行政手続法

（理由の提示）

第8条　行政庁は、申請により求められた許認可等を拒否する処分をする場合は、申請者に対し、同時に、当該処分の理由を示さなければならない。ただし、法令に定められた許認可等の要件又は公にされた審査基準が数量的指標その他の客観的指標により明確に定められている場合であって、当該申請がこれらに適合しないことが申請書の記載又は添付書類その他の申請の内容から明らかであるときは、申請者の求めがあったときにこれを示せば足りる。

2　前項本文に規定する処分を書面でするときは、同項の理由は、書面により示さ

なければならない。
（不利益処分の理由の提示）
第14条　行政庁は、不利益処分をする場合には、その名あて人に対し、同時に、当該不利益処分の理由を示さなければならない。ただし、当該理由を示さないで処分をすべき差し迫った必要がある場合は、この限りでない。
2　行政庁は、前項ただし書の場合においては、当該名あて人の所在が判明しなくなったときその他処分後において理由を示すことが困難な事情があるときを除き、処分後相当の期間内に、同項の理由を示さなければならない。
3　不利益処分を書面でするときは、前二項の理由は、書面により示さなければならない。

参考　平成26年6月税制改正～行政手続法

　平成26年6月の行政不服審査法の全面改正と相まって、国民の権利利益の保護を充実させる観点から、書面で具体的な事実を適示して一定の処分又は行政指導を求める制度、違法な行政指導の中止等を求める制度等が整備されました。なお、国税の手続においても、これらの適用を受けることとなります。
　また、この行政手続法の改正は、平成27年4月1日から適用されます。
　以下、行政手続法の見直しの概要は、次に掲げるとおりです。

1　行政指導の中止等の求め
　法令に違反する行為の是正を求める行政指導（その根拠となる規定が法律に置かれているものに限ります。）の相手方は、当該行政指導が当該法律に規定する要件に適合しないと思料するときは、当該行政指導をした行政機関に対し、その旨を申し出て、当該行政指導の中止その他必要な措置をとることを求めることができるものとされ、申し出を受けた行政機関は、必要な調査を行い、当該行政指導が当該法律に規定する要件に適合しないと認めるときは、当該行政指導の中止、その他必要な措置をとらなければなりません（行手36の2）。

2　処分等の求め
　何人も、法令に違反する事実がある場合において、その是正のためにされるべき処分又は行政指導（その根拠となる規定が法律に置かれているものに限ります。）

がされていないと思料するときは、当該処分をする権限を有する行政庁又は当該行政指導をする権限を有する行政機関に対し、その旨を申し出て、当該処分又は行政指導をすることを求めることができるものとされ、申し出を受けた行政庁又は行政機関は、必要な調査を行い、その結果に基づき必要があると認めるときは、当該処分又は行政指導をしなければなりません（行手36の3）。

第12章
罰則

国税通則法上の罰則

国税通則法上の規定の中に罰則規定がありますが、これはどのようなものですか。

A 国税通則法では、例えば審査請求の審理の適正を期するため、担当審判官等の質問又は検査に対して、不答弁、虚偽答弁又は検査の妨害等の行為があった場合の罰則を規定しています。

国税通則法上の罰則規定には、次に掲げるようなものがあります。

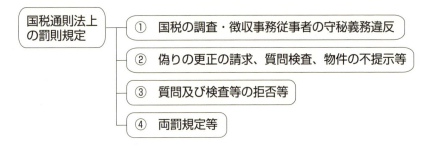

解説

1 国税の調査・徴収事務従事者の守秘義務違反

国税に関する調査(不服申立てに係る事件の審理のための調査及び国税の犯則事件の調査を含みます。)若しくは租税条約等に基づいて行う情報の提供のための調査に関する事務又は国税の徴収に関する事務に従事している者又は従事していた者が、これらの事務に関して知ることのできた秘密を漏らし、又は盗用したときは、2年以下の懲役又は100万円以下の罰金に処せられます(通126)。

2 偽りの更正の請求、質問検査、物件の不提示等

　平成23年12月改正において、更正の請求期間が延長されたことに伴い処理件数の増加が見込まれる中、更正の請求手続を利用した悪質な不正還付請求を未然に防止し、もって適正かつ円滑な税務行政を確保する観点から、故意に偽りの記載をした更正請求書を提出する行為について、処罰規定（1年以下の懲役又は50万円以下の罰金）を設けることとされました（通127①）。

　本罰則は、あくまで「故意に偽りの記載をした更正の請求書を提出する行為」を処罰するものであり、過失犯については処罰の対象とはなりません。

> **参考** 国税通則法第127条（平成25年1月1日施行後）

　第百二十七条　次の各号のいずれかに該当する者は、一年以下の懲役又は五十万円以下の罰金に処する。

　一　第二十三条第三項（更正の請求）に規定する更正請求書に偽りの記載をして税務署長に提出した者

　二　第七十四条の二、第七十四条の三（第二項を除く。）、第七十四条の四（第三項を除く。）、第七十四条の五（第一号ニ、第二号ニ、第三号ニ及び第四号ニを除く。）若しくは第七十四条の六（当該職員の質問検査権）の規定による当該職員の質問に対して答弁せず、若しくは偽りの答弁をし、又はこれらの規定による検査、採取、移動の禁止若しくは封かんの実施を拒み、妨げ、若しくは忌避した者

　三　第七十四条の二から第七十四条の六までの規定による物件の提示又は提出の要求に対し、正当な理由がなくこれに応じず、又は偽りの記載若しくは記録をした帳簿書類その他の物件（その写しを含む。）を提示し、若しくは提出した者

3　質問及び検査等の拒否等

　国税における処分等に不服があった場合の審査請求において、国税不服審判所の担当審判官等の行う審理のために行われる質問に対して答弁せず、若しくは偽りの答弁をした者、又は帳簿書類その他の物件の検査を拒み、妨げ若しくは忌避し、又は帳簿書類で偽りの記載をしたものを提示（以下「違反行為等」といいます。）した者は30万円以下の罰金に処せられます（通128）。

　ただし、国税通則法第97条第4項に規定する審査請求人及び一定の特殊関係者は、罰則の適用対象者から除外されています。

(注)　担当審判官等とは、担当審判官又はその嘱託若しくは命を受けた国税審判官、国税副審判官、国税審査官その他の国税不服審判所の職員をいいます。

4　両罰規定等

　国税通則法第129条では、担当審判官等の質問又は検査に関する秩序犯について、いわゆる両罰規定形式により業務処罰を規定しています。

　つまり、法人の代表者（人格のない社団等の管理人を含みます。）、又は法人若しくは人の代理人、使用人その他の従業者が、その法人又は人の業務又は財産に関して質問検査拒否等の違反行為等をしたときは、その行為者を罰するほか、その法人又は人に罰金刑が科せられます（通129①）。

　また、人格のない社団等にこの罰則を適用する場合においては、その代表者又は管理人がその訴訟行為につき、その人格のない社団等を代表するほか、法人を被告人又は被疑者とする場合の刑事訴訟に関する法律の規定が準用されます（通129②）。

参考資料

参考資料1

国税通則法第7章の2（国税の調査）関係通達の制定について
（法令解釈通達）

（平成24年9月12日付　　課総5－9他
　改正平成26年4月3日付　　課総9－1他）

　「経済社会の構造の変化に対応した税制の構築を図るための所得税法等の一部を改正する法律」（平成23年法律第114号）により、国税通則法（昭和37年法律第66号）の一部が改正され、調査手続に関する現行の運用上の取扱いが法令上明確化されたことに伴い、国税通則法第7章の2（国税の調査）関係通達を別冊のとおり定めたから、改正法施行後は、これによられたい。

　この通達の具体的な運用に当たっては、今般の国税通則法の改正が、調査手続の透明性及び納税者の予見可能性を高め、調査に当たって納税者の協力を促すことで、より円滑かつ効果的な調査の実施と申告納税制度の一層の充実・発展に資する観点及び課税庁の納税者に対する説明責任を強化する観点から行われたことを踏まえ、法定化された調査手続を遵守するとともに、調査はその公益的必要性と納税者の私的利益との衡量において社会通念上相当と認められる範囲内で、納税者の理解と協力を得て行うものであることを十分認識し、その適正な遂行に努められたい。

（参考）

〔用語の意義〕

　国税通則法第7章の2（国税の調査）関係通達において次に掲げる用語の意義は、別に定める場合を除き、それぞれ次に定めるところによる。

　　法……………国税通則法をいう。
　　令……………国税通則法施行令をいう。
　　規則…………国税通則法施行規則をいう。

国税通則法第7章の2（国税の調査）関係通達

第1章　法第74条の2～法第74条の6関係（質問検査権）

（「調査」の意義）

1－1
(1) 法第7章の2において、「調査」とは、国税（法第74条の2から法第74条の6までに掲げる税目に限る。）に関する法律の規定に基づき、特定の納税義務者の課税標準等又は税額等を認定する目的その他国税に関する法律に基づく処分を行う目的で当該職員が行う一連の行為（証拠資料の収集、要件事実の認定、法令の解釈適用など）をいう。

(注)　法第74条の3に規定する相続税・贈与税の徴収のために行う一連の行為は含まれない。
 (2)　上記(1)に掲げる調査には、更正決定等を目的とする一連の行為のほか、異議決定や申請等の審査のために行う一連の行為も含まれることに留意する。
 (3)　上記(1)に掲げる調査のうち、次のイ又はロに掲げるもののように、一連の行為のうちに納税義務者に対して質問検査等を行うことがないものについては、法第74条の9から法第74条の11までの各条の規定は適用されないことに留意する。
　　イ　更正の請求に対して部内の処理のみで請求どおりに更正を行う場合の一連の行為。
　　ロ　期限後申告書の提出又は源泉徴収に係る所得税の納付があった場合において、部内の処理のみで決定又は納税の告知があるべきことを予知してなされたものには当たらないものとして無申告加算税又は不納付加算税の賦課決定を行うときの一連の行為。

(「調査」に該当しない行為)
1－2　当該職員が行う行為であって、次に掲げる行為のように、特定の納税義務者の課税標準等又は税額等を認定する目的で行う行為に至らないものは、調査には該当しないことに留意する。また、これらの行為のみに起因して修正申告書若しくは期限後申告書の提出又は源泉徴収に係る所得税の自主納付があった場合には、当該修正申告書等の提出等は更正若しくは決定又は納税の告知があるべきことを予知してなされたものには当たらないことに留意する。
 (1)　提出された納税申告書の自発的な見直しを要請する行為で、次に掲げるもの。
　　イ　提出された納税申告書に法令により添付すべきものとされている書類が添付されていない場合において、納税義務者に対して当該書類の自発的な提出を要請する行為。
　　ロ　当該職員が保有している情報又は提出された納税申告書の検算その他の形式的な審査の結果に照らして、提出された納税申告書に計算誤り、転記誤り又は記載漏れ等があるのではないかと思料される場合において、納税義務者に対して自発的な見直しを要請した上で、必要に応じて修正申告書又は更正の請求書の自発的な提出を要請する行為。
 (2)　提出された納税申告書の記載事項の審査の結果に照らして、当該記載事項につき税法の適用誤りがあるのではないかと思料される場合において、納税義務者に対して、適用誤りの有無を確認するために必要な基礎的情報の自発的な提供を要請した上で、必要に応じて修正申告書又は更正の請求書の自発的な提出を要請する行為。
 (3)　納税申告書の提出がないため納税申告書の提出義務の有無を確認する必要がある場合において、当該義務があるのではないかと思料される者に対して、当該義務の有無を確認するために必要な基礎的情報（事業活動の有無等）の自発的な提供を要請した上で、必要に応じて納税申告書の自発的な提出を要請する行為。
 (4)　当該職員が保有している情報又は提出された所得税徴収高計算書の記載事項の確認の結果に照らして、源泉徴収税額の納税額に過不足徴収額があるのではないかと思料される場合において、納税義務者に対して源泉徴収税額の自主納付等を要請する行為。
 (5)　源泉徴収に係る所得税に関して源泉徴収義務の有無を確認する必要がある場合において、当該義務があるのではないかと思料される者に対して、当該義務の有無を確認する

ために必要な基礎的情報(源泉徴収の対象となる所得の支払の有無)の自発的な提供を要請した上で、必要に応じて源泉徴収税額の自主納付を要請する行為。

(「当該職員」の意義)
1－3 法第74条の2から法第74条の6までの各条の規定により質問検査等を行うことができる「当該職員」とは、国税庁、国税局若しくは税務署又は税関の職員のうち、その調査を行う国税に関する事務に従事している者をいう。

(質問検査等の相手方となる者の範囲)
1－4 法第74条の2から法第74条の6までの各条の規定による当該職員の質問検査権は、それぞれ各条に規定する者のほか、調査のために必要がある場合には、これらの者の代理人、使用人その他の従業者についても及ぶことに留意する。

(質問検査等の対象となる「帳簿書類その他の物件」の範囲)
1－5 法第74条の2から法第74条の6までの各条に規定する「帳簿書類その他の物件」には、国税に関する法令の規定により備付け、記帳又は保存をしなければならないこととされている帳簿書類のほか、各条に規定する国税に関する調査又は法第74条の3に規定する徴収の目的を達成するために必要と認められる帳簿書類その他の物件も含まれることに留意する。
(注) 「帳簿書類その他の物件」には、国外において保存するものも含まれることに留意する。

(「物件の提示又は提出」の意義)
1－6 法第74条の2から法第74条の6までの各条の規定において、「物件の提示」とは、当該職員の求めに応じ、遅滞なく当該物件(その写しを含む。)の内容を当該職員が確認し得る状態にして示すことを、「物件の提出」とは、当該職員の求めに応じ、遅滞なく当該職員に当該物件(その写しを含む。)の占有を移転することをいう。

(「酒類の販売業者」の範囲)
1－7 法第74条の4第1項に規定する「酒類の販売業者」には、酒税法第9条第1項《酒類の販売業免許》に規定する酒類の販売業免許を受けた者のほか、酒場、料飲店その他酒類を専ら自己の営業場において飲用に供することを業とする者も含まれることに留意する。

(「運搬中」の範囲)
1－8 法第74条の4第3項、法第74条の5第1項第1号ニ、同項第2号ニ、同項第3号ニ及び同項第4号ニに規定する「運搬中」には、現に運搬している場合のほか、運搬途中において一時的に蔵置されている場合も含まれることに留意する。

第2章　法第74条の7関係（留置き）

（「留置き」の意義等）

2－1
(1) 法第74条の7に規定する提出された物件の「留置き」とは、当該職員が提出を受けた物件について国税庁、国税局若しくは税務署又は税関の庁舎において占有する状態をいう。
　　ただし、提出される物件が、調査の過程で当該職員に提出するために納税義務者等が新たに作成した物件（提出するために新たに作成した写しを含む。）である場合は、当該物件の占有を継続することは法第74条の7に規定する「留置き」には当たらないことに留意する。
(注)　当該職員は、留め置いた物件について、善良な管理者の注意をもって管理しなければならないことに留意する。
(2) 当該職員は、令第30条の3第2項に基づき、留め置いた物件について、留め置く必要がなくなったときは、遅滞なく当該物件を返還しなければならず、また、提出した者から返還の求めがあったときは、特段の支障がない限り、速やかに返還しなければならないことに留意する。

（留置きに係る書面の交付手続）

2－2　令第30条の3の規定により交付する書面の交付に係る手続については、法第12条第4項《書類の送達》及び規則第1条第1項《交付送達の手続》の各規定の適用があることに留意する。

第3章　法第74条の9～法第74条の11関係
（事前通知及び調査の終了の際の手続）
第1節　共通的事項

（一の調査）

3－1
(1) 調査は、納税義務者について税目と課税期間によって特定される納税義務に関してなされるものであるから、別段の定めがある場合を除き、当該納税義務に係る調査を一の調査として法第74条の9から法第74条の11までの各条の規定が適用されることに留意する。
(注)　例えば、平成20年分から平成22年分までの所得税について実地の調査を行った場合において、調査の結果、平成22年分の所得税についてのみ更正決定等をすべきと認めるときには、平成20年分及び平成21年分の所得税については更正決定等をすべきと認められない旨を通知することに留意する。
(2) 源泉徴収に係る所得税の納税義務とそれ以外の所得税の納税義務は別個に成立するものであるから、源泉徴収に係る所得税の調査については、それ以外の所得税の調査とは別の調査として、法第74条の9から法第74条の11までの各条の規定が適用されることに留意する。

(3) 同一の納税義務者に納付方法の異なる複数の印紙税の納税義務がある場合には、それぞれの納付方法によって特定される納税義務に関してなされる調査について、法第74条の9から法第74条の11までの各条の規定が適用されることに留意する。

(4) 次のイ又はロに掲げる場合において、納税義務者の事前の同意があるときは、納税義務者の負担軽減の観点から、一の納税義務に関してなされる一の調査を複数に区分して、法第74条の9から法第74条の11までの各条の規定を適用することができることに留意する。

　イ　同一課税期間の法人税の調査について、移転価格調査とそれ以外の部分の調査に区分する場合。

　ロ　連結子法人が複数の連結法人に係る同一課税期間の法人税の調査について、連結子法人の調査を複数の調査に区分する場合。

(「課税期間」の意義等)

3－2

(1) 3－1において、「課税期間」とは、法第2条第9号《定義》に規定する「課税期間」をいうのであるが、具体的には、次のとおりとなることに留意する。

　イ　所得税については、暦年。ただし、年の中途で死亡した者又は出国をする者に係る所得税については、その年1月1日からその死亡又は出国の日までの期間。

　ロ　法人税については、事業年度又は連結事業年度。ただし、中間申告分については、その事業年度開始の日から6月を経過した日の前日までの期間、連結中間申告分については、その連結事業年度開始の日から6月を経過した日の前日までの期間。

　ハ　贈与税については、暦年。ただし、年の中途で死亡した者に係る贈与税については、その年1月1日からその死亡の日までの期間。

　ニ　個人事業者に係る消費税（消費税法第47条《引取りに係る課税貨物についての課税標準額及び税額の申告等》に該当するものを除く。）については、暦年。また、法人に係る消費税（消費税法第47条《引取りに係る課税貨物についての課税標準額及び税額の申告等》に該当するものを除く。）については、事業年度。ただし、消費税法第19条《課税期間》に規定する課税期間の特例制度を適用する場合には、当該特例期間。

　ホ　酒税（酒税法第30条の2第2項《移出に係る酒類についての課税標準及び税額の申告》及び同法第30条の3《引取りに係る酒類についての課税標準及び税額の申告等》に該当するものを除く。）、たばこ税・たばこ特別税（たばこ税法第18条《引取りに係る製造たばこについての課税標準及び税額の申告等》に該当するものを除く。）、揮発油税・地方揮発油税（揮発油税法第11条《引取りに係る揮発油についての課税標準及び税額の申告等》に該当するものを除く。）、石油ガス税（石油ガス税法第17条《引取りに係る課税石油ガスについての課税標準及び税額の申告等》に該当するものを除く。）、石油石炭税（石油石炭税法第14条《引取りに係る原油等についての課税標準及び税額の申告等》に該当するものを除く。）、印紙税（印紙税法第11条《書式表示による申告及び納付の特例》の規定の適用を受けるものに限る。）、航空機燃料税又は電源開発促進税については、その月の1日から末日までの間。

ヘ　印紙税（印紙税法第12条《預貯金通帳等に係る申告及び納付等の特例》の規定の適用を受けるものに限る。）については、4月1日から翌年3月31日までの期間。
(2)　法第74条の9から法第74条の11までの各条の規定の適用に当たっては、課税期間のない国税については、それぞれ次のとおりとする。
　　イ　相続税については、一の被相続人からの相続又は遺贈（死因贈与を含む。）を一の課税期間として取り扱う。
　　ロ　酒税（酒税法第30条の2第2項《移出に係る酒類についての課税標準及び税額の申告》に該当するものに限る。）については、酒税法第30条の2第2項各号《移出に係る酒類についての課税標準及び税額の申告》に該当した時を一の課税期間として取り扱う。
　　ハ　源泉徴収に係る所得税については、同一の法定納期限となる源泉徴収に係る所得税を一の課税期間として取り扱う。
　　ニ　印紙税（印紙税法第11条《書式表示による申告及び納付の特例》及び同法第12条《預貯金通帳等に係る申告及び納付等の特例》の規定の適用を受けるものを除く。）については、調査の対象となる期間を4月1日から翌年3月31日までの期間で区分した各期間（当該区分により1年に満たない期間が生じるときは、当該期間）を一の課税期間として取り扱う。
　　ホ　消費税（消費税法第47条《引取りに係る課税貨物についての課税標準額及び税額の申告等》に該当するものに限る。）、酒税（酒税法第30条の3《引取りに係る酒類についての課税標準及び税額の申告等》に該当するものに限る。）、たばこ税・たばこ特別税（たばこ税法第18条《引取りに係る製造たばこについての課税標準及び税額の申告等》に該当するものに限る。）、揮発油税・地方揮発油税（揮発油税法第11条《引取りに係る揮発油についての課税標準及び税額の申告等》に該当するものに限る。）、石油ガス税（石油ガス税法第17条《引取りに係る課税石油ガスについての課税標準及び税額の申告等》に該当するものに限る。）又は石油石炭税（石油石炭税法第14条《引取りに係る原油等についての課税標準及び税額の申告等》に該当するものに限る。）については、それぞれ各条に該当するときの属する時を一の課税期間として取り扱う。

（「調査」に該当しない行為【1－2の再掲】）
3－3　当該職員が行う行為であって、次に掲げる行為のように、特定の納税義務者の課税標準等又は税額等を認定する目的で行う行為に至らないものは、調査には該当しないことに留意する。また、これらの行為のみに起因して修正申告書若しくは期限後申告書の提出又は源泉徴収に係る所得税の自主納付があった場合には、当該修正申告書等の提出等は更正若しくは決定又は納税の告知があるべきことを予知してなされたものには当たらないことに留意する。
(1)　提出された納税申告書の自発的な見直しを要請する行為で、次に掲げるもの。
　　イ　提出された納税申告書に法令により添付すべきものとされている書類が添付されていない場合において、納税義務者に対して当該書類の自発的な提出を要請する行為。
　　ロ　当該職員が保有している情報又は提出された納税申告書の検算その他の形式的な審

査の結果に照らして、提出された納税申告書に計算誤り、転記誤り又は記載漏れ等があるのではないかと思料される場合において、納税義務者に対して自発的な見直しを要請した上で、必要に応じて修正申告書又は更正の請求書の自発的な提出を要請する行為。

(2) 提出された納税申告書の記載事項の審査の結果に照らして、当該記載事項につき税法の適用誤りがあるのではないかと思料される場合において、納税義務者に対して、適用誤りの有無を確認するために必要な基礎的情報の自発的な提供を要請した上で、必要に応じて修正申告書又は更正の請求書の自発的な提出を要請する行為。

(3) 納税申告書の提出がないため納税申告書の提出義務の有無を確認する必要がある場合において、当該義務があるのではないかと思料される者に対して、当該義務の有無を確認するために必要な基礎的情報（事業活動の有無等）の自発的な提供を要請した上で、必要に応じて納税申告書の自発的な提出を要請する行為。

(4) 当該職員が保有している情報又は提出された所得税徴収高計算書の記載事項の確認の結果に照らして、源泉徴収税額の納税額に過不足徴収額があるのではないかと思料される場合において、納税義務者に対して源泉徴収税額の自主納付等を要請する行為。

(5) 源泉徴収に係る所得税に関して源泉徴収義務の有無を確認する必要がある場合において、当該義務があるのではないかと思料される者に対して、当該義務の有無を確認するために必要な基礎的情報（源泉徴収の対象となる所得の支払の有無）の自発的な提供を要請した上で、必要に応じて源泉徴収税額の自主納付を要請する行為。

（「実地の調査」の意義）
3－4　法第74条の9及び法第74条の11に規定する「実地の調査」とは、国税の調査のうち、当該職員が納税義務者の支配・管理する場所（事業所等）等に臨場して質問検査等を行うものをいう。

（通知等の相手方）
3－5　法第74条の9から法第74条の11までの各条に規定する納税義務者に対する通知、説明、勧奨又は交付（以下、3－5において「通知等」という。）の各手続の相手方は法第74条の9第3項第1号に規定する「納税義務者」（法人の場合は代表者）となることに留意する。

　ただし、納税義務者に対して通知等を行うことが困難な事情等がある場合には、権限委任の範囲を確認した上で、当該納税義務者が未成年者の場合にはその法定代理人、法人の場合にはその役員若しくは納税申告書に署名した経理に関する事務の上席の責任者（法人税法第151条第2項《代表者等の自署押印》）又は源泉徴収事務の責任者等、一定の業務執行の権限委任を受けている者を通じて当該納税義務者に通知等を行うこととしても差し支えないことに留意する。

第2節 事前通知に関する事項

(法第74条の9又は法第74条の10の規定の適用範囲)
4-1 法第74条の9又は法第74条の10の規定が適用される調査には、更正決定等を目的とする調査のほか、異議決定や申請等の審査のために行う調査も含まれることに留意する。

(申請等の審査のために行う調査の事前通知)
4-2 申請等の審査のため実地の調査を行う場合において、納税義務者に通知する事項である法第74条の9第1項第5号に掲げる「調査の対象となる期間」は、当該申請書等の提出年月日(提出年月日の記載がない場合は、受理年月日)となることに留意する。

(事前通知事項としての「帳簿書類その他の物件」)
4-3 実地の調査を行う場合において、納税義務者に通知する事項である法第74条の9第1項第6号に掲げる「調査の対象となる帳簿書類その他の物件」は、帳簿書類その他の物件が国税に関する法令の規定により備付け又は保存をしなければならないこととされている場合には、当該帳簿書類その他の物件の名称に併せて根拠となる法令を示すものとし、国税に関する法令の規定により備付け又は保存をすることとされていない場合には、帳簿書類その他の物件の一般的な名称又は内容を例示するものとする。

(質問検査等の対象となる「帳簿書類その他の物件」の範囲【1-5の再掲】)
4-4 法第74条の2から法第74条の6までの各条に規定する「帳簿書類その他の物件」には、国税に関する法令の規定により備付け、記帳又は保存をしなければならないこととされている帳簿書類のほか、各条に規定する国税に関する調査又は法第74条の3に規定する徴収の目的を達成するために必要と認められる帳簿書類その他の物件も含まれることに留意する。
　(注) 「帳簿書類その他の物件」には、国外において保存するものも含まれることに留意する。

(「調査の対象となる期間」として事前通知した課税期間以外の課税期間に係る「帳簿書類その他の物件」)
4-5 事前通知した課税期間の調査について必要があるときは、事前通知した当該課税期間以外の課税期間(進行年分を含む。)に係る帳簿書類その他の物件も質問検査等の対象となることに留意する。
　(注) 例えば、事前通知した課税期間の調査のために、その課税期間より前又は後の課税期間における経理処理を確認する必要があるときは、法第74条の9第4項によることなく必要な範囲で当該確認する必要がある課税期間の帳簿書類その他の物件の質問検査等を行うことは可能であることに留意する。

(事前通知した日時等の変更に係る合理的な理由)
4-6 法第74条の9第2項の規定の適用に当たり、調査を開始する日時又は調査を行う場所の変更を求める理由が合理的であるか否かは、個々の事案における事実関係に即して、

当該納税義務者の私的利益と実地の調査の適正かつ円滑な実施の必要性という行政目的とを比較衡量の上判断するが、例えば、納税義務者等（税務代理人を含む。以下、4－6において同じ。）の病気・怪我等による一時的な入院や親族の葬儀等の一身上のやむを得ない事情、納税義務者等の業務上やむを得ない事情がある場合は、合理的な理由があるものとして取り扱うことに留意する。

(注) 法第74条の9第2項の規定による協議の結果、法第74条の9第1項第1号又は同項第2号に掲げる事項を変更することとなった場合には、当該変更を納税義務者に通知するほか、当該納税義務者に税務代理人がある場合には、当該税務代理人にも通知するものとする。

なお、法第74条の9第5項の規定により同条第1項の規定による納税義務者への通知を税務代理人に対して行った場合には、当該変更は当該税務代理人に通知すれば足りることに留意する。

(「その営む事業内容に関する情報」の範囲等)
4－7　法第74条の10に規定する「その営む事業内容に関する情報」には、事業の規模又は取引内容若しくは決済手段などの具体的な営業形態も含まれるが、単に不特定多数の取引先との間において現金決済による取引をしているということのみをもって事前通知を要しない場合に該当するとはいえないことに留意する。

(「違法又は不当な行為」の範囲)
4－8　法第74条の10に規定する「違法又は不当な行為」には、事前通知をすることにより、事前通知前に行った違法又は不当な行為の発見を困難にする目的で、事前通知後は、このような行為を行わず、又は、適法な状態を作出することにより、結果として、事前通知後に、違法又は不当な行為を行ったと評価される状態を生じさせる行為が含まれることに留意する。

(「違法又は不当な行為を容易にし、正確な課税標準等又は税額等の把握を困難にするおそれ」があると認める場合の例示)
4－9　法第74条の10に規定する「違法又は不当な行為を容易にし、正確な課税標準等又は税額等の把握を困難にするおそれ」があると認める場合とは、例えば、次の(1)から(5)までに掲げるような場合をいう。
(1) 事前通知をすることにより、納税義務者において、法第127条第2号又は同条第3号に掲げる行為を行うことを助長することが合理的に推認される場合。
(2) 事前通知をすることにより、納税義務者において、調査の実施を困難にすることを意図し逃亡することが合理的に推認される場合。
(3) 事前通知をすることにより、納税義務者において、調査に必要な帳簿書類その他の物件を破棄し、移動し、隠匿し、改ざんし、変造し、又は偽造することが合理的に推認される場合。
(4) 事前通知をすることにより、納税義務者において、過去の違法又は不当な行為の発見を困難にする目的で、質問検査等を行う時点において適正な記帳又は書類の適正な記載と保存を行っている状態を作出することが合理的に推認される場合。

(5) 事前通知をすることにより、納税義務者において、その使用人その他の従業者若しくは取引先又はその他の第三者に対し、上記(1)から(4)までに掲げる行為を行うよう、又は調査への協力を控えるよう要請する（強要し、買収し又は共謀することを含む。）ことが合理的に推認される場合。

（「その他国税に関する調査の適正な遂行に支障を及ぼすおそれ」があると認める場合の例示）
4－10　法第74条の10に規定する「その他国税に関する調査の適正な遂行に支障を及ぼすおそれ」があると認める場合とは、例えば、次の(1)から(3)までに掲げるような場合をいう。
　(1) 事前通知をすることにより、税務代理人以外の第三者が調査立会いを求め、それにより調査の適正な遂行に支障を及ぼすことが合理的に推認される場合。
　(2) 事前通知を行うため相応の努力をして電話等による連絡を行おうとしたものの、応答を拒否され、又は応答がなかった場合。
　(3) 事業実態が不明であるため、実地に臨場した上で確認しないと事前通知先が判明しない等、事前通知を行うことが困難な場合。

第3節　調査の終了の際の手続に関する事項

（法第74条の11第1項又は第2項の規定の適用範囲）
5－1　法第74条の11第1項又は同条第2項の規定は、異議決定や申請等の審査のために行う調査など更正決定等を目的としない調査には適用されないことに留意する。

（「更正決定等」の範囲）
5－2　法第74条の11に規定する「更正決定等」には、法第24条《更正》若しくは法第26条《再更正》の規定による更正若しくは法第25条《決定》の規定による決定又は法第32条《賦課決定》の規定による賦課決定（過少申告加算税、無申告加算税、不納付加算税、重加算税及び過怠税の賦課決定を含む。）のほか、源泉徴収に係る所得税でその法定納期限までに納付されなかったものに係る法第36条《納税の告知》に規定する納税の告知が含まれることに留意する。

（「更正決定等をすべきと認めた額」の意義）
5－3　法第74条の11第2項に規定する「更正決定等をすべきと認めた額」とは、当該職員が調査結果の内容の説明をする時点において得ている情報に基づいて合理的に算定した課税標準等、税額等、加算税又は過怠税の額をいう。
　（注）課税標準等、税額等、加算税又は過怠税の額の合理的な算定とは、例えば、次のようなことをいう。
　　イ　法人税の所得の金額の計算上当該事業年度の直前の事業年度分の事業税の額を損金の額に算入する場合において、課税標準等、税額等、加算税又は過怠税の額を標準税率により算出すること。
　　ロ　相続税において未分割の相続財産等がある場合において、課税標準等、税額等、加算税又は過怠税の額を相続税法第55条《未分割遺産に対する課税》の規定に基づき計算し、算出すること。

参考資料1

(調査結果の内容の説明後の調査の再開及び再度の説明)
5－4 国税に関する調査の結果、法第74条の11第2項の規定に基づき調査結果の内容の説明を行った後、当該調査について納税義務者から修正申告書若しくは期限後申告書の提出若しくは源泉徴収に係る所得税の納付がなされるまでの間又は更正決定等を行うまでの間において、当該説明の前提となった事実が異なることが明らかとなり当該説明の根拠が失われた場合など当該職員が当該説明に係る内容の全部又は一部を修正する必要があると認めた場合には、必要に応じ調査を再開した上で、その結果に基づき、再度、調査結果の内容の説明を行うことができることに留意する。

(調査の終了の際の手続に係る書面の交付手続)
5－5 法第74条の11の規定による書面の交付に係る手続については、法第12条第4項《書類の送達》及び規則第1条第1項《交付送達の手続》の各規定の適用があることに留意する。

(法第74条の11第6項の規定の適用)
5－6 更正決定等を目的とする調査の結果、法第74条の11第1項の通知を行った後、又は同条第2項の調査の結果につき納税義務者から修正申告書若しくは期限後申告書の提出若しくは源泉徴収に係る所得税の納付がなされた後若しくは更正決定等を行った後において、新たに得られた情報に照らして非違があると認めるときは、当該職員は当該調査(以下、5－6において「前回の調査」という。)の対象となった納税義務者に対し、前回の調査に係る納税義務に関して、再び質問検査等(以下、第3章第3節において「再調査」という。)を行うことができることに留意する。
(注)
1 前回の調査は、更正決定等を目的とする調査であることから、前回の調査には、5－1に規定するように異議決定又は申請等の審査のために行う調査は含まれないことに留意する。
2 3－1(4)の取扱いによる場合には、例えば、同一の納税義務者に対し、移転価格調査を行った後に移転価格調査以外の部分の調査を行うときは、両方の調査が同一の納税義務に関するものであっても、移転価格調査以外の部分の調査は再調査には当たらないことに留意する。

(「新たに得られた情報」の意義)
5－7 法第74条の11第6項に規定する「新たに得られた情報」とは、同条第1項の通知又は同条第2項の説明(5－4の「再度の説明」を含む。)に係る国税の調査において質問検査等を行った当該職員が、当該通知又は当該説明を行った時点において有していた情報以外の情報をいう。
(注) 調査担当者が調査の終了前に変更となった場合は、変更の前後のいずれかの調査担当者が有していた情報以外の情報をいう。

(「新たに得られた情報に照らし非違があると認めるとき」の範囲)
5－8 法第74条の11第6項に規定する「新たに得られた情報に照らし非違があると認める

とき」には、新たに得られた情報から非違があると直接的に認められる場合のみならず、新たに得られた情報が直接的に非違に結びつかない場合であっても、新たに得られた情報とそれ以外の情報とを総合勘案した結果として非違があると合理的に推認される場合も含まれることに留意する。

(事前通知事項以外の事項について調査を行う場合の法第74条の11第6項の規定の適用)
5－9　法第74条の9第4項の規定により事前通知した税目及び課税期間以外の税目及び課税期間について質問検査等を行おうとする場合において、当該質問検査等が再調査に当たるときは、法第74条の11第6項の規定により、新たに得られた情報に照らし非違があると認められることが必要であることに留意する。

第4節　連結法人の連結所得に対する法人税に係る適用関係に関する事項

(法第74条の9又は法第74条の10の規定の適用関係)
6－1　連結所得に対する法人税の調査の場合には、各連結法人が、それぞれ法第74条の9第3項第1号に規定する「納税義務者」に当たることから、法第74条の9又は法第74条の10の規定は、連結法人の場合には、連結親法人、連結子法人の区別を問わず、当該職員による質問検査等の対象となる各連結法人ごとに適用することに留意する。

(連結子法人に対する事前通知)
6－2　法第74条の9第1項の規定による事前通知は、実地の調査において質問検査等の対象となる納税義務者に対して行うものであるから、連結所得に対する法人税の調査の場合には、実地の調査を行わない連結子法人に対しては、事前通知を行うことを要しないことに留意する。

(法第74条の11第1項又は第2項の規定の適用関係)
6－3
(1)　連結親法人に対する更正決定等をすべきと認められない旨の通知
　　連結親法人に対する法第74条の11第1項の規定による更正決定等をすべきと認められない旨の通知については、国税に関する実地の調査の結果、当該連結親法人及び連結子法人のいずれにも非違事項が認められない場合に通知することに留意する。
(2)　連結親法人に対する調査結果の内容の説明
　　連結親法人に対する法第74条の11第2項の規定による調査結果の内容の説明については、国税に関する調査の結果、当該連結親法人において認められた非違事項のほか、連結子法人において認められた非違事項についても説明することに留意する。
(3)　連結子法人に対する調査の終了の際の手続
　　連結子法人について、法第74条の11第2項に規定する「更正決定等をすべきと認める場合」に該当するか否かは、国税に関する調査の結果、当該連結子法人に係る法人税法第81条の25《連結法人の個別帰属額等の届出》の規定による個別帰属額の届出書に記載された内容について、連結親法人に対して更正決定等をすべきと認められることとな

る非違事項(以下、6-3(3)において単に「非違事項」という。)があるかどうかにより判定することに留意する。
  (注) 連結子法人に対する実地の調査の結果、非違事項が認められない場合には、他の連結子法人に対する調査の結果、非違事項が認められ、連結親法人に対して更正決定等を行うこととなっても、当該非違事項が認められない連結子法人に対しては更正決定等をすべきと認められない旨を通知することとなることに留意する。

(一部の連結子法人の同意がない場合における連結親法人への通知等)
6-4 法第74条の11第4項の規定の適用上、連結子法人の同意があるかどうかは、各連結法人ごとに判断することとなるが、2以上の連結子法人のうち、一部の連結子法人について同項の同意がない場合においては、当該同意がない連結子法人に対する同条第1項の通知又は同条第2項に規定する説明については、当該同意がない連結子法人に対して行うことに留意する。

(法第74条の11第6項の規定の適用関係)
6-5 連結法人に対して、国税に関する調査(以下、6-5において「前回の調査」という。)を行った後において、前回の調査における質問検査等の相手方とならなかった連結子法人に対して、前回の調査における課税期間を対象として国税に関する調査を行おうとする場合には、法第74条の11第6項の適用があることに留意する(3-1(4)ロの取扱いによる場合を除く。)。

第5節 税務代理人に関する事項

(税務代理人を通じた事前通知事項の通知)
7-1 実地の調査の対象となる納税義務者について税務代理人がある場合における法第74条の9第1項の規定による通知については、同条第5項に規定する「納税義務者の同意がある場合」を除き、納税義務者及び税務代理人の双方に対して行うことに留意する。
  ただし、納税義務者から同項各号に掲げる事項について税務代理人を通じて当該納税義務者に通知して差し支えない旨の申立てがあったときは、当該税務代理人を通じて当該納税義務者へ当該事項を通知することとして差し支えないことに留意する。
  (注)
  1 同条第5項に規定する「納税義務者の同意がある場合として財務省令で定める場合」には、平成26年6月30日以前に提出された税理士法第30条《税務代理の権限の明示》に規定する税務代理権限証書に、同項に規定する同意が記載されている場合を含むことに留意する。
  2 ただし書による場合においても、「実地の調査において質問検査等を行わせる」旨の通知については直接納税義務者に対して行う必要があることに留意する。

(税務代理人からの事前通知した日時等の変更の求め)
7-2 実地の調査の対象となる納税義務者について税務代理人がある場合において、法第74条の9第2項の規定による変更の求めは、当該納税義務者のほか当該税務代理人も行う

ことができることに留意する。

(税務代理人がある場合の実地の調査以外の調査結果の内容の説明等)
7−3　実地の調査以外の調査により質問検査等を行った納税義務者について税務代理人がある場合における法第74条の11第2項に規定する調査結果の内容の説明並びに同条第3項に規定する説明及び交付については、同条第5項に準じて取り扱うこととしても差し支えないことに留意する。

(法に基づく事前通知と税理士法第34条《調査の通知》に基づく調査の通知との関係)
7−4　実地の調査の対象となる納税義務者について税務代理人がある場合において、当該税務代理人に対して法第74条の9第1項の規定に基づく通知を行った場合には、税理士法第34条《調査の通知》の規定による通知を併せて行ったものと取り扱うことに留意する。

(一部の納税義務者の同意がない場合における税務代理人への通知等)
7−5　法第74条の9第5項及び法第74条の11第5項の規定の適用上、納税義務者の同意があるかどうかは、個々の納税義務者ごとに判断することに留意する。
　　(注)　例えば、相続税の調査において、複数の納税義務者がある場合における法第74条の11第5項の規定の適用については、個々の納税義務者ごとにその納税義務者の同意の有無により、その納税義務者に通知等を行うかその税務代理人に通知等を行うかを判断することに留意する。

第4章　経過措置に関する事項

(提出物件の留置きの適用)
8−1　法第74条の7の「提出物件の留置き」に関する規定は、平成25年1月1日以後に提出される物件について適用されることに留意する。

(事前通知手続の適用)
8−2　「所得税法等の一部を改正する法律」(平成26年法律第10号)による改正前の法第74条の9の規定は、平成25年1月1日以後に納税義務者に対して法第74条の2から法第74条の6までの規定による質問検査等を行う調査から適用されることに留意する。
　　(注)　法第74条の2から法第74条の6までの各条の規定は、平成25年1月1日以後に納税義務者等に対して行う質問検査等(同日前から引き続き行われている調査等に係るものを除く。)から適用されることに留意する。

(調査の終了の際の手続の適用)
8−3　法第74条の11の「調査の終了の際の手続」に関する規定は、平成25年1月1日以後に納税義務者に対して法第74条の2から法第74条の6までの規定による質問検査等を行う調査から適用されることに留意する。
　　(注)
　　1　法第74条の2から法第74条の6までの各条の規定は、平成25年1月1日以後に納税義務者等に対

して行う質問検査等(同日前から引き続き行われている調査等に係るものを除く。)から適用されることに留意する。
2 法第74条の14《行政手続法の適用除外》に規定する理由の提示は、平成25年1月1日より前に改正前の各税法に基づき質問検査等を開始した調査であっても同日以後に行う処分から適用となるので留意する。

参考資料2

調査手続の実施に当たっての基本的な考え方等について
（事務運営指針）

（　平成24年9月12日付　　　課総5－11他　）
（　改正平成26年4月3日付　　課総9－2他　）

　標題のことについては、別冊のとおり定めたから、平成25年1月1日以後は、これにより適切な運営を図られたい。

（趣旨）
　経済社会の構造の変化に対応した税制の構築を図るための所得税法等の一部を改正する法律（平成23年法律第114号）の公布（平成23年12月2日）により、国税通則法（昭和37年法律第66号）の一部が改正され、国税の調査に関する規定（第7章の2）が新設された。
　これに伴い、法令を遵守した適正な調査の遂行を図るため、調査手続の実施に当たっての基本的な考え方等を定めるものである。

［別冊］調査手続の実施に当たっての基本的な考え方等について

第1章　基本的な考え方

　調査手続については、平成23年12月に国税通則法（以下「法」という。）の一部が改正され、手続の透明性及び納税者の予見可能性を高め、調査に当たって納税者の協力を促すことで、より円滑かつ効果的な調査の実施と申告納税制度の一層の充実・発展に資する観点及び課税庁の納税者に対する説明責任を強化する観点から、従来の運用上の取扱いが法令上明確化されたところである。
　調査の実施に当たっては、今般の法改正の趣旨を踏まえ、「納税者の自発的な納税義務の履行を適正かつ円滑に実現する」との国税庁の使命を適切に実施する観点から、調査がその公益的必要性と納税者の私的利益との衡量において社会通念上相当と認められる範囲内で、納税者の理解と協力を得て行うものであることを十分認識した上で、法令に定められた調査手続を遵守し、適正かつ公平な課税の実現を図るよう努める。

第2章　基本的な事務手続及び留意事項

1　調査と行政指導の区分の明示
　納税義務者等に対し調査又は行政指導に当たる行為を行う際は、対面、電話、書面等の態様を問わず、いずれの事務として行うかを明示した上で、それぞれの行為を法令等に基づき適正に行う。
（注）
　1　調査とは、国税（法第74条の2から法第74条の6までに掲げる税目に限る。）に関する法律の規定に基づき、特定の納税義務者の課税標準等又は税額等を認定する目的その他国税に関する法律

に基づく処分を行う目的で当該職員が行う一連の行為（証拠資料の収集、要件事実の認定、法令の解釈適用など）をいうことに留意する（「手続通達」（平成24年9月12日付課総5－9ほか9課共同「国税通則法第7章の2（国税の調査）関係通達」（法令解釈通達）をいう。以下同じ。）1－1）。
2 当該職員が行う行為であって、特定の納税義務者の課税標準等又は税額等を認定する目的で行う行為に至らないものは、調査には該当しないことに留意する（手続通達1－2）。

2 事前通知に関する手続
(1) 事前通知の実施
　納税義務者に対し実地の調査を行う場合には、原則として、調査の対象となる納税義務者及び税務代理人の双方に対し、調査開始日前までに相当の時間的余裕をおいて、電話等により、法第74条の9第1項に基づき、実地の調査において質問検査等を行う旨、並びに同項各号及び国税通則法施行令第30条の4に規定する事項を事前通知する。
　この場合、事前通知に先立って、納税義務者及び税務代理人の都合を聴取し、必要に応じて調査日程を調整の上、事前通知すべき調査開始日時を決定することに留意する。
　なお、事前通知の実施に当たっては、納税義務者及び税務代理人に対し、通知事項が正確に伝わるよう分かりやすく丁寧な通知を行うよう努める。
(注)
1 納税義務者に税務代理人がある場合において、当該税務代理人が提出した税務代理権限証書に、当該納税義務者への事前通知は当該税務代理人に対して行われることについて同意する旨の記載があるときは、当該納税義務者への事前通知は、当該税務代理人に対して行えば足りることに留意する。
2 納税義務者に対して事前通知を行う場合であっても、納税義務者から、事前通知の詳細は税務代理人を通じて通知して差し支えない旨の申立てがあったときは、納税義務者には実地の調査を行うことのみを通知し、その他の通知事項は税務代理人を通じて通知することとして差し支えないことに留意する（手続通達7－1）。

(2) 調査開始日時等の変更の求めがあった場合の手続
　事前通知を行った後、納税義務者から、調査開始日前に、合理的な理由を付して事前通知した調査開始日時又は調査開始場所の変更の求めがあった場合には、個々の事案における事実関係に即して、納税義務者の私的利益と実地の調査の適正かつ円滑な実施の必要性という行政目的とを比較衡量の上、変更の適否を適切に判断する（手続通達4－6）。
(注) 税務代理人の事情により、調査開始日時又は調査開始場所を変更する求めがあった場合についても同様に取り扱うことに留意する（手続通達7－2）。

(3) 事前通知を行わない場合の手続
　実地の調査を行う場合において、納税義務者の申告若しくは過去の調査結果の内容又はその営む事業内容に関する情報その他国税庁、国税局又は税務署がその時点で保有する情報に鑑み、
① 違法又は不当な行為を容易にし、正確な課税標準等又は税額等の把握を困難にする

おそれ
② その他国税に関する調査の適正な遂行に支障を及ぼすおそれがあると認める場合には、事前通知を行わないものとする。
　この場合、事前通知を行わないことについては、法令及び手続通達に基づき、個々の事案の事実関係に即してその適法性を適切に判断する（手続通達4－7、4－8、4－9、4－10）。

(注)
1　複数の納税義務者に対して同時に調査を行う場合においても、事前通知を行わないことについては、個々の納税義務者ごとに判断することに留意する。
2　事前通知を行うことなく実地の調査を実施する場合であっても、調査の対象となる納税義務者に対し、臨場後速やかに、「調査の目的」、「調査の対象となる税目」、「調査の対象となる期間」、「調査の対象となる帳簿書類その他の物件」、「調査対象者の氏名又は名称及び住所又は居所」、「調査担当者の氏名及び所属官署」を通知するとともに、それらの事項（調査の目的、調査の対象となる税目、調査の対象となる期間等）以外の事項についても、調査の途中で非違が疑われることとなった場合には、質問検査等の対象となる旨を説明し、納税義務者の理解と協力を得て調査を開始することに留意する。
　なお、税務代理人がある場合は、当該税務代理人に対しても、臨場後速やかにこれらの事項を通知することに留意する。

3　調査時における手続
(1)　身分証明書等の携帯等
　実地の調査を実施する場合には、身分証明書及び質問検査章を必ず携帯し、質問検査等の相手方となる者に提示して調査のために往訪した旨を明らかにした上で、調査に対する理解と協力を得て質問検査等を行う。
(注)　行政指導の目的で納税義務者の事業所等に往訪する場合であっても身分証明書を携帯・提示し、行政指導で往訪した旨を明らかにすることは必要であることに留意する。
(2)　通知事項以外の事項についての調査
　納税義務者に対する実地の調査において、納税義務者に対し、通知した事項（上記2(3)注2に規定する場合における通知事項を含む。）以外の事項について非違が疑われた場合には、納税義務者に対し調査対象に追加する税目、期間等を説明し理解と協力を得た上で、調査対象に追加する事項についての質問検査等を行う。
(3)　質問検査等の相手方となる者の代理人等への質問検査等
　調査について必要がある場合において、質問検査等の相手方となる者の代理人、使用人その他の従業者に対し質問検査等を行う場合には、原則として、あらかじめ当該質問検査等の相手方となる者の理解と協力を得る。
(4)　帳簿書類その他の物件の提示・提出の求め
　調査について必要がある場合において、質問検査等の相手方となる者に対し、帳簿書類その他の物件（その写しを含む。）の提示・提出を求めるときは、質問検査等の相手方となる者の理解と協力の下、その承諾を得て行う。

参考資料 2

(注) 質問検査等の相手方となる者について、職務上の秘密についての守秘義務に係る規定（例：医師等の守秘義務）や調査等に当たり留意すべき事項に係る規定（例：宗教法人法第84条）が法令で定められている場合においては、質問検査等を行うに当たっては、それらの定めにも十分留意する。

(5) 提出を受けた帳簿書類等の留置き
　提出を受けた帳簿書類等の留置きは、
① 質問検査等の相手方となる者の事務所等で調査を行うスペースがなく調査を効率的に行うことができない場合
② 帳簿書類等の写しの作成が必要であるが調査先にコピー機がない場合
③ 相当分量の帳簿書類等を検査する必要があるが、必ずしも質問検査等の相手方となる者の事業所等において当該相手方となる者に相応の負担をかけて説明等を求めなくとも、税務署や国税局内において当該帳簿書類等に基づく一定の検査が可能であり、質問検査等の相手方となる者の負担や迅速な調査の実施の観点から合理的であると認められる場合など、やむを得ず留め置く必要がある場合や、質問検査等の相手方となる者の負担軽減の観点から留置きが合理的と認められる場合に、留め置く必要性を説明し、帳簿書類等を提出した者の理解と協力の下、その承諾を得て実施する。
　なお、帳簿書類等を留め置く際は、別途定める書面（以下「預り証」という。）に当該帳簿書類等の名称など必要事項を記載した上で帳簿書類等を提出した者に交付する。
　また、留め置いた帳簿書類等については、善良な管理者の注意をもって文書及び個人情報の散逸、漏洩等の防止にも配意して管理する。
　おって、留め置く必要がなくなったときには、遅滞なく、交付した「預り証」と引換えに留め置いた帳簿書類等を返還する。

(注)
1 帳簿書類等を提出した者から留め置いた帳簿書類等の返還の求めがあったときは、特段の支障がない限り速やかに返還することに留意する。
　引き続き留め置く必要があり、返還の求めに応じることができない場合には、その旨及び理由を説明するとともに、不服申立てに係る教示を行う必要があるので留意する。
2 「預り証」は、国税に関する法律の規定に基づき交付する書面であることから、「預り証」を交付する際は、帳簿書類等を提出した者に対し交付送達の手続としての署名・押印を求めることに留意する。
3 「預り証」と引換えに留め置いた帳簿書類等を返還する際は、帳簿書類等を返還した事実を記録にとどめるため、「預り証」に返還を受けた旨の記載及び帳簿書類等を提出した者の署名・押印を求めることに留意する。
　この場合において、帳簿書類等を提出した者から返還を要しない旨の申出があった場合には、返還を受けた旨の記載に代えて返還を要しない旨の記載を求めることに留意する。

(6) 反面調査の実施
　取引先等に対する反面調査の実施に当たっては、その必要性と反面調査先への事前連絡の適否を十分検討する。

(注) 反面調査の実施に当たっては、反面調査である旨を取引先等に明示した上で実施することに留意する。
(7) 証拠の収集・保全と的確な事実認定
　調査の過程において、申告内容等に関して非違が疑われる事項を把握した場合には、納税義務者及び税務代理人にその事項について十分な説明を求め、その意見又は主張を十分聴取した上で、納税義務者及び税務代理人の説明内容等を整理し、必要な証拠の収集・保全を行った上で的確な事実認定を行い、法第74条の11第2項に基づく調査結果の内容の説明の対象となる更正決定等をすべきと認められる非違であるか否かについて適切に判断する。

4 調査終了の際の手続
(1) 更正決定等をすべきと認められない旨の通知
　実地の調査の結果、更正決定等をすべきと認められないと判断される税目、課税期間がある場合には、法第74条の11第1項に基づき、質問検査等の相手方となった納税義務者に対して、当該税目、課税期間について更正決定等をすべきと認められない旨の通知を書面により行う。
(注) 実地の調査以外の調査において納税義務者に対し質問検査等を行い、その結果、調査の対象となった全ての税目、課税期間について更正決定等をすべきと認められない場合には、更正決定等をすべきと認められない旨の通知は行わないが、調査が終了した際には、調査が終了した旨を口頭により当該納税義務者に連絡することに留意する。
(2) 調査結果の内容の説明等
　調査の結果、更正決定等をすべきと認められる非違がある場合には、法第74条の11第2項に基づき、納税義務者に対し、当該非違の内容等（税目、課税期間、更正決定等をすべきと認める金額、その理由等）について原則として口頭により説明する。
　その際には、必要に応じ、非違の項目や金額を整理した資料など参考となる資料を示すなどして、納税義務者の理解が得られるよう十分な説明を行うとともに、納税義務者から質問等があった場合には分かりやすく回答するよう努める。また、併せて、納付すべき税額及び加算税のほか、納付すべき税額によっては延滞税が生じることを説明するとともに、当該調査結果の内容の説明等（下記(3)に規定する修正申告等の勧奨を行う場合は、修正申告等の勧奨及び修正申告等の法的効果の教示を含む。）をもって原則として一連の調査手続が終了する旨を説明する。
(注) 電話又は書面による調査（実地の調査以外の調査）を行った結果については、更正決定等をすべきと認められる非違事項が少なく、非違の内容等を記載した書面を送付することにより、その内容について納税義務者の理解が十分に得られると認められるような簡易なものである場合には、口頭による説明に代えて書面による調査結果の内容の説明を行って差し支えないことに留意する。
　なお、その場合であっても、納税義務者から調査結果の内容について質問があった場合には、分かりやすく回答を行うことに留意する。
(3) 修正申告等の勧奨
　納税義務者に対し、更正決定等をすべきと認められる非違の内容を説明した場合には、

参考資料2

原則として修正申告又は期限後申告（以下「修正申告等」という。）を勧奨することとする。

なお、修正申告等を勧奨する場合には、当該調査の結果について修正申告書又は期限後申告書（以下「修正申告書等」という。）を提出した場合には不服申立てをすることはできないが更正の請求をすることはできる旨を確実に説明（以下「修正申告等の法的効果の教示」という。）するとともに、その旨を記載した書面（以下「教示文」という。）を交付する。

(注)
1　教示文は、国税に関する法律の規定に基づき交付する書面であることから、教示文を対面で交付する場合は、納税義務者に対し交付送達の手続としての署名・押印を求めることに留意する。
2　書面を送付することにより調査結果の内容の説明を行う場合に、書面により修正申告等を勧奨するときは、教示文を同封することに留意する。
　なお、この場合、交付送達に該当しないことから、教示文の受領に関して納税義務者に署名・押印を求める必要はないことに留意する。

(4)　調査結果の内容の説明後の調査の再開及び再度の説明

上記(2)の調査結果の内容の説明を行った後、当該調査について、納税義務者から修正申告書等の提出若しくは源泉徴収に係る所得税の納付がなされるまでの間又は更正決定等を行うまでの間において、当該調査結果の内容の説明の前提となった事実が異なることが明らかとなり当該調査結果の内容の説明の根拠が失われた場合など、当該調査結果の内容の説明に係る内容の全部又は一部を修正する必要があると認められた場合には、必要に応じ調査を再開した上で、その結果に基づき、再度、調査結果の内容の説明を行う（手続通達5－4）。

なお、調査結果の内容の説明の根拠が失われた場合とは、納税義務者から新たな証拠の提示等があり、当該調査結果の内容の説明の前提となる事実関係に相違が生じるような場合をいう。

(5)　税務代理人がある場合の調査結果の内容の説明等

実地の調査における更正決定等をすべきと認められない旨の書面の通知、調査結果の内容の説明、修正申告等の勧奨、修正申告等の法的効果の教示及び教示文の交付（以下「通知等」という。）については、原則として納税義務者に対して行うのであるが、納税義務者の同意がある場合には、納税義務者に代えて、税務代理人に対して当該通知等を行うことができる。

なお、この場合における納税義務者の同意の有無の確認は、
①　電話又は臨場により納税義務者に直接同意の意思を確認する方法、又は、
②　税務代理人から納税義務者の同意を得ている旨の申出があった場合には、同意の事実が確認できる書面の提出を求める方法のいずれかにより行う。

(注)　実地の調査以外の調査についても、実地の調査の場合に準じて、納税義務者に代えて、税務代理人に対して調査結果の内容の説明、修正申告等の勧奨、修正申告等の法的効果の教示及び教示文の交付を行うことができることに留意する。

ただし、実地の調査以外の調査において、上記①又は②により納税義務者の同意の意思を確認

することが難しい場合には、税務代理人から調査結果の内容の説明を受けることについて委嘱されている旨の申立てがあることをもって、納税義務者に代えて税務代理人に対して調査結果の内容の説明等を行うことができることに留意する（手続通達7－3）。

(6) 再調査の判定

更正決定等をすべきと認められない旨の通知をした後又は調査の結果につき納税義務者から修正申告書等の提出若しくは源泉徴収に係る所得税の納付があった後若しくは更正決定等をした後に、当該調査の対象となった税目、課税期間について質問検査等を行う場合には、新たに得られた情報に照らして非違があると認める場合に該当するか否かについて、法令及び手続通達に基づき、個々の事案の事実関係に即してその適法性を適切に判断する（手続通達5－7、5－8、5－9）。

(注) 実地の調査以外の調査を実施した結果、更正決定等をすべきと認められなかった後に、当該調査の対象となった税目、課税期間について質問検査等を行う場合についても、法改正の趣旨を踏まえ、その必要性を十分検討した上で、実施することに留意する。

(7) その他

調査において、今後の申告や帳簿書類の備付け、記録及び保存などに関して指導すべき事項があるときは、将来にわたって自主的に適正な申告、納税及び帳簿書類の備付け等が行われるよう十分な説明を行う。

5 理由附記の実施

行政手続法第2章に規定する申請に対する拒否処分又は同法第3章に規定する不利益処分（同法第3条第1項に定めるものを除く。）を行う場合に必要となる同法第8条又は第14条の規定に基づく処分の理由の提示（理由附記）を行うに当たっては、処分の適正性を担保するとともに処分の理由を相手方に知らせて不服申立ての便宜を図るとの理由附記が求められる趣旨が確保されるよう、適切にこれを行う。

(注) 所得税法第155条（青色申告書に係る更正）、法人税法第130条（青色申告書等に係る更正）等の各税法に理由附記をすることが規定されている処分については、従前のとおり当該規定に基づき適切に理由附記を行うことに留意する。

索 引

あ

青色申告 …………………106

い

異議決定 …………………334
異議申立て ……………321, 333
異議申立書 ………………335
異議申立前置 ……………322
意見書 ……………………341
意見公募手続（パブリック・コメント） ………………354
偽りその他不正の行為 ………291
違法性の承継 ……………151
一般の休日 ………………44
印紙による納付 …………127
隠ぺい、仮装 ……………273
インターネット・バンキング …129

え

延期されない期限 …………45
延期される期限 ……………44
延滞税 ……………214, 216
延滞税の計算期間の特例 ………228
延滞税の免除 ……………229
延納 ………………………166
延納特例基準割合 …………244

お

応当日……………………43

か

確定後の税額変更の効力 ………108
過誤納金 …………………202
加算税 ……………214, 248
過少申告加算税 ……………251
過少申告加算税の加重 ……253
課税処分と滞納処分 ……151
課税標準……………………75
課税標準申告 ……………114
課税要件……………………74
過納金 ……………………203
過怠税 ……………………276
換価の猶予 …………169, 190
還付加算金 ………………208
還付金 ……………………202
還付請求権者 ……………204
還付請求権の消滅時効 ………293

き

期間制限 …………………280, 283
期間 ……………………………42
議決 ……………………………339
棄却 ……………………………339
期限 ……………………………42
期限後申告 ……………………82
期限の延長 ………………45, 165
期限内申告 ……………………81
却下 ……………………………333
強制換価手続 …………………142
供託 ……………………………194
行政争訟制度 …………………320
行政手続法と国税通則法の関係
　………………………………352
行政手続法の適用除外 ………355
共同相続人の承継 ……………28

く

具体的納期限 …………………120
繰上差押え ……………………148
繰上請求 ………………………142
繰上保全差押え ………………142

け

決定 ……………………………102
減額更正 ………………………101

減額更正などの効力 …………110
原処分庁 ………………………337
源泉徴収義務者 ……………16, 23
原則的交付送達 ………………51

こ

口頭意見陳述 ………………4, 326
後発的事由に基づく更正の請求
　…………………………………86
公示送達 ………………………53
更正 ……………………………101
更正・決定の所轄庁 …………112
更正の請求 …………………84, 92
更正の理由附記 ………………105
交付送達 ………………………51
国税審議会 ……………………339
国税通則法上の当事者 ………14
国税通則法と他の税法等との関係
　…………………………………10
国税通則法の目的 ………………7
国税の還付 ……………………204
国税の消滅 ……………………123
国税の調査 ……………………298
国税の担保 ……………………192
国税の徴収 ……………………157
国税の納付 ……………………118
国税の納付手段 ………………126
国税不服審判所長 ……………321

誤納金 …………………………203	充当適状 ………………………206
コンビニ納付 …………………130	収納機関 ………………………127

さ

災害等による期限の延長……46, 165	守秘義務違反 …………………364
裁決 ……………………………339	消滅時効 ……………281, 288, 293
債権者代位権 …………………155	所轄庁 …………………… 21, 112
再更正 …………………………101	初日算入 …………………………43
再調査 …………………………316	初日不算入 ………………………42
再調査の請求 ………………4, 325	除斥期間 ………………………281
詐害行為取消権 ………………155	処分の理由附記 ………………359
財産による納付（物納）………127	書類の提出………………………57
差置送達…………………………52	書類の送達………………………48

し

	申告納税方式……………………80
	申告納税方式の国税の納付 …118
	申告納税方式による確定………80
時効の絶対的効力 ……………294	審査請求 ………………… 321, 337
時効の中断 ……………………293	審査請求書 ……………… 337, 341
時効の停止 ……………………293	信書便による送達………………50
事前通知 ………………………301	新納税地主義……………… 22, 158
実地の調査 ……………………303	審理手続の計画的進行 ……4, 326
質問検査権 …………………3, 298	

せ

自動確定の国税…………………79	税務行政組織……………………14
自動確定の国税の納付 ………120	税務調査 …………………… 3, 298
司法救済 ………………………320	税務調査手続 ……………… 3, 298
出訴期間 ………………………346	税務調査の事前通知 ……… 3, 301
重加算税 ………………………269	税務調査終了の際の手続 ……312
修正申告…………………………82	成立の時期………………………75
充当 ………………………124, 205	

そ

増額更正 …………………………101
増額更正などの効力 ……………109
相続人に対する書類の送達………55
送達の方法…………………………50
訴訟 ……………………………320, 346

た

第三者納付 ……………………128, 153
第二次納税義務 ………………24, 38
滞納処分 …………………………149
滞納処分の停止 ………………125, 170
滞納処分の引継ぎ ………………162
ダイレクト納付 …………………130
担保 ………………………………192
担保の処分手続 …………………195
担保の提供手続 …………………194

ち

地域指定……………………………46
徴収権 ……………………………280
徴収権の消滅時効 ……………125, 288
徴収の所轄庁 ……………………157
徴収の引継ぎ ……………………157

つ

通常の納税の猶予 ………………179

通信日付印…………………………58

て

出会送達……………………………51
電子納付 …………………………129

と

到達主義 …………………………58, 59
答弁書 ……………………………338
督促 ……………………………137, 149
特例基準割合 ……………………216

の

納期限……………………………83, 121
納期限の延長 ……………………165
納税管理人…………………………17
納税義務者…………………………15
納税義務の確定……………………77
納税義務の消滅 …………………123
納税義務の成立……………………74
納税者 ……………………………15, 23
納税証明……………………………60
納税証明書の交付手数料…………65
納税申告……………………………80
納税地………………………………20
納税地の異動と所轄庁……………21
納税の告知 ………………………134
納税の緩和制度 …………………165

納税の猶予 ……………2, 169, 173, 189
納税の猶予の取消し等 ………2, 182
納税猶予 ……………………………169
納付 ……………………118, 123, 127
納付委託 ……………………………197
納付義務の承継……………………25
納付催告書 …………………………196
納付書 ………………………………118
納付責任……………………………28
納付通知書……………………38, 196
納付による代位 ……………………154
納付の場所 …………………………127
納付方法 ……………………………128

は

発信主義 …………………………58, 59
罰則 …………………………………364
端数計算 ……………………………69
パブリックコメント ……………354

ひ

標準審理期間 …………………4, 325

ふ

賦課課税方式 ………………………114
賦課課税方式の国税の納付 ……119
賦課決定 ……………………………115
賦課権 ………………………………280

賦課権の除斥期間 …………………281
附帯税 ………………………………214
物納 …………………………………127
物件の留置き ………………………310
不納付加算税 ………………………266
不服審査 ……………………………320
不服申立て …………………………321
不服申立期間 ……………324, 333, 337
不服申立先 ……………………324, 337
不服申立てと国税の徴収との関係
 …………………………………344
不服申立て前置(不服申立前置主義)
 …………………………………348
不服申立ての対象となる処分 …328
振替納税 ……………………………128

へ

弁明の聴取 …………………………182

ほ

法定申告期限………………………83
法定納期限………………………83, 121
補充送達 ………………………48, 51
保証人 ………………………………194
保証人からの徴収 …………………195
保全差押え …………………………148

ま

満了点 …………………………43

む

無申告加算税 ………………261

め

免除 …………………………124

ゆ

有価証券による納付 …………126
郵便局窓口送金払 ……………205
郵便又は信書便による送達 …48, 50
猶予期間の延長 ………………179

よ

予測可能性の原則……………61
預貯金口座振込払 ……………205
予納 …………………………128

り

利子税 ……………………214, 233
利子税免除 ……………………240
利子税の割合の特例 …………242
理由附記 …………………105, 359
両罰規定 ………………………364

る

累積増差税額 …………………252
累積納付税額 …………………263

れ

連帯納付義務 …………………29
連帯納付責任 …………………33

◆著者紹介◆

黒坂　昭一
（くろさか　しょういち）

昭和52年　福島大学経済短期大学部卒業
平成10年　国税庁徴収部管理課課長補佐
平成12年　東京国税不服審判所　副審判官
平成17年　税務大学校研究部　教授
平成20年　東京国税局徴収部特別整理部門　統括国税徴収官
　～　　　（納税管理官、主任国税訟務官）
平成26年　東村山税務署長を最後に退官。同年税理士登録

（主な著書）
「図解　国税通則法」平成26年7月刊　大蔵財務協会　共著
「Q&A 相続税　延納・物納の実務」平成23年3月刊　大蔵財務協会

三訂版　Q&A　国税通則法詳解
（こくぜいつうそくほうしょうかい）

2015年3月24日　発行

著　者　　黒坂　昭一　ⓒ
　　　　　（くろさか　しょういち）

発行者　　小泉　定裕

発行所　　株式会社　清文社

東京都千代田区内神田1-6-6（MIFビル）
〒101-0047　電話 03(6273)7946　FAX 03(3518)0299
大阪市北区天神橋2丁目北2-6（大和南森町ビル）
〒530-0041　電話 06(6135)4050　FAX 06(6135)4059
URL http://www.skattsei.co.jp/

印刷：亜細亜印刷㈱

■著作権法により無断複写複製は禁止されています。落丁本・乱丁本はお取り替えします。
■本書の内容に関するお問い合わせは編集部まで FAX（06-6135-4056）でお願いします。
■本書の追録情報等は、当社ホームページ（http://skattsei.co.jp/）をご覧ください。

ISBN 978-4-433-53604-6